Curso de Ética Profissional para Advogados

De acordo com o Código de Ética, com o CPC e com as súmulas do Conselho Federal da OAB

Biela Jr.

Curso de Ética Profissional para Advogados

De acordo com o Código de Ética, com o CPC e com as súmulas do Conselho Federal da OAB

7ª Edição

LTr Editora Ltda.

© Todos os direitos reservados

Rua Jaguaribe, 571
CEP 01224-003
São Paulo, SP — Brasil
Fone (11) 2167-1101
www.ltr.com.br
Agosto, 2022

Produção Gráfica e Editoração Eletrônica: R. P. TIEZZI
Projeto de Capa: DANILO REBELLO
Impressão: LOG & PRINT GRÁFICA

Versão impressa — LTr 6366.8 — ISBN 978-65-5883-156-3
Versão digital   — LTr 9859.0 — ISBN 978-65-5883-157-0

Dados Internacionais de Catalogação na Publicação (CIP)
(Câmara Brasileira do Livro, SP, Brasil)

Vale Junior, Lincoln Biela de Souza
    Curso de ética profissional para advogados : de acordo com o Código de Ética, com o CPC e com as súmulas do Conselho Federal da OAB / Lincoln Biela de Souza Vale Jr. -- 8. ed. -- São Paulo : LTr, 2022.

    Bibliografia.
    ISBN 978-65-5883-156-3

    1. Advocacia como profissão 2. Advogados - Ética profissional I. Título.

22-107107887   CDU-347.965:174

Índice para catálogo sistemático:

1. Advogados : Ética profissional 347.965:174

Cibele Maria Dias - Bibliotecária - CRB-8/9427

*Dedico esta obra aos meus queridos pais,
Lincoln Biela de Souza Vale* (in memoriam) – *Papai,
meu protetor, te amo em todas as vidas
Shirley Biela de Souza Vale – Mamãe,
minha guerreira incansável, meu porto seguro.*

*À memória da vovó e do vovô,
Joana Pasquala Moyano e Francisco dos Santos,
exemplos de sabedoria e amor generoso.*

*Agradeço primeiramente a Deus e seu filho Jesus Cristo,
nosso Salvador, a quem consagro tudo o que faço.
Agradeço especialmente aos meus pais Lincoln* (in memoriam) *e Shirley
por sua dedicação e, meus avós, amo vocês em todas as vidas.
Agradeço ainda a todos que apoiaram e me incentivaram
na elaboração dessa nova edição.*

*Entrega o teu caminho ao Senhor; confia nele,
e ele o fará (SALMOS 37:5)*

*Todo lugar que pisar a planta do meu pé,
possuirei (DEUTERÔNOMIO 11:24).*

*A preguiça faz cair em profundo sono;
e o ocioso passará fome (PROVÉRBIOS 19:15).*

*Honra a teu pai e a tua mãe, como o Senhor teu Deus
te ordenou, para que se prolonguem os teus dias,
e para que te vá bem na terra que te dá o Senhor
teu Deus (DEUTERONÔMIO 5:16)*

Sumário

Prefácio da 7ª edição 19

Prefácio da 5ª edição 21

Prefácio da 4ª edição 23

Prefácio da 3ª edição 25

Introdução 27

Capítulo I
A Importância e a Necessidade do Estudo da Ética Estatutária 29

    1. Ética e profissão 29

    2. Profissão e Código de Ética 31

        2.1. Deontologia profissional 31

            2.1.1. Deontologia forense 31

            2.1.2. O princípio fundamental da deontologia forense 32

        2.2. Códigos de ética 32

        2.3. Utilidade dos códigos de ética 33

        2.4. O código de ética dos advogados 33

Capítulo II
Princípios Norteadores da Atividade Advocatícia 35

    1. Pessoalidade 35

    2. Confiabilidade 37

    3. Sigilo profissional 37

    4. Não mercantilização 40

    5. Exclusividade 42

    6. Indispensabilidade 45

7. Independência 46
8. Veracidade e lealdade 46
9. Informação 47

Capítulo III
Da Atividade de Advocacia 48
1. Denominação de advogado 48
2. Atos privativos 48
   2.1. Postulação em juízo. *Jus postulandi* da parte 48
      2.1.1. Advocacia *pro bono* 51
   2.2. Atividade de assessoria, consultoria e direção 53
   2.3. Indispensabilidade do advogado 54
   2.4. Da nulidade 54
3. Mandato 55
   3.1. É possível atuar sem procuração? 56
   3.2. Renúncia e revogação 56
4. Modelos 58
   4.1. Procuração *ad judicia* 58
   4.2. Procuração Extrajudicial para representação em Assembleia de condomínio 59
   4.3. Substabelecimento 60
   4.4. Renúncia. Carta ao cliente e comunicação ao juízo da renúncia 60
   4.5. Revogação de poderes conferidos ao advogado 61

Capítulo IV
Dos Direitos do Advogado 62
1. Prerrogativas profissionais 62
   1.1. Tratamento do advogado 63
2. Liberdade do exercício profissional 63
3. Inviolabilidade do escritório de advocacia 63
   3.1. Dever de guardar sigilo 67
   3.2. Quando não prevalece a regra do sigilo? 68
4. Comunicação pessoal e reservada com o cliente 69
5. Prisão em flagrante e regime prisional do advogado 70
6. Liberdade de acesso e de posição 73
7. Sustentação oral 74

8. O uso da palavra 75
9. Vista e exame de autos.. 76
10. Retirada do recinto 80
11. Recusa a depor como testemunha.. 80
12. Imunidade profissional 81
    12.1. Conceito 81
    12.2. Os excessos.. 82
13. Da violação das prerrogativas do advogado 83
    13.1. Desagravo público 84
        13.1.1. A quem compete promover o desagravo 84
    13.2. Da reparação de danos individuais, coletivos e sociais
        por violação de prerrogativas profissionais do advogado............. 86
14. Prerrogativas das advogadas 89
15. O advogado pode gravar audiência com seu telefone? 91

Capítulo V
Da Inscrição na OAB 93

1. Requisitos 93
    1.1. Advogado estrangeiro... 99
    1.2. O estagiário 101
2. Da inscrição principal e suplementar... 103
3. Do cancelamento da inscrição 104
4. Do licenciamento.. 106

Capítulo VI
Impedimentos e Incompatibilidades 108

1. Considerações iniciais 108
2. Hipóteses de incompatibilidade... 108
3. Hipóteses de impedimento 115
4. Quais as consequências da prática de atos por advogados
    incompatibilizados ou impedidos?..116
5. Advocacia exclusiva 116

Capítulo VII
Do Advogado Empregado...118

1. Da independência...118

2. Da jornada de trabalho 119
3. Dos honorários de sucumbência 120

Capítulo VIII
Honorários Advocatícios 122
1. Honorários 122
2. Espécies 123
    2.1. Critérios para fixação 125
    2.2. A tabela de honorários 127
3. Pacto **quota litis** 127
4. Honorários de sucumbência 128
5. Forma de pagamento 129
    5.1. Pagamento direto ao advogado 129
6. Título executivo e crédito privilegiado 130
    6.1. Não pagamento voluntário dos honorários. Medidas cabíveis 133
7. Sucessão 134
8. Prescrição e prestação de contas 134
9. Minuta de contrato de honorários advocatícios 135

Capítulo IX
Publicidade 138
1. Do permissivo legal 139
2. A forma do anúncio 141
    2.1. Mala direta 142
    2.2. Fotografias, desenhos, vídeos e áudios 143
    2.3. Referências a valores dos serviços 144
    2.4. O Provimento n. 205/2021 145
    2.5. Programas de televisão, rádio ou internet 151
3. Proibições gerais quanto à publicidade 152
4. A Resolução n. 04/2020 156

Capítulo X
Da Sociedade de Advogados 158
1. Da personalidade jurídica e do registro 158
2. Da razão social 160
3. Sociedade de fato 161

4. Advogado associado 162

   5. Da responsabilidade 164

   6. Modelo de contrato de sociedade de advogados 165

Capítulo XI
Responsabilidade Civil do Advogado 171

   1. Da prestação de serviço 171

   2. Da obrigação de meio 171

   3. Da responsabilidade contratual subjetiva 172

   4. Da lide temerária 174

      4.1. Da tergiversação e patrocínio infiel 175

   5. Da responsabilidade pela perda de uma chance 176

Capítulo XII
Infrações Disciplinares 179

   1. Considerações gerais 179

      1.1. Exercer a profissão, quando impedido de fazê-lo, ou
           facilitar, por qualquer meio, o seu exercício aos não
           inscritos, proibidos ou impedidos 179

      1.2. Manter sociedade profissional fora das normas e preceitos
           estabelecidos nesta Lei 180

      1.3. Valer-se de agenciador de causas, mediante participação
           dos honorários a receber 182

      1.4. Angariar ou captar causas, com ou sem a intervenção
           de terceiros 183

      1.5. Assinar qualquer escrito destinado a processo judicial ou
           para fim extrajudicial que não tenha feito, ou em que não
           tenha colaborado 185

      1.6. Advogar contra literal disposição de lei, presumindo-se a
           boa-fé quando fundamentado na inconstitucionalidade, na
           injustiça da lei ou em pronunciamento judicial anterior 186

      1.7. Violar, sem justa causa, sigilo profissional 186

      1.8. Estabelecer entendimento com a parte adversa sem autorização
           do cliente ou ciência do advogado contrário 187

      1.9. Prejudicar, por culpa grave, interesse confiado ao seu patrocínio 188

      1.10. Acarretar, conscientemente, por ato próprio, a anulação ou a
            nulidade do processo em que funcione 189

1.11. Abandonar a causa sem justo motivo ou antes de decorridos dez dias da comunicação da renúncia 190

1.12. Recusar-se a prestar, sem justo motivo, assistência jurídica, quando nomeado em virtude de impossibilidade da Defensoria Pública 192

1.13. Fazer publicar na imprensa, desnecessária e habitualmente, alegações forenses ou relativas a causas pendentes 193

1.14. Deturpar o teor de dispositivo de lei, de citação doutrinária ou de julgado, bem como de depoimentos, documentos e alegações da parte contrária, para confundir o adversário ou iludir o juiz da causa 194

1.15. Fazer, em nome do constituinte, sem autorização escrita deste, imputação a terceiro de fato definido como crime 195

1.16. Deixar de cumprir, no prazo estabelecido, determinação emanada do órgão ou autoridade da Ordem, em matéria da competência desta, depois de regularmente notificado 196

1.17. Prestar concurso a clientes ou a terceiros para realização de ato contrário à lei ou destinado a fraudá-la 197

1.18. Solicitar ou receber de constituinte qualquer importância para aplicação ilícita ou desonesta 198

1.19. Receber valores, da parte contrária ou de terceiro, relacionados com o objeto do mandato, sem expressa autorização do constituinte 198

1.20. Locupletar-se, por qualquer forma, à custa do cliente ou da parte adversa, por si ou interposta pessoa 199

1.21. Recusar-se, injustificadamente, a prestar contas ao cliente de quantias recebidas dele ou de terceiros por conta dele 199

1.22. Reter, abusivamente, ou extraviar autos recebidos com vista ou em confiança 201

1.23. Deixar de pagar as contribuições, multas e preços de serviços devidos à OAB, depois de regularmente notificado a fazê-lo 203

1.24. Incidir em erros reiterados que evidenciem inépcia profissional 204

1.25. Manter conduta incompatível com a advocacia 205

1.26. Fazer falsa prova de qualquer dos requisitos para inscrição na OAB 207

1.27. Tornar-se moralmente inidôneo para o exercício da advocacia ... 208

1.28. Praticar crime infamante 209

1.29. Praticar, o estagiário, ato excedente de sua habilitação 210

Capítulo XIII
Sanções Disciplinares 212
   1. Espécies... 212
   2. Exclusão.. 212
   3. Suspensão... 213
      3.1. Da suspensão preventiva 215
   4. Censura..216
      4.1. Termo de Ajustamento de Conduta – TAC 217
      4.2. Provimento n. 200/2020 que regulamenta a celebração de TAC 217
   5. Multa..218
   6. Das atenuantes..218
   7. Da reabilitação e revisão 219
   8. Da retroatividade da lei sancionadora mais benéfica 220

Capítulo XIV
Processo Disciplinar... 222
   1. Competência 222
      1.1. Da jurisdição 223
   2. Do processo disciplinar... 223
      2.1. Do poder de punir.. 223
      2.2. Do procedimento 223
         2.2.1. Da instauração... 223
         2.2.2. Do arquivamento.. 226
         2.2.3. Dos prazos 226
      2.3. Da defesa prévia... 226
      2.4. Da notificação 227
      2.5. Razões finais... 227
      2.6. Defesa oral.. 227
      2.7. Dos recursos 228
         2.7.1. Do efeito dos recursos.. 229
      2.8. Da litigância de má-fé..230
   3. Da prescrição e decadência da pretensão punitiva 230
      3.1. Da interrupção da prescrição. Art. 43, § 2º do EOAB 233
   4. Do procedimento do processo ético-disciplinar......................... 234
   Fluxograma do processo ético-disciplinar 234

Capítulo XV
Ordem dos Advogados do Brasil 236
   1. Origem da Ordem dos Advogados do Brasil 236
      1.1. Antecedentes históricos da OAB 236
      1.2. A Ordem dos Advogados do Brasil 236
      1.3. Natureza jurídica da OAB 236
      1.4. Forma e finalidade da OAB 238
      1.5. Órgãos da OAB 239
   2. Conselho federal 239
   3. Conselho seccional 244
   4. Da subseção 246
   5. Caixa de assistência 246
   6. Eleições e mandato 247
      6.1. Do exercício de cargos e funções na OAB e na representação da classe 250
Referências 251

Prefácio da 7ª edição

Foi com grande alegria que recebemos a proposição para publicação, novamente, de nova edição do Curso de Ética Profissional para Advogados.

O Dr. Biela Jr. já faz parte do rol de autores desta tão tradicional Editora e com muito prazer recebi o convite para a composição deste texto de Prefácio.

Num primeiro momento, confesso que foi um convite inesperado, um tanto desafiador, pois após tantos anos de atuação na área de produção editorial nunca haviam me feito tal convite.

Depois de certo tempo, refletindo melhor sobre este compromisso firmado com o autor, percebi o tamanho da honra e da confiança que me foram depositadas, e o caminho que escolhi para redigir estas palavras, sem deixar a sua leitura muito extensa ou cansativa, foi o caminho sobre aquilo que melhor sei fazer: editar livros!

Esta obra, que hoje encontra-se na sua 7ª edição, trata-se de material mais do que consolidado no mercado. É fonte necessária para os estudos, principalmente para os graduandos da faculdade de Direito, e fonte obrigatória para os futuros profissionais e atuantes da advocacia.

Ética é aquele conceito básico que existe com o intuito de se fazer prevalecer o respeito e a integridade em uma relação profissional e, nesta edição, o Professor e Advogado Biela Jr. apresenta aos seus leitores, alunos e demais interessados com grande capacidade, cuidado e dedicação.

Aquele que atua em favor do direito deve ter esta obra na sua mesa de cabeceira. Trata-se de verdadeiro guia de atuação ao exercício do advogado. Possui as atualizações mais recentes trazidas pela Ordem dos Advogados do Brasil e demais legislações pertinentes. Traz pontos importantes desde seus Princípios Norteadores, do exercício da atividade advocatícia em si, com apontamentos aos seus direitos e deveres, infrações disciplinares, impedimentos e incompatibilidades na atuação de seu exercício e sua responsabilidade civil. Tem um capítulo inteiramente dedicado ao profissional empregado e outro dedicado à composição da Sociedade de Advogados. Muita informação para que o leitor e/ou estudante possa se debruçar sobre esta matéria, aprender inclusive sobre a origem da OAB e demais requisitos para inscrição de seu nome quando tiver atingido o seu bacharelado.

A obra foi feita com muito carinho e dedicação também por esta editora que vos escreve, pois sabe da importância e relevância que ela possui no seu contexto histórico e de formação.

Tenham uma boa leitura e muito sucesso, nobres e jovens advogados! Este é o que a LTr Editora e toda a sua equipe deseja a todos!

São Paulo, 4 de maio de 2021

Beatriz Auxiliadora Casimiro Costa
Diretora da LTr Editora

Prefácio da 5ª edição

Com muita satisfação, aceitei o convite do Professor Lincoln Biela Jr. para apresentar o livro "Curso de Ética Profissional para Advogados", grande Professor e talentoso advogado. Realizo esta tarefa com imenso prazer, não só pelo excelente profissional que é o Professor Biela Jr., mas pelos mais de 13 anos de magistério ao qual se dedicou a seus alunos da Universidade Nove de Julho.

Em fevereiro de 2004, iniciou o Professor Biela Jr. sua carreira acadêmica na UNINOVE. Sempre lecionou com muita maestria e presteza, especificamente sobre a disciplina de Ética para estudantes do curso de Direito. Com a evolução da Universidade, evoluiu também o Professor Lincoln, realizando diversos cursos de Pós-graduação e consequentemente obtendo o título de Mestre em Direito, no ano de 2012, pela UNIMES – Universidade Metropolitana de Santos, com o trabalho intitulado "A responsabilidade civil por dano moral ambiental".

Nesta obra jurídica, o Autor explora com facilidade o grande universo da ética na advocacia em consonância com a legislação em vigor e jurisprudência atuais, despertando imenso interesse pelo tema. A ética profissional permeia todos os caminhos da advocacia e caminha *pari passu* com o advogado por toda sua vida, sendo, sem sombra de dúvidas, o instrumento mais importante para a consolidação da advocacia como instrumento balizador e norteador para os operadores do direito.

Se utilizando de linguagem simples e objetiva, ocupou-se o Autor em demonstrar a importância e necessidade do estudo da ética. Para todos os advogados, estagiários e estudantes de Direito, é essencial a posse deste conhecimento que os guiará em todos seus atos como advogados em prol da sociedade.

Com grande talento, o Autor redige sobre os princípios norteadores da atividade advocatícia, na luz da jurisprudência do Tribunal de Ética e Disciplina da Ordem dos Advogados do Brasil, do qual é Membro e Relator da 18º Turma Disciplinar da OAB/SP. Com certeza, o conhecimento, prático e teórico, adquirido com a prática no Tribunal e no Magistério, o tornou em um profissional distinto e professor de extrema qualidade.

Com profunda experiência e conhecimento, o Professor Biela Jr. conseguiu, de maneira holística, lecionar sobre o tema, porém não deixando de lado a atualidade do Direito que está sempre em constante movimento. Aborda os principais temas como direitos do advogado, inscrição na OAB, até infrações e sanções disciplinares, estando assim destinado a ser uma leitura obrigatória para todos aqueles que desejam se aprofundar no tema.

Assim, fico orgulhoso da excelente Obra, e estou certo de que este livro irá guiar todos os profissionais em seus caminhos, seja para advocacia ou para o exame da ordem. Cabe a mim, apenas, parabenizar o Professor Biela Jr. pelo excelente trabalho.

Eduardo Storopoli
Reitor da Universidade Nove de Julho – UNINOVE

Prefácio da 4ª edição

O Professor e Advogado Lincoln Biela Jr. repensa e a analisa o contexto profissional do advogado, em seu contexto ético consoante, diretrizes normativas pautadas pela legislação recente em vigor sobre a matéria. Esta quarta edição contempla aspectos fulcrais do papel do advogado no exercício de sua função em variegado universo de atividades jurídicas tanto no plano da esfera do direito privado como na seara do direito público e suas conotações contemporâneas nos meandros de novos paradigmas da advocacia em novos setores de serviços e assessorias técnico-jurídicas.

Entretanto, a concepção inspiradora dessa atual publicação se plasma numa filosofia política ambientada em pressupostos deontológicos substanciais, vinculando-se ao viés nuclear do perfil do advogado nas transformações institucionais da profissão em face das exigências do mercado em que convergem os princípios regentes da postura, da atitude, da decisão, do sigilo, da pessoalidade no processo de organização institucional e legal da atividade advocatícia. Esclareça-se, nesse passo, que a deontologia foca o conceito clássico da cultura grega expresso pelo vocábulo *ethos*, elemento dinâmico da cultura social, apto a criar identidades com eficácia de repercussão coletiva, diferentemente das experiências vivenciadas pela moral, cuja violação carreia a censura para o campo da subjetividade e da individualidade, pois consagra-se na objetivação axiológica das instâncias da personalidade do indivíduo. Portanto, a repercussão negativa da atuação de um advogado afeta a toda uma categoria de profissionais, maculando a imagem e a reputação que emolduram o conjunto de valores que devem orientar o causídico em sua vida profissional. Nesse domínio, Biela Jr., com maestria e sensibilidade, sistematizou a representação deontológica permeando-a na sucessão dos capítulos destinados ao exame dos fundamentos dogmáticos, teóricos e práticos do Estatuto do Advogado, integrando o reconhecimento da Ética Profissional.

Na sequência temática da obra, o autor trata dos princípios norteadores das atividades do profissional, bem como os meios legais de representação pelo mandato e as relações cliente/advogado, manifestando-se de forma incisiva quanto às prerrogativas para o exercício da profissão, a liberdade do exercício profissional, a autonomia do advogado em relação aos poderes e demais esferas em que atua, expondo as formas pelas quais o profissional deve proceder, compreendendo, nesse itinerário expositivo, a questão do desagravo público revelador de conflitos no cotidiano da advocacia em relação aos quadros da magistratura e demais órgãos da Administração Pública e do setor privado.

É de se ver que a organização textual da obra sedimenta sempre uma experiência concreta nos segmentos que envolvem o profissional do Direito, como as categorias de impedimentos e incompatibilidades, o campo da responsabilidade do advogado, o processo disciplinar e os ilícitos que secundam a prática da advocacia e o processo ético-disciplinar conduzido pelos Conselhos de Ética para aplicação de sanções, conforme a natureza da violação do Estatuto.

Outra virtude que não pode ser descurada nesse mister de um prefácio, se expressa pela contribuição que o Professor Biela Jr. proporciona à geração de estudantes de direito que se preparam para o exame de Ordem dos Advogados do Brasil, à medida que aduz em seus comentários articulares das leis em exame um acervo precioso de jurisprudência e decisões administrativas sobre a advocacia, constituindo tal modelo uma preciosa fonte de estudos, consulta e ilustração dogmática para futuros advogados brasileiros.

Prof. Dr. Carlos Eduardo de Abreu Boucault

Prefácio da 3ª edição

Foi numa manhã de 2004, esperando o início das aulas, na sala dos professores da Universidade Nove de Julho, que conheci um jovem advogado, que iniciava sua carreira de professor. Cheguei a achar graça da sua ingenuidade e entusiasmo, com a importante missão que, tão novo, estava assumindo.

Esse mesmo entusiasmo foi a marca desse gabaritado e experiente profissional, que construiu uma carreira de sucesso dedicada ao direito e ao ensino jurídico.

A preocupação com a qualidade de suas aulas e de suas obras nunca diminuiu. Sempre tendo como principal objetivo o sucesso dos seus alunos, tanto no exame de ordem como no futuro profissional, empenhou grandes esforços, estudando, aprimorando seus conhecimentos e escrevendo.

São vários os seus trabalhos publicados, livros e artigos, voltados à difusão do conhecimento jurídico e à orientação daqueles que buscam uma realização profissional.

Esta obra, em especial, tem esse importante objetivo. "Estatuto da Advocacia e a Ética do Profissional" tem a dupla finalidade de colaborar, de forma efetiva e bem sucedida, na aprovação do aluno no Exame de Ordem, mas, também, na formação de advogados conscientes e éticos, que buscam na nossa nobre profissão, a satisfação dos direitos e interesses sociais.

O advogado e professor, Biela Jr. transferiu para este livro todos os princípios morais e éticos que pautaram sua carreira, transmitindo aos leitores muito mais do que as regras impostas legalmente ao advogado. São valores maiores, que visam o exercício da advocacia, com honradez, honestidade, competência e brilho.

É uma obra que não esgota com a obtenção da habilitação junto à Ordem dos Advogados do Brasil. O advogado deverá tê-la e consultá-la sempre. É um manual do comportamento de todo profissional do direito.

Biela Jr., traz nesta obra sua importante colaboração para a formação de um corpo jurídico de qualidade, com advogados íntegros e dedicados à construção de uma sociedade mais justa, livre da corrupção e que possa lutar por seus direitos.

Profa. Dra. Helena Marques Junqueira
Procuradora da Fazenda Nacional
Mestre e Doutora pela PUC-SP

Introdução

Em tempos de globalização, revolução tecnológica, competição acirrada entre os profissionais, advocacia "industrial" *versus* a advocacia "artesanal", a temática a respeito da ética profissional faz-se sempre atual. É importante salientar que a ética confere credibilidade em todas as relações do advogado, sendo este o caminho para que a profissão do advogado seja devidamente respeitada, portanto, temos que a Ética Profissional busca proteger toda a Classe dos Advogados.

Assim, entendemos por bem citar nesta introdução os Dez Mandamentos do Advogado, de Eduardo J. Couture[1]. São eles:

1) ESTUDA. O Direito se transforma constantemente. Se não seguires seus passos, serás a cada dia um pouco menos advogado;

2) PENSA. O Direito se aprende estudando, mas se exerce pensando;

3) TRABALHA. A advocacia é uma árdua fadiga posta a serviço da Justiça;

4) LUTA. Teu dever é lutar pelo Direito, mas o dia em que encontrares em conflito o direito e a justiça, luta pela justiça;

5) SÊ LEAL. Leal para com o teu cliente, a que não deves abandonar até que compreendas que é indigno de ti. Leal para com o adversário, ainda que ele seja desleal contigo. Leal para com o juiz, que ignora os fatos e deve confiar no que tu lhe dizes; e que quanto ao direito, alguma outra vez, deve confiar no que tu lhe invocas;

6) TOLERA. Tolera a verdade alheia na mesma medida em que queres que seja tolerada a tua;

---

[1] TEIXEIRA, Sálvio de Figueiredo. *Os mandamentos do advogado*. Disponível em: <http://bdjur.stj.gov.br>. Acesso em: 8 ago. 2008.

7) TEM PACIÊNCIA. O tempo se vinga das coisas que se fazem sem a sua colaboração;

8) TEM FÉ. Tem fé no Direito, como o melhor instrumento para a convivência humana; na Justiça, como destino normal do Direito; na Paz, como substituto bondoso da Justiça e, sobretudo, tem fé na Liberdade, sem a qual não há Direito, nem Justiça, nem Paz;

9) OLVIDA. A advocacia é uma luta de paixões. Se em cada batalha fores carregando tua alma de rancor, chegará um dia em que a vida será impossível para ti. Concluído o combate, olvida tão prontamente tua vitória como tua derrota;

10) AMA A TUA PROFISSÃO. Trata de considerar a advocacia de tal maneira que, no dia em que teu filho te pedir conselho sobre seu destino, consideres uma honra para ti propor-lhe que se faça advogado.

CAPÍTULO I

A Importância e a Necessidade do Estudo da Ética Estatutária

1. ÉTICA E PROFISSÃO

Atualmente muito se escuta falar sobre ética em todas as instâncias sociais, da política à atividade profissional. Sem dúvida, há uma crise de valores! Há falta de respeito, intolerância, má-fé e, tudo isso, se reflete no mundo jurídico.

Numa visão pragmática, a moral é ampla e abrangente e, quando suas normas são positivadas, está-se a falar de ética, razão pela qual existem Códigos de Ética, e não Código de Moral. Dessa forma, os valores morais só existem nos atos e produtos humanos, representados por comportamentos, interações sociais, decisões tomadas que refletem nos conceitos de justiça, honestidade, integridade e responsabilidade. Por essa razão, "muito se tem dito sobre as dificuldades de ser ético diante das inúmeras facetas que o ser humano apresenta. Ser ético num mundo em que grande parte das pessoas não se pauta por ela, torna ainda mais complexa a atitude ética"[2].

A ética está presente o tempo todo em nossas vidas, pois ela é a "reflexão sobre a própria conduta para saber como agir e o que cada um pode fazer no seu dia a dia"[3] e, por essa razão, são necessárias as regras para que não ocorra uma desarmonia social, pois todos os homens têm uma grande variedade de objetivos que conflitam com os objetivos de outras pessoas. Portanto, a ética está solidificada às noções de valores, que mudam à medida que se descobrem novas verdades. Assim, o agir ética não será uma mera reprodução de ações das gerações passadas, mas sim uma atividade reflexiva que oriente a ação a seguir num determinado momento da vida, surgindo, assim, uma teoria que justifique um novo agir.

a) O que é ética?

Ética possui conceitos vagos. Segundo o Dicionário Aurélio, *ética é o estudo dos juízos de apreciação referentes à conduta humana*, suscetível de qualificação do

---
(2) MOURA, Roldão Alves. *Ética no meio ambiente do trabalho*. São Paulo: Juarez de Oliveira, 2004. p. 56.
(3) *Ibidem*, p. 57.

ponto de vista do bem e do mal, seja relativamente a determinada sociedade, seja de modo absoluto.

De acordo com o Dicionário da Academia Brasileira de Letras Jurídicas, ética é a ciência da moral. Assim, podemos considerar que ética é princípio, e moral seria a prática de uma ética, levando-se em consideração a prática de um comportamento social em determinada época.

Para o professor José Renato Nalini, ética é a ciência do comportamento moral dos homens em sociedade. Seu objeto é a moral.

Quero? Devo? Posso? Como devo agir? A resposta à essas perguntas nos orienta para que nossa conduta seja ética ou não, pois nem tudo que eu quero, eu posso, e nem tudo o que eu posso, devo fazer.

Portanto, segundo o referido professor, *moral* é um dos aspectos do comportamento humano, e, via de consequência, objeto da ética. *Moral* é a formação do caráter individual. É aquilo que leva as pessoas a enfrentarem a vida com um estado de ânimo capaz de enfrentar os revezes da existência. Em outras palavras, moral é "aquilo que nos faz sentir-nos bem depois e imoral aquilo que nos faz sentir-nos mal depois"[4]. Em suma, a moral diz respeito aos nossos comportamentos concretos. E a ética é a filosofia que procura explicar os valores e princípios que seguimos se estão de acordo com o bem ou mal. Há, portanto, condicionantes internos (caráter) e externos (costumes) que determinam a conduta do indivíduo, revelando, assim, que ético é o que revela bom caráter, boa conduta, ao passo que o antiético é o oposto.

Desta forma, "depois de milhões de anos de existência sobre a Terra, continua a criatura a defrontar-se com os mesmos problemas comportamentais que sempre a afligiram: o egoísmo, o desrespeito, a insensibilidade e a inadmissível prática da violência" e, José Renato Nalini, prossegue pontificando que "estudar ética poderá ser alternativa eficaz para o enfrentamento dessas misérias da condição humana. Ética se aprende e ética se pode ensinar. O abandono da ética não faz bem ao processo educativo, nem à humanidade"[5].

b) Profissão

A profissão deve ser entendida como "uma prática reiterada e lucrativa, da qual extrai o homem os meios para sua subsistência, para sua qualificação e para seu aperfeiçoamento moral, técnico e intelectual, e da qual decorre, pelo simples fato do seu exercício, um benefício social"[6].

Segundo Bittar, "é, sem dúvida nenhuma, além de algo de relevo para o indivíduo, algo de relevo para a sociedade, na medida em que o homem que professa uma atividade não vive sozinho, mas engajado numa teia de

---

[4] NALINI, José Renato. *Ética geral e profissional*. 5. ed. São Paulo: RT, 2006. p. 31-32.
[5] NALINI, José Renato. *Op. cit.*, p. 89.
[6] BITTAR, Eduardo C. B. *Curso de ética jurídica*. 10. ed. São Paulo: Saraiva, 2013. p. 489-490.

comprometimentos tal que uns dependem dos outros para que se perfaçam objetivos pessoais e coletivos".

Note-se que não se pode olvidar do *valor* moral da profissão, sendo certo que é dada grande importância ao fator social do trabalho no sentido de que a profissão deve ser sempre exercida com vistas à proteção da Dignidade da Pessoa Humana, fundamento e objetivo da República Federativa do Brasil nos termos do art. 1º, III e IV.

Assim, sob o enfoque eminentemente moral, conceitua-se profissão como uma atividade pessoal, desenvolvida de maneira estável e honrada, a serviço dos outros e em benefício próprio, de conformidade com a própria vocação e em atenção à dignidade da pessoa humana[7].

Note-se o elemento contido na definição:

– Atividade a serviço dos outros. A finalidade é a promoção do bem comum (de acordo com a CF, art. 3º, IV). O espírito de serviço, de doação ao próximo, de solidariedade, é característica essencial à profissão. As atividades laborais não existem para movimentar a economia, mas são voltadas à realização das pessoas.

c) Ética profissional

Por seu turno, ética profissional é o conjunto de regras morais de conduta que o indivíduo deve observar em sua atividade, no sentido de valorizar a profissão e bem servir aos que dela dependem[8]. Ela reflete sobre o agir no que diz respeito aos direitos e deveres na profissão.

O que define o estatuto ético de uma profissão é a responsabilidade que dela decorre, pois, quanto maior a sua importância, maior será a responsabilidade que dela provém em face dos outros[9].

2. *PROFISSÃO E CÓDIGO DE ÉTICA*

2.1. Deontologia profissional

É o complexo de princípios e regras que disciplinam comportamentos do integrante de uma determinada profissão.

2.1.1. Deontologia forense

Designa o conjunto das normas comportamentais a serem observadas pelo profissional jurídico[10].

---

(7) NALINI, José Renato. *Op. cit.*, p. 253.
(8) NALINI, José Renato. *Op. cit.*, p. 335.
(9) BITTAR, Eduardo C. B. *Op. cit.*, p. 429.
(10) NALINI, José Renato. *Op. cit.*, p. 257.

As normas deontológicas não se confundem com as regras de costume, de educação e de estilo. Estas são de cumprimento espontâneo. Assim, as relações entre colegas: o respeito e deferência dos mais jovens quantos aos mais velhos, a pontualidade nas reuniões com os colegas, a hospitalidade ao colega em visita profissional ao escritório, são regras desprovidas de conteúdo "normativo". Portanto, faltar em relação a qualquer uma delas não constitui, segundo a maior parte da doutrina, verdadeira infração ética[11].

2.1.2. O princípio fundamental da deontologia forense

É agir segundo a ciência e a consciência[12]. Neste sentido temos:

- *Ciência* que é o conhecimento técnico adequado, exigível a todo profissional.

Portanto, o primeiro dever ético do profissional é dominar as regras para um desempenho eficiente na atividade que exerce; nesse caso é possível citarmos como exemplo as duas fases do Exame de Ordem, nas quais se afere o conhecimento do Direito como um todo na primeira fase e, na segunda, a prática profissional. Assim, além da formação adequada, o profissional deverá manter um processo de educação continuada e, isso é oferecido pela OAB por meio de suas finalidades institucionais, por meio de palestras, cursos de extensão e até mesmo pós-graduação para os advogados nas Escolas Superiores da Advocacia. O ser humano precisa estar preparado para as novas exigências do mercado.

- A *Consciência* que deve ser interpretada como uma espécie de advertência ou a escuta de uma voz; ela é o intérprete de uma norma interior e superior; é o reclamo à conformidade que uma ação deve ter com uma exigência intrínseca do homem; é o BOM SENSO, a prudência.

Assim, "formar a consciência é o objetivo mais importante de todo o processo educativo. Ela é que avalia o acerto das ações, ela é que permite reformular o pensamento e as opções. Somente ela permitirá coerência ao homem, propiciando-lhe comportar-se de acordo com a própria consciência. Por isso é que a formação da consciência, além de ser o objetivo mais importante, resume em si todo o inteiro processo educativo"[13].

2.2. Códigos de ética

Com a regulamentação ética de uma determinada profissão, esta passa a ser um conjunto de prescrições de conduta, ou seja, **Normas de Direito**

---

(11) NALINI, José Renato. *Op. cit.*, p. 257.
(12) NALINI, José Renato. *Op. cit.*, p. 259.
(13) NALINI, José Renato. *Op. cit.*, p. 260.

Administrativo, posto que, do descumprimento de seus mandamentos, decorrem sanções administrativas (advertência, suspensão, perda do cargo etc.).

Não se pode admitir, portanto, que quem optou pela função do Direito, do reto, do correto, porte-se incorretamente no desempenho profissional. As infrações profissionais são muito graves, pois constituem traição do infrator ao seu projeto de vida[14].

Para Rafael Bielsa, "o atributo do advogado é sua moral". A reputação do advogado se mede por seu talento e por sua moral". Conforme preleciona Ruy de Azevedo Sodré, "a ética profissional do advogado consiste, portanto, na persistente aspiração de amoldar sua conduta, sua vida, aos princípios básicos dos valores de sua missão e seus fins, em todas as esferas de suas atividades"[15].

2.3. Utilidade dos códigos de ética

De fato, não poderiam as profissões ficar ao alvedrio da livre-consciência de os profissionais agirem de acordo com suas regras ético-subjetivas.

Assim, **o Código de Ética estabelece Mandamentos Mínimos que circundam o comportamento da categoria à qual se adentra.** A exemplo disso temos o CED, art. 5º. O exercício da advocacia é incompatível com qualquer procedimento de mercantilização.

Quando se utiliza a expressão "mandamentos mínimos", quer-se dizer que a ética profissional é minimalista (em geral, só diz o que não deve ou que não pode ser feito, enunciando-se por discurso proibitivo), uma vez que se expressa no sentido de coibir condutas futuras e possíveis de determinada categoria profissional.

Dessa forma, *a liberdade ética do profissional vai até onde esbarra nas exigências da corporação ou instituição que controla seus atos.*

É importante a existência dessas normas éticas, uma vez que garantem publicidade, oficialidade e igualdade, sendo, portanto, declaradas como pauta de conduta dos membros da corporação, oferecendo a possibilidade de pré-ciência do conjunto de prescrições existentes para os profissionais, de modo que, ao escolher e optar pela carreira, já se encontra ciente de quais são seus deveres éticos[16].

2.4. O código de ética dos advogados

O atual Código de Ética e Disciplina da OAB foi editado pelo Conselho Federal da OAB do Brasil, com fundamento nos arts. 33 e 54, V, da Lei n. 8.906, de 4 de julho de 1994 – Estatuto da Advocacia e a OAB.

---

(14) NALINI, José Renato. *Ética geral e profissional*. 5. ed. São Paulo: RT, 2006. p. 255.
(15) Ética Geral e Profissional *Apud* José Renato Nalini, 2006:338.
(16) BITTAR, Eduardo. *Op. cit.*, p. 396.

Os advogados têm facilitada a regulamentação de sua conduta ética, pois está contida, em sua essência, no Código de Ética e Disciplina da OAB. Esse instrumento normativo é a síntese dos deveres desses profissionais, considerados pelo constituinte como essenciais à administração da Justiça. Além de regras deontológicas fundamentais, a normativa contempla capítulos das relações com o cliente, do sigilo profissional, da publicidade, dos honorários profissionais, do dever de urbanidade e do processo disciplinar. Dentre as linhas norteadoras do Código, incluem-se o aprimoramento no culto dos princípios éticos e no domínio da ciência jurídica[17].

---

(17) NALINI, José Renato, 2006, p. 340.

CAPÍTULO II

Princípios Norteadores da Atividade Advocatícia

1. PESSOALIDADE

Para que se estabeleça a relação cliente-advogado, é preciso que haja necessariamente o contato pessoal. O advogado lida com valores essenciais da pessoa humana, tais como a liberdade, o patrimônio, a família, a honra etc. Portanto, para que o cliente possa confiar efetivamente nele, revelando-lhe todos os seus problemas e temores, **é fundamental que exista um Contato Reservado**, capaz de preservar o necessário sigilo profissional, sendo certo afirmar que ninguém sai contratando aleatoriamente advogados após pesquisa no site de buscas. Por essa razão, as consultas jurídicas pela internet não são admitidas, pois ferem o princípio da pessoalidade, bem como não transmite a segurança de que tal consulta seja feita realmente por advogado. Em outras palavras, qualquer outro funcionário do escritório poderá estar do outro lado da tela prestando tais informações jurídicas. Nesse sentido é o entendimento do TED da OABSP como se vê das ementas abaixo:

> "Internet – Consultoria jurídica virtual. Ao advogado e à sociedade de advogados *existe vedação para a prática de consultoria virtual através de páginas na internet*. Devem ser, sempre, respeitados os princípios da não mercantilização, da publicidade moderada, da não captação, da pessoalidade na relação cliente-advogado e do sigilo profissional. A prática virtual expõe o público ao risco de se consultar com leigos que praticam o exercício ilegal da profissão de advogado, muitas vezes sem ter como identificá-lo e localizá-los. O Provimento n. 94/2000 do Conselho Federal reconhece a Internet como veículo de anúncio, mas ratifica a orientação deste Sodalício sobre moderação na publicidade, mercantilização, captação e sigilo. Os casos concretos são remetidos ao Tribunal Disciplinar, mas compete a cada seccional da OAB a apuração e punição dos seus inscritos". (Proc. E-2.241/00 – v.u. em 19.10.2000 do parecer e ementa do Rel. Dr. João Teixeira Grande – Rev. Dr. Luiz Carlos Branco – Presidente Dr. Robison Baroni).

> "**Assessoria on-line – Inexistência de pessoalidade e confiança recíproca – Vedação ética**. A assessoria *on-line* se mostra incompatível com os preceitos éticos, dado que exacerba, ao grau máximo, a impessoalidade da relação entre cliente e advogado, comprometendo a confiança que deve existir entre ambos e, consequentemente, pondo em risco o próprio dever de sigilo quanto a confidências e

informações apostas em ambiente não seguro, de impossível controle. Mais que isso, tal atividade propicia alcance a coletividade indeterminada, podendo ser vista não só como procedimento de mercantilização, porque dá ampla margem à captação indevida de clientela e concorrência desleal, mas também como publicidade do advogado sem as indispensáveis moderação e discrição. Não obstante, a publicidade do advogado veiculada pela internet ou por outros meios eletrônicos é plenamente admitida, quando realizada dentro dos parâmetros do Provimento n. 94/2000 do Conselho Federal. Precedentes: E-2.129/00, E-2.158/00, E-2.192/00, E-2.241/00 e E-2266/00. (Proc. E-4.637/2016 – v.u., em 19.05.2016, do parecer e ementa do Rel. Dr. Sérgio Kehdi Fagundes com declaração de voto divergente da Dra. Renata Mangueira de Souza – Rev. Dr. Cláudio Felippe Zalaf – Presidente Dr. Pedro Paulo Wendel Gasparini.)"

"**Internet – Consulta jurídica paga – Público indiscriminado –** *Site* **que presta serviços de outras áreas – Impossibilidade – Vedação ética**. Advogado está impedido de prestar consulta jurídica, mesmo que paga, em site que presta diversos outros serviços, tais como de medicina, nutrição, odontologia, contabilidade e esoterismo. Não deve, ainda, prestar consulta jurídica em site a público indiscriminado, sob pena de concorrência desleal e captação de clientela. Ademais, não se pode olvidar que a advocacia é baseada na pessoalidade e na mútua confiança. Inteligência dos arts. 5º, 7º, 28 e 41 do CED. (Proc. E-4.219/2013 – v.u., em 21.03.2013, do parecer e ementa do Rel. Dr. Fábio Plantulli – Rev. Dr. Luiz Antonio Gambelli – Presidente Dr. Carlos José Santos da Silva. 561ª sessão de 21 de março de 2013)".

De outro lado, após firmado o contrato, ou seja, após o contato pessoal e reservado, nada impede que o advogado atenda seus clientes por meio de videoconferência como já se pronunciou o TED I da OABSP 598ª Sessão, de 27 de outubro de 2016, *verbis*:

"**Exercício profissional – Atendimento a clientes por videoconferência – Inexistência de vedação ética – Possibilidade**. Não existe qualquer vedação, seja no Estatuto da Advocacia, seja no Código de Ética e Disciplina, à utilização de videoconferência, pelo advogado, para atendimento aos seus clientes. A videoconferência é uma importante inovação tecnológica, de uso bastante disseminado nos dias atuais, que possibilita a comunicação em tempo real entre pessoas, independentemente da sua localização física, permitindo uma reunião à distância como se ela fosse presencial e que implica em uma série de vantagens, sendo a mais evidente a economia de tempo e recursos. Evidentemente, essa forma de comunicação se submete às mesmas regras e limites aplicáveis a qualquer contato entre cliente e advogado, de acordo com os preceitos éticos em vigor, sobretudo quanto ao sigilo profissional, confiança e transparência. (Proc. E-4.721/2016 – v.u, em 27.10.2016, do parecer e ementa do Rel. Dr. Fábio Teixeira Ozi, Rev. Dr. Eduardo Perez Salusse – Presidente Dr. Pedro Paulo Wendel Gasparini.)"

Assim, diante das transformações ocorridas em período de pandemia, penso que não violará o princípio da pessoalidade o atendimento, entrevista e contratação do advogado por videoconferência, desde que observados os deveres éticos da confiança, transparência e sigilo profissional.

Vale ressaltar que de acordo com o Anexo Único do Provimento n. 205/2021 que versa sobre a publicidade na advocacia, veda a utilização de aplicativos para responder consultas jurídicas **de forma indiscriminada** para responder automaticamente consultas jurídicas a não clientes por suprimir a imagem, o poder decisório e as responsabilidades do profissional, representando mercantilização dos serviços jurídicos.

2. CONFIABILIDADE

A confiança só se obtém com o "olho no olho", decorre, portanto, daquele contato (pessoal ou por vídeo) e reservado, pois o cliente lhe confiará seus interesses jurídicos ao advogado. O constituinte deve seguir rigorosamente as orientações de seu patrono, sob pena de se quebrar a confiança nele depositada.

A confiança recíproca e a honestidade são qualidades e requisitos para a relação profissional cliente-advogado. **A confiabilidade inicia e sustenta a relação**.

A quebra da confiança por parte do cliente gera a revogação do mandato (procuração)[18], o que se dá geralmente por telegrama ou qualquer outro meio sem qualquer formalidade. Já a quebra da confiança por parte do advogado junto ao cliente gera a renúncia do mandato como mandamento ético previsto no art. 10 do CED, observando-se o prazo de 10 dias em que fica, ainda, obrigado a representar o cliente[19] nos termos do EOAB, art. 5º, § 3º c/c art. 112 do CPC.

3. SIGILO PROFISSIONAL

O sigilo é inerente à profissão do advogado e está umbilicalmente ligado à confiabilidade. Trata-se de dever do advogado, que abrange os fatos de que ele tenha tomado conhecimento no exercício da profissão, bem como, no exercício de funções desempenhadas na OAB e, também, no exercício das funções de mediador, conciliador e árbitro (CED, art. 35 e 36, § 2º). Somente o Código de Ética e Disciplina aponta as situações que justificam a violação das informações sigilosas em seu art. 37 do CED. São elas: grave ameaça ao direito à vida e à honra ou que envolvam a própria defesa do advogado.

Trata-se, portanto, de norma de ordem pública, onde se presumem confidenciais as comunicações de qualquer natureza entre a advogado e cliente

---

(18) *Vide* CED, art. 17.
(19) *Vide* modelo ao final deste capítulo.

(*e-mail*, *WhatsApp* etc.), bem como não depende de solicitação de reserva que lhe seja feita pelo cliente, como reza o art. 36 do CED e jurisprudência do TED da OABSP:

> "**Sigilo profissional – Princípio de ordem pública não absoluto – Excepcionalidade de quebra – Ameaça e afronta ao advogado por ex-cliente – Limite às revelações desde que efetivamente úteis para a própria defesa.** Em face das acusações sofridas pelo advogado, por parte de herdeiro de seu ex-cliente, não se impõe a ele o dever de preservar o sigilo profissional *in totum*, podendo fazer revelações nos limites necessários e restritos ao interesse da sua defesa e desde que efetivamente úteis a ela". (Proc. E-3.108/05 – v.u. em 17.03.2005 do parecer e ementa do Rel. Dr. Zanon de Paula Barros – Rev. Dr. Guilherme Florindo Figueiredo – Presidente Dr. João Teixeira Grande).

A violação do sigilo profissional, sem justa causa, configura infração disciplinar, punível com censura (EOAB, art. 34, VII e art. 36, I) e, também, crime previsto no art. 154 do Código Penal, *verbis*:

> CP, art. 154. Revelar alguém, sem justa causa, segredo, de que tem ciência em razão da função ou profissão e cuja revelação possa produzir dano a outrem. Pena: detenção, de 3 (três) meses a 1 (um) ano, ou multa.

Nesse sentido, considere a hipótese do advogado que faz doutorado em instituição federal e que toma conhecimento de certos fatos relacionados à vida pessoal de seu cliente que respondia a determinado processo considerado de interesse acadêmico. Após a conclusão do processo, o advogado, indaga o cliente se este solicitava sigilo sobre os fatos pessoais ou se estes podiam ser tratados em sua tese de doutorado. Com a resposta positiva do cliente, o advogado aborda a questão com dados pessoais do cliente em sua tese. Há violação do sigilo profissional?

Obviamente que sim, pois o sigilo profissional é matéria de ordem pública, independendo de solicitação de reserva que lhe seja feita pelo cliente. Assim, não constituindo as hipóteses de justa causa (CED, art. 37), o advogado cometeu infração disciplinar e estará sujeito a sanção de censura.

Note-se que o advogado pode e deve se recusar a prestar depoimento judicial, tratando-se de prerrogativa profissional (EOAB, art. 7º, XIX) e dever ético nos termos dos art. 38 do CED e do art. 229 do Código Civil, *verbis*:

> CED, art. 38. O advogado não é obrigado a depor, em processo ou procedimento judicial, administrativo ou arbitral, sobre fatos a cujo respeito deva guardar sigilo profissional.
>
> CC, art. 229. Ninguém pode ser obrigado a depor sobre fato:
>
> I – a cujo respeito, por estado ou profissão, deva guardar segredo.

O patrocínio de causas contra ex-cliente ou ex-empregador segue a mesma regra, ou seja, proíbe-se a utilização de informações sigilosas recebidas anteriormente e exigindo-se o lapso temporal de 2 (dois) anos do fim da relação profissional ou do efetivo desligamento do emprego, como se vê da ementa abaixo:

> "Patrocínio de ação contra ex-cliente. Abstenção bienal independentemente da natureza do serviço prestado. Sigilo profissional perene. **O advogado que pretenda patrocinar causas contra ex-cliente deverá aguardar o interregno de dois anos, ainda que o serviço prestado tenha sido somente na esfera extrajudicial.** Haverá que respeitar sempre e mesmo após o período de dois anos o sigilo profissional, que é preceito de ordem pública. Inteligência dos arts. 19, 20, 25, 26 e 27 do CED e da Resolução n. 17/2000 deste TED-I". (Proc. E-2.701/03 – v.u. em 20.02.2003 do parecer e ementa da Rel. Dra. Roseli Príncipe Thomé – Rev. Dr. José Roberto Bottino – Presidente Dr. Robison Baroni).

Entretanto, o entendimento do TED I da OABSP à luz do novo CED, é que o resguardo do sigilo seja perpétuo como consignado na 602ª Sessão, de 16 de março de 2017, *verbis*:

> "Exercício profissional – Advocacia contra ex-empregadora – Possibilidade – Elevado risco de utilização de informação protegida pelo sigilo profissional – **Não recomendável – Obrigação de não utilização de informações protegidas pelo sigilo profissional é perpetua**. Não existe impedimento para advogar contra antigo empregador, por falta de previsão legal. O advogado que foi o único responsável pelo departamento jurídico certamente tem muitas, para não dizer todas, informações protegidas pelo sigilo profissional. É improvável que, ao advogar contra o antigo empregador, não seja necessária a atualização de informações protegidas pelo sigilo. *O sigilo profissional deve ser guardado eternamente pelo advogado sob pena de cometimento de infração ética*. Não é recomendável a atuação contra ex-empregadora tendo em vista o elevado risco de necessária utilização de informações protegidas pelo sigilo profissional. (Proc. E-4.761/2017 – v.m., em 16.03.2017, do parecer e ementa do Rel. Dr. Fábio Guimarães Corrêa Meyer – Rev. Dr. Guilhemre Martins Malufe – Presidente Dr. Pedro Paulo Wendel Gasparini)."

Nesse sentido, na hipótese de um advogado que tenha sido advogado empregado de uma indústria farmacêutica e, em razão da sua atuação na área trabalhista da empresa, tomou conhecimento de informações estratégicas da empresa. Anos depois, exatamente 6 (anos), após ter deixado a empresa, é procurado por um cliente para ingressar com ação trabalhista contra a sua ex-empregadora. Ao aceitar o patrocínio da causa e utilizar-se das informações estratégicas que adquiriu como argumento de reforço da tese que defendia em prol do cliente com a finalidade de aumentar a probabilidade de êxito na ação trabalhista, o advogado viola o CED em seu art. 35. Assim, entendemos que após os 2 (dois) anos, o advogado poderá litigar contra seu ex-empregador, mas deverá guardar o sigilo profissional de informações privilegiadas que obteve naquele período haja vista ser norma de ordem pública, inerente à profissão e sem prazo máximo expresso em lei a ser observado.

4. NÃO MERCANTILIZAÇÃO

O exercício da advocacia não pode apresentar qualquer característica própria das atividades mercantis nos termos do art. 5º do CED, *verbis:*

CED, art. 5º. O exercício da advocacia é incompatível com qualquer procedimento de mercantilização.

Enfim, todos os atos tipicamente mercantis, ligados à publicidade, aos meios de cobrança, ao local de instalação do escritório, ao relacionamento com os clientes etc., não podem ser praticados pelo profissional advogado. Vejamos algumas situações enfrentadas pelo TED I da OABSP:

"**Escritório de advocacia – Local de instalação – Liberdade de escolha, mas com respeito a preceitos éticos – Instalação no mercadão dos ferroviários – Impossibilidade – Local inadequado**. O local de escritório de advocacia deve ser compatível com a nobreza e a dignidade da profissão, e apropriado ao resguardo da privacidade e do sigilo profissional. Não deve possibilitar indução de oferta indiscriminada de serviços jurídicos, inculca ou captação de clientela ou causas, nem dar margem à banalização da profissão. A localização do escritório de advocacia também deve ser propícia a se tornar lugar onde seja possível cultuar a discrição, a publicidade moderada, a confiança entre advogado e cliente e a inviolabilidade da profissão, tudo isso livre de ser equiparada a meio para mercantilização dos serviços jurídicos. Havendo dúvida sobre se o local atende a todos os preceitos éticos, recomendável a busca por outra localização. O "Mercadão dos Ferroviários", em Jundiaí-SP, não se mostra local apropriado para instalação de escritório de advocacia e ao atendimento da clientela, porque dedicado a estimular a circulação de pessoas e o comércio, colocando em risco a privacidade e o sigilo profissional, e dando margem à oferta indiscriminada de serviços jurídicos, inculca ou captação de clientela ou causas, sendo, por isso, incompatível com a nobreza e dignidade do exercício da profissão. A própria dúvida ética do Consulente sobre o assunto, materializada na consulta, já se mostra bastante a recomendar a busca de outra localização mais apropriada para a instalação do escritório de advocacia. (604ª Sessão, de 18 de maio de 2017 Proc. E-4.808/2017 – v.u., em 18.05.2017, do parecer e ementa do Rel. Dr. Sérgio Kehdi Fagundes, Rev. Dr. Fabio Kalil Vilela Leite – Presidente Dr. Pedro Paulo Wendel Gasparini)."

"**Publicidade – Advocacia itinerante – Uso de veículo com a indicação expressa de "advocacia itinerante" estacionado em frente de estabelecimentos penais – Captação de causas e de clientes – Concorrência desleal – Publicidade imoderada – Vedação ética**. O uso de veículo estacionado em frente de estabelecimento penal com os dizeres "Advocacia Itinerante" destinado a atrair familiares de internos para consultas jurídicas é uma forma indesejável de mercantilização da advocacia. Constitui inculca, captação de causas e cliente e concorrência desleal. A mercantilização consiste em tratar a advocacia como se fosse mercadoria de balcão e de banca de rua. O cliente deve procurar o advogado e não o advogado correr atrás do cliente. O prestígio do advogado não se edifica pela divulgação do nome do advogado em praças públicas ou em locais onde transitam muitas pessoas, mas decorre da competência e dos conhecimentos jurídicos do advogado, de sua atuação perante seus clientes, de sua capacidade de inspirar confiança e segurança ao aplicar a ciência do direito, para fazer valer os justos interesses dos patrocinados. Não bastasse o aspecto mercantilista da proposta, a forma de divulgação fere os princípios da discrição e da moderação. A publicidade do advogado é permitida de acordo com os dispositivos contidos no Estatuto da OAB, arts. 33, parágrafo único e 34, IV, no Código de Ética, art. 5º, 28 a 34, na Resolução n. 02/1992 do Tribunal de Ética e Disciplina–I, Turma Deontológica, da Ordem dos Advogados do Brasil, Secção de São Paulo, e no Provimento n. 94/2000, do Conselho Federal da Ordem dos Advogados do Brasil. Precedentes E-1.538/97, E-1.668/98, E-2.331/01 e E-3.730/09. (Proc. E-3.995/2011 – v.u., em 14/04/2011, do parecer e ementa do Rel. Dr. Luiz Antonio Gambelli – Rev. Dr. Fábio Plantulli – Presidente Dr. Carlos José Santos da Silva. 541ª Sessão de 14 de abril de 2011)."

"**Honorários advocatícios. Inadimplência. Protesto do contrato escrito de honorários. Impossibilidade**. O contrato escrito de honorários, por diferenciar-se dos contratos mercantis, na medida em que está expressamente sujeito às normas estabelecidas no Estatuto da Advocacia (Lei n. 8.906/1994) e no Código de Ética, não pode ser levado a protesto pelo advogado ou por quem quer que seja, em razão de inadimplência do cliente, eis que citados diplomas legais repudiam a mercantilização e a ofensa ao sigilo profissional. Inteligência do art. 42 do CED. Por se tratar o contrato escrito de honorários de um título executivo extrajudicial (art. 24 do Estatuto), poderá ser cobrado judicialmente, sem a necessidade de protesto. (Proc. E-3.851/2010 – v.u., em 25.03.2010, do parecer e ementa do Rel. Dr. Guilherme Florindo Figueiredo – Rev. Dr. José Eduardo Haddad – Presidente Dr. Carlos José Santos da Silva. 529ª Sessão, de 25 de março de 2010)."

Entretanto, houve mudança no entendimento do TED-I da OAB de São Paulo no tocante ao protesto de contrato de honorários advocatícios, relativizando-se, assim, o princípio em comento como se vê abaixo:

"**CONTRATO ESCRITO DE HONORÁRIOS – PROTESTO – CABIMENTO – TÍTULO DE NATUREZA CIVIL, ORIGINADO DE RELAÇÃO SINALAGMÁTICA – INTELIGÊNCIA DO ARTIGO 52 DO CED – AUSÊNCIA DE VIOLAÇÃO AO SIGILO PROFISSIONAL – PRECEDENTES**. É passível de protesto o contrato de honorários advocatícios pelo advogado ou sociedade de advogados, diante da inadimplência do cliente, tendo em vista que o documento tem natureza civil e decorre de relação sinalagmática, na qual o cliente expressou concordância com os seus termos. O art. 52 do CED veda apenas o saque e protesto de duplicatas ou eventuais outros títulos, de natureza mercantil, unilateralmente sacados pelo advogado. Ademais, pela própria natureza do procedimento do protesto, inexiste risco de violação ao sigilo profissional inerente à profissão, pois terceiros, estranhos à relação entre as partes, apenas poderão ter acesso à certidão que contém informações sobre o valor da dívida e os dados do devedor e do credor. Ainda que assim não fosse, os honorários advocatícios têm caráter alimentício e o art. 37 do CED permite exceção ao sigilo profissional em casos que envolvam a própria defesa do direito do advogado. Antes de encaminhar o contrato de honorários a protesto, no entanto, deve o advogado ou a sociedade de advogados promover a tentativa de recebimento amigável do seu crédito, valendo-se do protesto como última e excepcional hipótese para buscar a satisfação do seu direito. E, ao fazê-lo, deve o advogado ou a sociedade de advogados demonstrar, documentalmente, o inadimplemento do cliente e a tentativa de recebimento amigável. Precedentes dessa Turma Deontológica e do Órgão Especial do Conselho Pleno do CFOAB. Proc. E-4.752/2016 – v.u., em 23/02/2017, do parecer e ementa do Rel. Dr. FÁBIO TEIXEIRA OZI – Rev. Dr. SÉRGIO KEHDI FAGUNDES – Presidente Dr. PEDRO PAULO WENDEL GASPARINI."

Nesse diapasão, a Corregedoria-Geral de Justiça de São Paulo recentemente publicou o Comunicado CG n. 2383/2017 comunicando aos Tabeliães de Protesto de Letras e Títulos que fica autorizada a recepção a protesto de contrato de honorários advocatícios, desde que acompanhado de declaração firmada pelo advogado apresentante, sob sua exclusiva responsabilidade, de que tentou, sem sucesso, receber amigavelmente a quantia que alega inadimplida.

5. EXCLUSIVIDADE

A advocacia é uma profissão de caráter exclusivo, não podendo ser exercida nem divulgada em conjunto com qualquer outra atividade, como preceituam os arts. 1º, § 3º, art. 16 do EOAB e art. 40, IV do CED. O que se pretende com a vedação é justamente evitar a captação de clientela, bem como a violação de eventuais dados sigilosos.

EOAB, art. 1º, § 3. É vedada a divulgação de advocacia em conjunto com outra atividade.

Como atividade protegida pelo sigilo profissional, cujo exercício implica a realização de *múnus* público, para a garantia da realização da justiça, não se pode admitir a divulgação de outra atividade no mesmo anúncio ou cartão.

Portanto, o local físico destinado ao escritório de advocacia deve servir única e exclusivamente às atividades privativas da advocacia, não sendo admitido, por exemplo, no mesmo escritório, o exercício de duas atividades realizadas pelo mesmo profissional advogado, tampouco a presença de terceiros, como administradores, contadores, corretores, desenvolvendo suas atividades específicas em conjunto com as de advocacia. Vejamos a clássica jurisprudência da OABSP:

> "Exercício profissional. Concomitância com outra atividade profissional. Incompatibilidade quando em conjunto veiculadas e exercidas no mesmo imóvel. Caracteriza-se a transgressão ao Código de Ética e Disciplina a veiculação e o exercício da advocacia em conjunto com outra atividade profissional, mercantilizada, em prejuízo do sigilo inerente à sede profissional do advogado. Incompatibilidade. Inteligência do art. 5 do CED e letra *f*) do art. 4 do Provimento n. 94/2000 do Conselho Federal." (Proc. E-2.412/01 – v.u. em 16.08.2001 do parecer e ementa Rel. Dr. Jairo Haber – Rev. Dr. José Garcia Pinto – Presidente Dr. Robison Baroni).

O que se busca vedar é o exercício em comum, ou seja, no mesmo espaço físico e a divulgação das duas atividades em conjunto, no mesmo anúncio, no mesmo cartão etc.

O advogado que divulga sua atividade em conjunto com atividade mercantil, comete infração disciplinar, sujeita à sanção de censura prevista no EOAB, art. 36, II.

Situação corriqueira é a que diz respeito ao advogado que é contador, e do advogado que é corretor de imóveis. Neste caso aplica-se a regra do art. 40, IV do CED, exigindo-se que os locais físicos nos quais as atividades se desenvolvem sejam absolutamente distintos. Nesse sentido é a orientação do TED da OABSP:

> "Exercício profissional – Casa com salas comerciais com entrada comum – Possibilidade. O exercício da advocacia não pode desenvolver-se no mesmo local e em conjunto com qualquer profissão não advocatícia. Exemplo clássico do exercício da advocacia no mesmo local e em conjunto com outra atividade é o do advogado contador, administrador, corretor de imóveis ou agente da propriedade industrial, que monta o seu escritório de advocacia no mesmo local e junto com o seu escritório de contabilidade, seu escritório de administração de bens e condomínios, sua imobiliária ou seu escritório de registro de marcas e patentes. No caso há vedação ética por inúmeros motivos: captação de causas e clientes, concorrência desleal, possibilidade de violação de arquivos. Quando as salas, a recepção e os telefones são independentes, é irrelevante a entrada comum. É necessário absoluta independência de acesso ao escritório; *a sala de espera e os telefones não poderão ser de uso comum, para se evitar captação de causas ou clientes e os arquivos devem ficar na sala do advogado para manter o sigilo e a inviolabilidade dos arquivos e dos documentos do advogado e dos clientes.* (Precedentes E-2336/01, E-2389/01, E-2.609/02, § 3º do EOAB e Resolução n. 13/1997, deste Sodalício). (Proc. E-4.036/2011 – v.u., em 15.07.2011, do parecer e ementa do Rel. Dr. Luiz Antonio Gambelli – Rev. Dr. Fábio de Souza Ramacciotti, Presidente Dr. Carlos José Santos da Silva. 544ª Sessão, de 15 de julho de 2011)".

Note-se que nada impede que uma empresa tenha o seu departamento jurídico, como atividade-meio, *mas não pode divulgá-lo entre suas atividades-fim.* Neste sentido vem decidindo o TED/SP:

"Exercício profissional. Concomitância de atividades. Publicidade e sigilo. Instalação de escritório no mesmo endereço de escritório de arquitetura. Vedação. A instalação de escritório de advocacia em mesmo imóvel de escritório de arquitetura, com entrada única, implicará confusão entre as atividades e possível inculca ou captação de clientela. Igualmente, não pode exercer outra profissão no mesmo local, para preservar o sigilo de tudo que saiba de seu cliente. O sigilo é de interesse público e para garantia dos direitos individuais do cidadão sem prejuízo da prerrogativa de sigilo e dignidade inerentes à atividade. Ao advogado não é permitido anunciar outra atividade profissional juntamente com a advocacia. Inteligência dos arts. 25 e 27 do CEC, Provimento n. 94/2000 do Conselho Federal, Resoluções ns. 13/1997 e 17/2000 deste sodalício. Precedentes E-1836/99, E-2075/00, E-2208/00, E-2436/01 e E-3058/04". (Proc. E-3088/04 – v.u., em 17.02.2005, Rel. Dr. Luiz Antônio Gambelli, Rev. Dr. Guilherme Florindo Figueiredo, Presidente Dr. João Teixeira Grande).

"**Departamento jurídico. A constituição e assessoria de departamento jurídico centralizado a empresas constituintes de grupo econômico não encontram óbice ético-estatutário**. Vedação, entretanto, da criação de empresa integrante de grupo econômico, que, ao buscar atender as suas atividade-meio, inclua dentre suas finalidades sociais a assessoria jurídica. Devem abster-se os integrantes desse departamento jurídico da prestação de serviço advocatício a clientes de sua empregadora, estranhos ao grupo econômico. Vedação prevista no art. 4º do Provimento n. 66/1988 do CFOAB. Caracterização de angariação e captação de clientela, exercício e divulgação da advocacia em conjunto com outra atividade profissional e facilitação de seu exercício a não inscritos no quadro da OAB. Infrações previstas nos incisos I, II, III e XXV do art. 34 do EOAB. (Proc. E-2.875/2003 – v.u., em 20.05.2004, do parecer e ementa do Rel. Dr. Jairo Haber – Rev. Dr. Luiz Antônio Gambelli – Presidente Dr. João Teixeira Grande. 466ª Sessão, de 20 de maio de 2004)."

Uma questão interessante no que diz respeito a advocacia atual é o Coworking e o TED da OABSP já se posicionou a respeito, onde o ponto fulcral a ser observado é a questão do sigilo das informações e privacidade do cliente, como se vê da ementa abaixo:

ESCRITÓRIO DE ADVOCACIA – INSTALAÇÃO EM COWORKING COM SOCIEDADES DE DIVERSAS ÁREAS – REALIDADE ATUAL – POSSIBILIDADE – NECESSIDADE DE RESPEITO ÀS NORMAS ÉTICAS.

Escritório de advocacia ou advogado podem exercer suas atividades em coworking, respeitando os limites éticos. Recomendável informar ao cliente que exerce suas atividades em coworking, já que a relação entre advogado e cliente é baseada na confiança e há sempre o dever de informação. Há também a necessidade **de cuidado absoluto com a privacidade total na comunicação entre cliente e advogado, respeitando-se, assim, o sigilo e a confidencialidade**, seja com relação à comunicação com o seu cliente (independentemente do meio, p.ex.: reuniões, trocas de e-mail, ligações telefônicas, vídeo conferências etc.), seja com relação à documentação (digital e física). Embora a prática da advocacia em coworking, por si só, não enseja a captação de clientela, haja vista que esta depende da atitude do advogado, e não do local de exercício de sua atividade, o advogado há de se atentar a essa vedação ética, tendo uma postura passiva quanto a abordagens de pessoas com interesse em seus serviços profissionais, pautando sua conduta dentro dos limites éticos. (Proc. E-5.296/2019 – v.u., em 13/11/2019, do parecer e ementa do Relator – Dr. EDUARDO AUGUSTO ALCKMIN JACOB – Revisor – Dr. EDGAR FRANCISCO NORI, Presidente Dr. GUILHERME MARTINS MALUFE.)

Tal entendimento sobre Coworking restou pacificado com o advento do Provimento n. 205/2021, no seu art. 8º, parágrafo único, *verbis*:

"**Não caracteriza infração ético-disciplinar o exercício da advocacia em locais compartilhados (*coworking*)**, sendo vedada a divulgação da atividade de advocacia em conjunto com qualquer outra atividade ou empresa que compartilhem o mesmo espaço, ressalvada a possibilidade de afixação de placa indicativa no espaço físico em que se desenvolve a advocacia e a veiculação da informação de que a atividade profissional é desenvolvida em local de *coworking*."

6. INDISPENSABILIDADE

A Constituição Federal dispõe em seu art. 133 que o advogado é indispensável à administração da justiça. Nessa toada, o art. 2º do CED dispõe que em sendo o advogado indispensável à administração da justiça, e como defensor do Estado Democrático de Direito, dos direitos humanos, das garantias fundamentais, da cidadania, da moralidade, da Justiça social e da paz social, cumpre-lhe exercer seu ministério em consonância com sua elevada função pública e com os valores que lhe são inerentes. E para tanto, observando a dimensão desse princípio, o CED dispõe de regras de comportamento positivo, determinando os deveres dos advogados no art. 2, parágrafo único, incisos I a VII e IX a XIII. Já no inciso VIII, alíneas *a)* a *f)*, o Código estabelece a regra de comportamento negativo: o abster-se de fazer.

Como já pontificamos em nosso Minimanual de Ética e Disciplina dos advogados[20], "o advogado realiza a função social, quando concretiza a aplicação do direito e não apenas da lei, participando ativamente da Justiça social. Portanto, o advogado dever ter consciência de que o Direito é um meio de mitigar as desigualdades para o encontro de soluções justas e que a lei é um instrumento para garantir a igualdade de todos, exatamente nos termos do art. 3º do CED".

Ora, diante da obrigatoriedade de advogado para a prática de diversos direitos constitucionais e infraconstitucionais, especialmente para os atos de postulação em juízo, verificamos que, muito embora a indispensabilidade

---

[20] BIELA JR. *Minimanual do novo código de ética e disciplina dos advogados*, 2013, p. 30.

do advogado para a administração da justiça não esteja no rol das chamadas cláusulas pétreas, tal mandamento constitucional não pode ser suprimido, pois constitui um direito fundamental. Dessa forma, a figura do advogado tem imensa relevância dentro da ordem constitucional, não permitindo que o profissional deixe de cumprir o *munus* que lhe é imposto, sendo vedado que as prerrogativas inerentes à figura do defensor sejam desrespeitadas por autoridades, causando prejuízos na defesa de seu constituinte.

7. INDEPENDÊNCIA

A liberdade e a independência do advogado são as marcas indeléveis do seu mister, que conferem ao produto intelectual do seu trabalho caráter personalíssimo, dignificando a profissão e contribuindo para a construção da ética, do pluralismo e do pensamento jurídico do País.

Suponha a situação de que você seja o advogado constituído por um cliente, estudante de Direito, chamado Tício para ajuizar ação contra o banco B.

Ajuizada a ação, após o pedido de tutela provisória ter sido indeferido, Tício orienta você (o advogado da causa) a opor Embargos de Declaração, embora não se vislumbre omissão, contradição ou obscuridade na decisão e nem erro material a corrigir. Já você, acredita que a medida mais adequada é a interposição do Agravo de Instrumento. O que queremos dizer é que o advogado, pelo princípio da independência, não tem que se subordinar à orientação de seu cliente Tício. Deve, sim, imprimir a orientação que lhe pareça mais favorável, mas deve informar ao cliente quanto a sua estratégia.

Nesse sentido, é dever do advogado zelar por sua liberdade e independência técnica, sendo legítima sua recusa do patrocínio de causa e de manifestação de pretensão concernente ao direito que também lhe seja aplicável ou contrarie sua orientação anteriormente manifestada (CED, art. 4º) e é legítima sua recusa de quanto à imposição do cliente que pretenda ver com ele atuando outros advogados nos termos do art. 24 do CED, bem como, a subordinar-se a imposições contrárias do cliente conforme reza o art. 11 do CED.

8. VERACIDADE E LEALDADE

Esse princípio traduz a obrigatoriedade do advogado de ser leal para com seu cliente, o *ex adverso* e juiz da causa, pois à luz do Código de Ética é dever do advogado atuar com lealdade[21] e, tanto isso é certo que o art. 34, XIV do EOAB dispõe que o advogado comete infração disciplinar: deturpar o teor de dispositivo de lei, de citação doutrinária ou de julgado, bem como

---

(21) CED, art. 2º, parágrafo único, II.

reclamar pessoalmente, sem a necessidade de advogado; o mesmo se dá com a impetração do *Habeas Corpus* (EOAB, art. 1º, § 1º), que, como se sabe, pode utilizar deste heroico remédio constitucional.

Cumpre observar que no Juizado Especial Cível, no caso de necessidade de interposição de Recurso, haverá a necessidade de contratação de advogado, pois tal ato é privativo de advogado.

No caso do Juizado Especial Criminal, o STF na ADIn n. 3.168 entendeu que a presença do advogado é obrigatória, visto que a defesa técnica é imprescindível em matéria criminal.

Note-se, ainda, que na Justiça do Trabalho, de acordo com a Súmula n. 425, o *jus postulandi* das partes foi ampliado, reduzindo-se, portanto, os atos privativos do advogado à ação rescisória, ação cautelar, mandado de segurança e recursos de competência do TST[25].

No tocante à interpretação do art. 10 da Lei n. 10.259/2001 – Juizados Especiais Federais, *verbis*: "As partes poderão designar, por escrito, representantes para a causa, advogado ou não"[26]. Neste caso, o STF no julgamento da ADIn n. 3.168 entendeu que a faculdade de constituir ou não advogado para representá-los em juízo nas causas de competência dos Juizados Especiais

---

(25) *Vide* art. 896 da CLT.

(26) STF, Informativo n. 430. Art. 10 da Lei n. 10.259/2001 e Constitucionalidade.

O Tribunal, por maioria, julgou improcedente pedido formulado em ação direta de inconstitucionalidade ajuizada pelo Conselho Federal da OAB contra o art. 10 da Lei n. 10.259/2001 (Lei dos Juizados Especiais Federais Cíveis e Criminais), que permite que as partes designem representantes para a causa, advogado ou não. Entendeu-se que a faculdade de constituir ou não advogado para representá-los em juízo nas causas de competência dos Juizados Especiais Federais Cíveis não ofende a Constituição, seja porque se trata de exceção à indispensabilidade de advogado legitimamente estabelecida em lei, seja porque o dispositivo visa ampliar o acesso à justiça. No entanto, no que respeita aos processos criminais, considerou-se que, em homenagem ao princípio da ampla defesa, seria imperativo o comparecimento do réu ao processo devidamente acompanhado de profissional habilitado a oferecer-lhe defesa técnica de qualidade – advogado inscrito nos quadros da OAB ou defensor público. Asseverou-se, no ponto, que o dispositivo impugnado destina-se a regulamentar apenas os processos cíveis, já que se encontra no bojo de normas que tratam de processos cíveis. Além disso, afirmou-se não ser razoável supor que o legislador ordinário tivesse conferido tratamento diferenciado para as causas criminais em curso nos Juizados Especiais Criminais da Justiça Comum, nos quais se exige a presença de advogado, deixando de fazê-lo em relação àquelas em curso nos Juizados Especiais Criminais Federais. Salientou-se que, no próprio art. 1º da Lei n. 10.259/2001, há determinação expressa de aplicação subsidiária da Lei n. 9.099/1995 aos Juizados Especiais Cíveis e Criminais da Justiça Federal, naquilo que não conflitar com seus dispositivos, sendo, portanto, aplicável, a eles, o art. 68 da Lei n. 9.099/95, que determina a imprescindibilidade da presença de advogado nas causas criminais. ADI julgada improcedente, desde que excluídos os feitos criminais, respeitado o teto estabelecido no art. 3º da Lei n. 10.259/2001, e sem prejuízo da aplicação subsidiária integral dos parágrafos do art. 9º da Lei n. 9.099/1995. Vencidos, parcialmente, os Ministros Carlos Britto, Celso de Mello e Sepúlveda Pertence, que especificavam ainda que o representante não advogado não poderia exercer atos postulatórios. *ADI 3168/DF, rel. Min. Joaquim Barbosa, 08.06.2006. (ADI-3168)*

Federais Cíveis não ofende a Constituição, seja porque se trata de exceção à indispensabilidade de advogado legitimamente estabelecida em lei, seja porque o dispositivo visa ampliar o acesso à justiça. No entanto, no que respeita aos processos criminais, considerou-se que, em homenagem ao princípio da ampla defesa, seria imperativo o comparecimento do réu ao processo devidamente acompanhado de profissional habilitado a oferecer-lhe defesa técnica de qualidade – advogado inscrito nos quadros da OAB ou defensor público. *Portanto, frise-se, nos Juizados Especiais Cíveis Federais cujo teto é 60 (sessenta salários), não se faz necessária a presença de advogado.*

A Lei n. 12.153/2009 instituiu os Juizados Especiais da Fazenda Pública no âmbito dos Estados, do Distrito Federal, dos Territórios e dos Municípios, cujo teto é também de 60 (sessenta salários). Desta forma, nos JEFZ de acordo com o art. 5º, I, poderão ser partes com capacidade postulatória as pessoas físicas (maiores de 18 anos ou emancipados), bem como as microempresas e empresas de pequeno porte nas causas de competência dos JEFZ nos termos do art. 2º, *verbis*:

> Art. 2º É de competência dos Juizados Especiais da Fazenda Pública processar, conciliar e julgar causas cíveis de interesse dos Estados, do Distrito Federal, dos Territórios e dos Municípios, até o valor de 60 (sessenta) salários mínimos.
>
> § 1º Não se incluem na competência do Juizado Especial da Fazenda Pública:
>
> I – as ações de mandado de segurança, de desapropriação, de divisão e demarcação, populares, por improbidade administrativa, execuções fiscais e as demandas sobre direitos ou interesses difusos e coletivos;
>
> II – as causas sobre bens imóveis dos Estados, Distrito Federal, Territórios e Municípios, autarquias e fundações públicas a eles vinculadas;
>
> III – as causas que tenham como objeto a impugnação da pena de demissão imposta a servidores públicos civis ou sanções disciplinares aplicadas a militares.
>
> § 2º Quando a pretensão versar sobre obrigações vincendas, para fins de competência do Juizado Especial, a soma de 12 (doze) parcelas vincendas e de eventuais parcelas vencidas não poderá exceder o valor referido no *caput* deste artigo.

Sendo essa mais uma exceção à regra no tocante aos atos privativos do advogado. Portanto, frise-se, nos Juizados Especiais da Fazenda Pública, cujo teto é 60 (sessenta salários), não se faz necessária a presença de advogado.

Outra situação corriqueira no exercício da advocacia é a referente à propositura da ação de alimentos, que, de acordo com o art. 2º da Lei n. 5.478/1968, prevê a possibilidade de o credor de alimentos pleitear inicialmente sem a assistência de advogado. Vejamos:

> Art. 2º *O credor, pessoalmente*, ou por intermédio de advogado, *dirigir-se-á ao juiz competente*, qualificando-se, *e exporá suas necessidades*, provando, apenas o parentesco ou a obrigação de alimentar do devedor, indicando seu nome e sobrenome,

residência ou local de trabalho, profissão e naturalidade, quanto ganha aproximadamente ou os recursos de que dispõe. (g.n.).

§ 3º Se o credor comparecer pessoalmente e não indicar profissional que haja concordado em assisti-lo, o juiz designará desde logo quem o deva fazer.

Portanto, o ato de postular em juízo é privativo do advogado, *exceto:*

a) na impetração de *habeas corpus;*

b) no Juizado Especial Cível (Lei n. 9.099/1995) até 20 (vinte) salários mínimos;

c) nos Juizados Especiais Cíveis Federais e no Juizado Especial da Fazenda Pública até 60 (sessenta) salários mínimos;

d) na Justiça do Trabalho, nas Varas e nos Tribunais Regionais (CLT, art. 791 combinado com a Súmula n. 425 do TST);

e) na propositura de ação de alimentos.

Quanto ao estagiário regularmente inscrito nos quadros da OAB, de acordo com o, § 2º do art. 3º do EOAB que lhe autoriza a praticar os atos previstos no art. 1º do EOAB, é importante salientar que a atuação do estagiário não constitui atividade profissional, apenas complementação da função pedagógica[27], já que age em conjunto e sob a responsabilidade do advogado.

2.1.1. *Advocacia* pro bono

A advocacia *pro bono* é tratada no CED, art. 30 e regulamentada pelo Provimento n. 166/2015. Trata-se da advocacia para o bem, uma advocacia solidária, ferramenta necessária para a concretização do acesso à justiça.

Um dos ícones da advocacia *pro bono* no Brasil, foi Luis Gama, nascido em 1830, filho de um fidalgo português e de uma escrava liberta, deu início à oferta de serviços desse caráter no Brasil. Vendido ilegalmente como escravo pelo próprio pai e alfabetizado por um amigo em uma fazenda, era, também, advogado instruído. Foi ouvinte do curso de direito da Faculdade de Direito do Largo de São Francisco (USP), passando a advogar para diversos escravos em causas abolicionistas. Luis Gama anunciava seus serviços em jornais, oferecia-se sem qualquer custo para defender causas de libertação dos escravos, e conseguiu libertar mais de 500 escravos, há quem fale em 1000. Ali nascia a oferta de advocacia solidária, voluntária, a advocacia *pro bono*[28].

---

(27) PAGAN, Marcos. *Ética profissional*. São Paulo: Atlas, 2010. p. 15.
(28) Disponível em: <http://www.migalhas.com.br/dePeso/16,MI242751,21048-A+advocacia+pro+bono+e+o+novo+Codigo+de+Etica+e+Disciplina>. Acesso em: 5 set. 2017.

Atualmente, não há óbice para a prática da advocacia *pro bono*, desde que respeitados os limites éticos para isso, ou seja, a prestação do serviço jurídico *pro bono* deve preencher os requisitos do art. 30, §§ 1º e 2º do CED:

> "prestação gratuita, eventual e voluntária de serviços jurídicos em favor de instituições sociais sem fins econômicos e aos seus assistidos, sempre que os beneficiários não dispuserem de recursos para a contratação de profissional."
> E, também, "em favor de pessoas naturais que, igualmente, não dispuserem de recursos para, sem prejuízo do próprio sustento, contratar advogado".

Não existe óbice ético de que o advogado realize consultas *pro bono* para moradores de determinada associação de moradores de bairros carentes, observados os impedimentos impostos pelo Provimento n. 166/2015, especialmente de atuação remunerada, em qualquer esfera, aos destinatários do *pro bono*, em período inferior a 3 anos. Da mesma forma, é possível a realização de palestras, desde que respeitadas as disposições éticas sobre publicidade da advocacia. Pode ser considerada infração ética a distribuição de panfletos informativos das consultas gratuitas de advogado voluntário, pois vedada a captação de clientela[29].

Vale ressaltar que o art. 16 do EOAB impede a prestação de serviços jurídicos por Fundações, ONGs, OSCIPs e outras entidades não registráveis na Ordem dos Advogados do Brasil.

A advocacia *pro bono* não pode ser utilizada para fins políticos-partidários ou eleitorais, nem beneficiar instituições que visem a tais objetivos, ou como instrumento de publicidade para captação de clientela. Nesse sentido, é o entendimento do TED I da OABSP na 599ª Sessão, de 17 de novembro de 2016, *verbis*:

> "Publicidade – Advocacia *pro bono* – Impossibilidade – Deve ser exercida de forma eventual. A prática da advocacia *pro bono* não admite publicidade por quem a pratica. Quando praticada por advogado a uma entidade, poderá esta informar que tem assistência de advogados *pro bono*, sem citar seus nomes, evitando a prática com o intuito de usá-la como instrumento de publicidade e captação de clientela, nos termos do art. 5º do Provimento n. 166/2015. Poderá o advogado exercer a advocacia *pro bono* em caráter eventual, sem habitualidade, conforme Parecer E-4.534/2015. (Proc. E-4.714/2016 – v.u, em 17.11.2016, do parecer e ementa da Rel. Dra. Marcia Dutra Lopes Matrone, Rev. Dr. Zanon de Paula Barros – Presidente em exercício Dr. Claudio Felippe Zalaf)"

---

(29) 595ª Sessão, de 16 de junho de 2016 do TED I da OABSP. Proc. E-4.656/2016 – v.u., em 16.06.2016, do parecer e ementa do Rel. Dr. Sérgio Kehdi Fagundes – Rev. Dr. Fábio Guimarães Corrêa Meyer – Presidente em exercício Dr. Zanon de Paula Barros.

2.2. Atividade de assessoria, consultoria e direção

Considere a hipótese de um bacharel em Direito que, aprovado no Exame de Ordem há 5 (cinco) anos, porém não inscrito nos quadros da OAB, mas que presta consultoria e assessoria jurídica na área cível e trabalhista. Estaria esse bacharel a exercer ilegalmente a profissão?

O inciso II, do art. 1º do EOAB, trata de atividades privativas advocacia, na modalidade preventiva que busca soluções negociadas para os conflitos ou aconselhamento técnico (consultoria e assessoria) que evite o litígio judicial. Assim, em razão da complexidade das relações jurídicas contemporâneas, bem como da morosidade da justiça diferentemente do que ocorria no passado, o advogado passa a exercer outras atividades como conciliação, mediação, arbitragem, além da prestação de serviços não contenciosos especializados nas áreas citadas.

Como consultor jurídico o advogado responde a questionamentos formulados pelo cliente e aponta o caminho a ser trilhado como sendo o mais adequado dentre as variáveis. Faz, portanto, uma avaliação do que pode ou não, emite parecer jurídico. A assessoria tem relação mais estreita com o desenvolvimento de um projeto, levando a cabo realizações no plano material, ou seja, visando a concretização do direito no caso concreto. Assim, respondendo à pergunta realizado no início desse item, o bacharel em Direito, mesmo que aprovado na Ordem, mas não inscrito, não pode praticar atos privativos de advogados como a consultoria e assessoria jurídica.

Inserem-se nesses serviços a confecção de atos e contratos constitutivos de pessoas jurídicas, sob pena de nulidade (EOAB, art. 1º, § 2º), exceção à regra é a dispensa desse profissional para os atos constitutivos de Microempresas e Empresas de Pequeno Porte nos termos da Lei Complementar n. 123/2006 – Estatuto da Microempresa e Empresa de Pequeno Porte art. 9º, § 2º, *verbis*: "Não se aplica às microempresas e às empresas de pequeno porte o disposto no, § 2º do art. 1º da Lei n. 8.906, de 4 de julho de 1994". Ficando, também, dispensado o visto de advogado no contrato social da sociedade que, juntamente com o ato constitutivo da EIRELI, regulada no art. 980-A do Código Civil, desde que apresente declaração de enquadramento como ME e EPP.

O Regulamento Geral da Advocacia dispõe em seu art. 2º que o visto do advogado em atos constitutivos de pessoas jurídicas, indispensável ao registro e arquivamento nos órgãos competentes, deve resultar da efetiva constatação, pelo profissional que os examinar, de que os respectivos instrumentos preenchem as exigências legais pertinentes.

É importante salientar que não se trata de mera formalidade, mas sim de comprometimento com a forma e conteúdo do ato, sendo vedado ao advogado assinar qualquer escrito para fim extrajudicial que não tenha feito ou que não tenha colaborado, nos termos do EOAB, art. 34, V.

Vale ressaltar que as atividades de consultoria e assessoria jurídicas podem ser exercidas de modo verbal ou por escrito, a critério do advogado e do cliente, e independem de outorga de mandato ou de formalização por contrato de honorários, conforme art. 5º, § 4º da EOAB.

2.3. Indispensabilidade do advogado

O princípio da indispensabilidade[30] não foi posto na Constituição como favor corporativo aos advogados ou para reserva de mercado. Sua razão é de evidente ordem pública e de relevante interesse social, como instrumento de garantia de efetivação da cidadania. É garantia da parte e não do profissional[31].

Portanto, nos termos do art. 2º, *caput*, e, §§ 1º e 2º do Estatuto, é possível afirmarmos que o advogado exerce função social, pois, mesmo no seu ministério privado e individualizado, ele atende uma ou algumas exigências da sociedade. Assim, ao mesmo tempo em que busca alcançar uma sentença favorável (interesse privado), busca, também, uma sentença justa (interesse público). Desse modo, não há como o Direito se transformar em Justiça sem a figura indispensável à administração da justiça nos termos da Lei Maior, art. 133.

Para justificarmos o *múnus* público que muitos advogados não (re)conhecem esse mister, ou seja, a advocacia, além de profissão, é *múnus*, pois cumpre o encargo indeclinável de contribuir para a realização da justiça, ao lado do patrocínio da causa quando atua em juízo.

Pontifica Paulo Lôbo "o advogado realiza função social, quando concretiza a aplicação do direito (e não apenas da lei), quando obtém a prestação jurisdicional e quando, mercê de seu saber especializados, participa da construção da justiça social"[32].

Por fim, a Lei n. 5.284/2020 que acrescenta o § 2º do art. 2ºA do EOAB, ratifica o acima exposto, asseverando que inclusive no processo administrativo os atos do advogado constituem múnus público e que, inclusive, tal profissional pode contribuir com o processo legislativo e com a elaboração de normas jurídicas, no âmbito dos Poderes da República.

2.4. Da nulidade

O art. 4º do EOAB estabelece que são nulos os atos privativos de advogado praticados por pessoa não inscrita na OAB, sem prejuízo das respectivas sanções, bem como, por advogados impedidos, suspensos, licenciados ou que passaram a exercer atividade incompatível com a advocacia. Abrangeu,

---

(30) *Vide* item 6 do Capítulo II.
(31) LÔBO, Paulo. *Comentários ao estatuto da advocacia e da OAB*. 4. ed. São Paulo: Saraiva, 2007. p. 32.
(32) *Op. cit.*, p. 29.

portanto, o referido artigo a prática de atos privativos, tanto por advogados quanto por não advogados, sendo certo que, nesse último caso, a referida prática constitui exercício ilegal da profissão nos termos do art. 47 da Lei de Contravenções Penais.

Cumpre salientar que pratica infração disciplinar o advogado ou estagiário que, de algum modo, facilitar a terceiros ou sociedades de prestação de serviços o exercício de atividade privativa de advogados ou sociedade de advogados nos termos do art. 34, I e II, do EOAB.

3. MANDATO

Para que o advogado possa exercer a advocacia, postulando em juízo em nome de seu cliente, há necessidade de firmar-se o mandato (verbal ou escrito), que é o contrato por meio do qual uma das partes recebe poderes da outra para praticar atos do seu interesse, cuja procuração nada mais é do que o instrumento do mandato. Deverá a procuração conter a indicação do lugar onde foi passada, a qualificação do outorgante e do outorgado, a data e o objetivo da outorga com a designação e a extensão dos poderes conferidos conforme o art. 654, § 1º, do Código Civil. Em outras palavras, agora nos termos do art. 105 do CPC,

> A procuração geral para o foro, outorgada por instrumento público ou particular assinado pela parte, inclusive digitalmente, habilita o advogado a praticar todos os atos comuns ou ordinários do processo, **exceto atos extraordinários que precisam de poderes especiais**[33] tais como: receber citação, confessar, reconhecer a procedência do pedido, transigir, desistir, renunciar ao direito sobre o qual se funda a ação, receber, dar quitação, firmar compromisso e assinar declaração de hipossuficiência econômica (CPC, art. 105).

A procuração deverá conter o nome do advogado, seu número de inscrição na Ordem dos Advogados do Brasil e endereço completo e se o outorgado integrar sociedade de advogados, a procuração também deverá conter o nome dessa, seu número de registro na Ordem dos Advogados do Brasil e endereço completo, sendo ela eficaz para todas as fases do processo, inclusive para o cumprimento de sentença, salvo disposição expressa em contrário no próprio instrumento (art. 105, §§ 2º, 3º e 4º).

Vale lembrar que o advogado não atua somente em juízo, mas, também, fora dele, ou seja, extrajudicialmente como no caso de ingressar livremente em qualquer assembleia ou reunião de que participe ou possa participar o

---

(33) *Vide* Código Civil, art. 661, § 1º Para alienar, hipotecar, transigir, ou praticar outros quaisquer atos que exorbitem da administração ordinária, depende a procuração de poderes especiais e expressos.

seu cliente, ou perante a qual este deva comparecer, desde que munido de poderes especiais nos termos do art. 7º, VI, alínea *d* do EOAB.

Note-se que, de acordo com o art. 18 do CED, o mandato judicial ou extrajudicial não se extingue pelo decurso de tempo, desde que permaneça a confiança recíproca entre o outorgante e o seu patrono no interesse da causa. Todavia, é possível considerar que arquivado o processo, presume-se cessado o mandato, como se vê no art. 13 do CED.

3.1. É possível atuar sem procuração?

O Estatuto prevê expressamente tal possibilidade nos termos do art. 5º, § 1º, do EOAB e art. 104, § 1º, do CPC, *afirmando que, tratando-se de URGÊNCIA*, poderá atuar sem procuração, sendo obrigado a apresentá-la no prazo de 15 dias, prorrogável por igual período. Trata-se, portanto, de direito do advogado.

Todavia, em se tratando de instância especial, não será possível o advogado atuar sem procuração, pois, conforme a Súmula n. 115 do STJ, na instância especial, é inexistente recurso interposto por advogado sem procuração nos autos.

Existe, ainda, as situações que envolvem as prerrogativas do advogado previstas no art. 7º do EOAB. São elas:

III – comunicar-se com seus clientes, pessoal e reservadamente, *mesmo sem procuração*, quando estes se acharem presos, detidos ou recolhidos em estabelecimentos civis ou militares, ainda que considerados incomunicáveis;

XIII – examinar, em qualquer órgão dos Poderes Judiciário e Legislativo, ou da Administração Pública em geral, autos de processos findos ou em andamento, *mesmo sem procuração*, quando não estejam sujeitos a sigilo, assegurada a obtenção de cópias, podendo tomar apontamentos;

XIV – examinar, em qualquer instituição responsável por conduzir investigação, *mesmo sem procuração*, autos de flagrante e de investigação de qualquer natureza, findos ou em andamento, ainda que conclusos à autoridade, podendo copiar peças e tomar apontamentos, em meio físico ou digital;

XVI – retirar autos de processos findos, *mesmo sem procuração*, pelo prazo de dez dias.

3.2. Renúncia e revogação

Dispõe o art. 682 do Código Civil no inciso I, que cessa o mandato pela revogação ou pela renúncia, bem como pela morte ou interdição de uma das partes e pelo término do prazo ou pela conclusão do negócio ou trabalho.

Nos termos do que dispõe o EOAB, art. 5º, § 3º, o advogado, *a qualquer tempo*, pode renunciar ao mandato sem a necessidade de explicar os motivos porque o faz. Tem, entretanto, o *dever de continuar atuando durante 10 dias*, para não deixar o cliente sem assistência, sendo esse o período para que o cliente tenha condições de tempo para prover à substituição, sob pena de responder disciplinarmente e ser punido com a sanção de censura se deixar de atuar antes de decorridos os 10 (dez) dias da comunicação da renúncia por abandono de causa, conforme EOAB, art. 34, XI.

Assim, a título de exemplo, o advogado constituído nos autos de determinada ação penal e, considerando que seu cliente em dado momento passou a descumprir o contrato de honorários. O advogado notifica seu cliente da renúncia, porém passados 5 (cinco) dias da notificação da renúncia, foi publicado no DOE para que especificasse provas.

Diante do caso narrado, o advogado deverá apresentar a petição de especificação de provas, sob pena de se não o fizer, responder por abandono de causa.

É de bom alvitre que o advogado *notifique o cliente a respeito da renúncia*, nos termos do art. 112 do CPC, o que preferencialmente deve ser com Aviso de Recebimento (AR), porém, o advogado não deve motivar as razões de sua renúncia, sob pena de violar sigilo profissional, nos termos do art. 16 do CED.

A renúncia representa, também, um dever ético do advogado[34], e ocorre nos seguintes casos:

- Sentindo o advogado que confiança lhe falta em relação ao cliente, é recomendável que externe ao cliente sua impressão e, não se dissipando as dúvidas existentes, promova, em seguida, o substabelecimento do mandato ou a ele renuncie, nos termos do art. 10 do CED.
- é recomendável que, em face de dificuldades insuperáveis ou inércia do cliente quanto a providências que lhe tenham sido solicitadas, renuncie ao mandato, conforme reza o art. 15 do CED.
- quando sobrevier conflito de interesses entre seus clientes, devendo optar por um dos mandatos, resguardando o sigilo profissional nos termos do art. 20 do CED;
- quando *concluir que a causa é contrária à ética, à moral* ou à validade do ato jurídico em que tenha colaborado nos termos do art. 22 do CED
- A renúncia ao mandato não exclui responsabilidade por danos eventualmente causados ao cliente ou a terceiros. Todavia, o advogado não será responsabilizado por omissão do cliente quanto a documento ou informação que lhe devesse fornecer para a prática oportuna de ato processual do seu interesse[35].

---

(34) CAPEZ, Fernando. *Coleção estudos direcionados* – ética profissional da advocacia. São Paulo: Saraiva, 2006. p. 21.
(35) CED, art. 16, §§ 1º e 2º.

Quanto à revogação, é importante salientar que se trata de ato do cliente, geralmente insatisfeito com o trabalho do advogado. Não há formalidades ou requisitos especiais para a revogação de poderes conferidos ao advogado. Não há prazo como na renúncia[36]. Todavia, tal revogação não desobriga o cliente a pagar os honorários do advogado que são devidos tanto os honorários contratados quanto os de sucumbência, observada a proporcionalidade do serviço efetivamente prestado nos termos do art. 17 do CED.

O substabelecimento sem reservas é a transferência definitiva dos poderes conferidos na procuração para outro advogado, gerando a extinção do mandato, sendo que neste caso o CED exige que o advogado originário dê prévio e inequívoco conhecimento de tal ato para o cliente nos termos do art. 26, § 1º. Já o substabelecimento com reservas é ato pessoal do advogado que transfere parcialmente os poderes para outro advogado, como no caso de duas audiências no mesmo dia e horário, em locais diferentes.

É importante ressaltar que não é possível ao advogado substabelecido com reserva de poderes cobrar honorários sem a intervenção do advogado substabelecente[37] e no caso de conflito entre tais advogados no tocante no tocante a partilha de honorários contratados em conjunto ou decorrentes de substabelecimento ou sucumbência, o Tribunal de Ética e Disciplina tem competência para atuar como conciliador ou mediador em causas que envolvam essas questões[38].

4. MODELOS

4.1. Procuração ad judicia

PROCURAÇÃO AD JUDICIA

Nome, estado civil, profissão, RG n. ...., CPF n. ...., residente e domiciliado na Rua ...., n. ...., CEP 00000-000, São Paulo/SP, pelo presente instrumento de procuração nomeia e constitui seus procuradores os advogados (as) Xxxxxx da Ssssssssss, brasileiro, divorciado, OAB/SP n. 000.000 e Zzzzzz de Ssssss, ambos com

---

[36] ACÓRDÃO N. 387.

EMENTA: Representação por ofício de Juízo. Procuração de quem já tenha advogado constituído. Revogação. Assinatura divergente de cliente acidentado e com lapso de memória. Captação. Conduta não comprovada. Improcedência. Vistos, relatados e discutidos estes autos de Processo Disciplinar n. 18R0001232012, acordam os membros da Décima Oitava Turma Disciplinar do Tribunal de Ética e Disciplina da Ordem dos Advogados do Brasil, Seção São Paulo, por unanimidade, nos termos do voto do Relator, em julgar improcedente a representação e determinar o arquivamento dos autos. Sala das Sessões, 28 de novembro de 2014. (aa) João Carlos Pannocchia – Presidente Lincoln Biela de Souza Vale Junior – Relator.

[37] EOAB, art. 26.
[38] Conf. CED, art. 71, VI, alínea b.

escritório na Rua................., n. ....., sala ....., CEP ...., Atibaia/SP, tels. (11)...................., a quem confere (m) amplos poderes para o foro em geral, com Cláusula *Ad Judicia*, em qualquer Juízo, Instância ou Tribunal, podendo propor contra quem de direito as ações competentes, defendê-lo (a) nas ações contrárias, seguindo umas e outras, até final decisão, conferindo-lhe, ainda, poderes especiais para desistir, transigir, firmar compromissos ou acordos, dar e receber quitações, prestar primeiras declarações, agindo em conjunto ou separadamente, podendo, ainda, substabelecer esta em outrem, com ou sem reservas de iguais poderes, dando tudo por bom, firme e valioso e, especialmente os necessários para propor ação de divórcio contra Tício de Souza perante uma das varas da família e sucessões do foro da Comarca de Suzano.

São Paulo, ... de .... de 20............

Outorgante

4.2. *Procuração Extrajudicial para representação em Assembleia de condomínio*

PROCURAÇÃO

Nome, estado civil, profissão, RG n. ...., CPF n. ...., residente e domiciliado na Rua ...., n. ...., CEP 00000-000, São Paulo/SP, pelo presente instrumento de procuração nomeia e constitui seu bastante procurador o Dr. Nome, estado civil, advogado, OAB/SP n. ...., CPF n. ...., domiciliado na Rua ...., n. ...., CEP 00000-000, Guarulhos/SP, a quem confere amplos poderes para o fim específico de representá-lo em todas as Assembleias do Condomínio Edifício XXXXX do ano de 20XX, e inicialmente na convocada para o dia __/__/____ .em primeira convocação as __:00 h ou em segunda convocação às __:30 h, podendo dito procurador debater todas matérias constantes da ordem do dia, impugnar o debate e a votação de matérias estranhas a essa ordem do dia; examinar documentos e contas, aceitá-los ou impugná-los, propor a destituição de síndico ou de administrador; concordar ou não com a realização de obras e dos orçamentos propostos, assim como quanto à alteração da cota de condomínio; votar e ser votado para as funções de síndico, subsíndico e membro do Conselho Consultivo ou Fiscal; escolher administradora; constituir advogado com os necessários poderes e praticar todos os atos necessários para o cumprimento deste mandato, que dará tudo por bom e valioso.

Guarulhos,...... de .... de 20.....

Outorgante

4.3. Substabelecimento

SUBSTABELECIMENTO

COM (ou SEM) reserva de iguais poderes para mim, SUBSTABELEÇO, na pessoa do advogado ....(qualificar), inscrito na OAB/SP sob o n. ...., os poderes que me foram conferidos por ....(qualificar o cliente), em .... de .... de 20........., conforme procuração constante dos autos do processo n. .... perante o Juízo da .... Vara .... da Comarca de ....

Mairiporã, ... de .... de 20.............

OAB/SP n. 000.001.

4.4. Renúncia. Carta ao cliente e comunicação ao juízo da renúncia

São Paulo, ___ de outubro de 2009.

Prezada cliente

Sra. Aparecida Cesar,

Venho comunicar-lhe que RENUNCIO os poderes a mim conferidos nos autos do processo n. .... de rito ordinário que tramita na 3ª Vara da Família e Sucessões do Foro Regional do Tatuapé/SP em que V.Sa. figura como autora da ação.

Sem mais para o momento,

Att,

Dr. Fulano de Tal.

OAB/SP 000.001.

Petição informando o juízo da renúncia

EXMO. SR. DR. JUIZ DE DIREITO DA 3ª VARA DA FAMÍLIA E SUCESSÕES DO FORO REGIONAL DO TATUAPÉ/SP.

Processo n. 00000002223333444

Ordinário

FULANO DE TAL, OAB/SP n. 000.001 nos autos do processo em epígrafe que APARECIDA CESAR move em face de COOPERATIVA ZYTE, em curso perante este MM. Juízo, que é a presente para comunicar da *RENÚNCIA* ao mandato que lhe foi outorgado conforme carta de renúncia e juntada do AR recebido pela autora da ação.

Termos em que, com esta nos autos,

Pede Deferimento.

São Paulo, xx de abril de 20xx.

Fulano de Tal.

OAB/SP n. 000.001.

4.5. *Revogação de poderes conferidos ao advogado*

Guarulhos, ___ de novembro de 2016

Prezado Dr. Tício de Souza,

Venho por meio desta, informar-lhe que a partir dessa data ficam REVOGADOS todos os poderes conferidos por mim à V. Sa. nos autos do processo n.................. que tramita perante a 1ª Vara Judicial de Mairiporã.

Sem mais para o momento,

Atenciosamente,

_____

Nome do outorgante da procuração

CAPÍTULO IV

Dos Direitos do Advogado

1. PRERROGATIVAS PROFISSIONAIS

O advogado possui prerrogativas profissionais e não regalias pessoais; portanto, privilégios são regalias legais concedidas pelo Direito, enquanto prerrogativas correspondem a um direito exclusivo e indispensável ao exercício de determinada profissão, considerado o interesse social[39]. Dessa forma, a expressão direitos prevista no *caput* do art. 7º do EOAB, requer uma compreensão mais ampla, não devendo ser entendida como simples *facultas agendi* do advogado. Afinal, em sendo a advocacia essencial à administração da justiça (CF, art. 133), os advogados que postulam em favor de seus clientes possuem não só direitos, mas prerrogativas profissionais.

É fundamental que as prerrogativas dos advogados sejam respeitadas para que ele possa agir contra as autoridades arbitrárias, pontificou Dalmo Dallari.

As prerrogativas previstas em lei, verdadeiras condições de exercício profissional, visam proteger não o advogado em si, mas a atividade por ele exercida que, como visto, tem natureza de serviço público. Por tal razão, diz-se que o advogado não tem apenas direito em relação a elas, mas o dever, em nome da classe a qual pertence, de por elas zelar e fazê-las efetivamente cumprir, tomando as providências para tanto, conforme o CED, art. 2º, parágrafo único, I[40].

Como bem salienta Paulo Lôbo: "O maltrato sofrido pelo advogado, em sua independência ou dignidade profissional, não apenas lhe diz respeito individualmente, mas a toda classe"[41]. Sem as prerrogativas do advogado, a justiça se cala!

Pense nas seguintes situações onde, por exemplo, juiz exige que advogados e partes se levantem quando ele adentrar a sala de audiência; ou, quando o juiz impõe condições para o atendimento de advogados em seu gabinete com hora marcada; ou, quando o serventuário da justiça exige a apresentação de procuração para que o advogado possa examinar autos de processo que não corre em segredo de justiça; dentre tantas outras hipóteses de violação de prerrogativas dos advogados.

---

(39) CAPEZ, Fernando. *Op. cit.*, p. 21.
(40) PAGAN, Marco. *Ética Profissional*. São Paulo: CPC, 2004. p. 18.
(41) LÔBO, Paulo. *Op. cit.*, p. 66.

1.1. Tratamento do advogado

O EOAB em seu art. 6º que tratou da *isonomia* entre os operadores do direito, deixou bem claro que *não há hierarquia nem subordinação* entre advogados, magistrados e promotores. Os três são indispensáveis à administração da justiça, onde cada um exerce um papel, ou seja: o advogado postula, representando os interesses do seu cliente, o juiz, julga e o promotor fiscaliza a aplicação da lei.

Razão pela qual o parágrafo único, do referido artigo, dispõe que ao advogado se deve dispensar tratamento compatível com a dignidade da advocacia e condições adequadas a seu desempenho[42]. Sendo a recíproca verdadeira, pois o CED no art. 27 determina o *dever de urbanidade*, ou seja, que o advogado deve proceder de forma que o torne merecedor de respeito, contribuindo para o prestígio da advocacia (EOAB, art. 31), tratando, portanto, o público, os colegas, as autoridades e funcionários com respeito, discrição e independência, exigindo o mesmo tratamento. Quem respeita, quer ser respeitado.

Consideram-se imperativos de uma correta atuação profissional o emprego de linguagem escorreita e polida, bem como a observância da boa técnica jurídica[43].

Advogados, juízes e promotores são parceiros na realização da justiça. Ambos devem cooperar, pois só assim cumprirão a missão de realizar a Justiça. Portanto, devem estar despidos de sensibilidades exageradas e melindres corporativistas.

2. LIBERDADE DO EXERCÍCIO PROFISSIONAL

Exercer com liberdade a profissão em todo território nacional é um direito e garantia fundamental previsto no art. 5º, XIII, da Carta Magna, não sujeitando os advogados ao controle das autoridades públicas. Entretanto, referido exercício encontra-se regulamentado no EOAB que prevê, como veremos alhures, que para o advogado atuar em outro local que não o da sua inscrição principal, deverá promover sua inscrição suplementar toda vez que tal atividade ultrapassar mais de 5 causas por ano.

3. INVIOLABILIDADE DO ESCRITÓRIO DE ADVOCACIA

Como desdobramento do sigilo profissional tem-se a *inviolabilidade profissional*, que significa dizer que o advogado não pode ter violado seu escritório em respeito à liberdade de defesa e do sigilo profissional. Portanto,

---

(42) Nova redação do parágrafo único do art. 6º de acordo com a Lei n. 5.284/2020. "As atividades de consultoria e assessoria jurídicas podem ser exercidas de modo verbal ou por escrito, a critério do advogado e do cliente, e independem de outorga de mandato ou de formalização por contrato de honorários".
(43) CED, art. 28.

a inviolabilidade do local de trabalho e dos dados é uma proteção não do advogado, mas sim dos clientes. Portanto, visa salvaguardar informações de clientes e preservar a segurança e confiança que deve existir na relação, pois não teria sentido exigir-se do advogado o sigilo profissional sem que seu escritório e instrumentos de trabalho não possuíssem a respectiva proteção, como se vê da ementa abaixo.

"Escritório. Inviolabilidade do local[44]. Extensão. O advogado tem, como direito intocável, a inviolabilidade de seu escritório ou local de trabalho, de seus arquivos e dados, de sua correspondência e de suas comunicações, inclusive telefônicas ou afins. **O direito à inviolabilidade se estende a todos os meios e instrumentos de trabalho profissional, onde quer que eles se encontrem, ainda que em trânsito.** Inclui, portanto, na hipótese dos advogados de empresa, aqueles situados no domicílio ou sede de seu constituinte ou assessorado. A inviolabilidade somente poderá ser excepcionalmente quebrada mediante ordem judicial expressa fundamentada, e se estiver sob julgamento ou investigação questão envolvendo exclusivamente da pessoa do advogado e pertinente a fato ou procedimento ilícito em que ele esteja envolvido. Resguardar-se-á sempre, por isso, o sigilo relativo aos interesses do seu constituinte. Esta inviolabilidade, prevista no art. 7º, II do EOAB, se sobrepõe às conveniências particulares da advocacia, para corresponder a relevantes interesses públicos, da sociedade e da cidadania". (TED/SP, Proc. E-1.339, Rel. Dr. Milton Basaglia, Boletim AASP n. 1.971, de 2 a 08.10.1996).

Assim, embora a proteção da inviolabilidade seja de interesse público, deve-se entendê-la não como absoluta, mas sim relativa, tendo em vista a possibilidade de sua vulnerabilidade em caso de busca e apreensão determinada por ordem judicial nos termos da Lei n. 11.767, de agosto de 2008, que alterou a redação do inciso II do art. 7º do EOAB, bem como acrescentou os, §§ 6º e 7º, traçando os requisitos necessários para se romper tal inviolabilidade.

Só será possível romper a inviolabilidade do escritório de advocacia por ordem judicial mediante mandado de busca e apreensão, observados os seguintes requisitos:

- indícios de autoria e materialidade da prática de crime por parte do advogado;
- decisão motivada pela autoridade competente em mandado de busca e apreensão específico e pormenorizado;
- vedada utilização dos documentos, das mídias e dos objetos pertencentes a clientes do advogado averiguado e demais instrumentos de trabalho que contenham informações sobre clientes.

---

[44] Ver Lei n. 11.767/2008, *verbis*: II – a inviolabilidade de seu escritório ou local de trabalho, bem como de seus instrumentos de trabalho, de sua correspondência escrita, eletrônica, telefônica e telemática, desde que relativas ao exercício da advocacia.

- que a busca e apreensão ocorra na presença de representante da OAB. Tal representante da OAB será designado pela Presidência da Seccional nos termos do Provimento n. 127 e deverá verificar a presença dos requisitos legais concernentes à ordem judicial para a quebra da inviolabilidade; verificar se há ordem específica e pormenorizada; velar para que o mandado judicial seja cumprido nos estritos limites em que foi deferido; diligenciar para que não sejam alvos da busca e apreensão documentos e objetos pertencentes a clientes do advogado averiguado; apresentar relatório à Seccional e comunicar a OAB qualquer irregularidade verificada no cumprimento do mandado.

Com o advento da nova Lei de Abuso de Autoridade, Lei n. 13.869/2019, a violação desse inciso, ou seja, a violação do escritório de advocacia fora dos termos da exceção, caracterizar-se-á crime, nos termos do art. 43 da referida lei com pena de detenção, de 2 (dois) a 4 (quatro) anos, e multa[45]. Trata-se, portanto, do art. 7º-B da Lei n. 8.906/94.

Nesse diapasão, foi editada a Súmula n. 12/2020 do Conselho Pleno do Conselho Federal da OAB sobre o tema, dispondo que: "Prerrogativas. Violação do sigilo telefônico, telemático, eletrônico e de dados. É crime contra as prerrogativas da advocacia a violação ao sigilo telefônico, telemático, eletrônico e de dados do advogado, mesmo que seu cliente seja alvo de interceptação de comunicações".

A Lei n. 14.365/2022 estabelece mais critérios para a quebra da inviolabilidade do escritório ou do local de trabalho do advogado, asseverando que:

- *A medida judicial cautelar que importe na violação do escritório ou do local de trabalho do advogado será determinada em hipótese excepcional, desde que exista fundamento em indício, pelo órgão acusatório.*
- *É vedada a determinação da medida cautelar que importe em violação do escritório ou do local de trabalho do advogado se fundada exclusivamente em elementos produzidos em declarações do colaborador sem confirmação por outros meios de prova.*
- *O representante da OAB tem o direito a ser respeitado pelos agentes responsáveis pelo cumprimento do mandado de busca e apreensão, sob pena de abuso de autoridade, e o dever de zelar pelo fiel cumprimento do objeto da investigação, bem como de impedir que documentos, mídias e objetos não relacionados à investigação, especialmente de outros processos do mesmo cliente ou de outros clientes que não sejam pertinentes à persecução penal, sejam analisados, fotografados, filmados, retirados ou apreendidos do escritório de advocacia.*
- *No caso de inviabilidade técnica quanto à segregação da documentação, da mídia ou dos objetos não relacionados à investigação, em razão da sua natu-*

---

[45] A nova redação do art. 7º do EOAB pela Lei n. 14.365/2022.

reza ou volume, no momento da execução da decisão judicial de apreensão ou de retirada do material, a cadeia de custódia preservará o sigilo do seu conteúdo, assegurada a presença do representante da OAB.

- *Na hipótese de inobservância do acima exposto pelo agente público responsável pelo cumprimento do mandado de busca e apreensão, o representante da OAB fará o relatório do fato ocorrido, com a inclusão dos nomes dos servidores, dará conhecimento à autoridade judiciária e o encaminhará à OAB para a elaboração de notícia crime.*

- *É garantido o direito de acompanhamento por representante da OAB e pelo profissional investigado durante a análise dos documentos e dos dispositivos de armazenamento de informação pertencentes a advogado, apreendidos ou interceptados, em todos os atos, para assegurar o cumprimento do disposto no tocante a inviolabilidade do escritório ou local de trabalho do advogado.*

- *A autoridade responsável informará, com antecedência mínima de 24 (vinte e quatro) horas, à seccional da OAB a data, o horário e o local em que serão analisados os documentos e os equipamentos apreendidos, garantido o direito de acompanhamento, em todos os atos, pelo representante da OAB e pelo profissional investigado.*

- *Em casos de urgência devidamente fundamentada pelo juiz, a análise dos documentos e dos equipamentos apreendidos poderá acontecer em prazo inferior a 24 (vinte e quatro) horas, garantido o direito de acompanhamento, em todos os atos, pelo representante da OAB e pelo profissional investigado.*

- *É vedado ao advogado efetuar colaboração premiada contra quem seja ou tenha sido seu cliente, e a inobservância disso importará em processo disciplinar, que poderá culminar com a aplicação do disposto no inciso III do caput do art. 35 desta Lei (pena de exclusão), sem prejuízo das penas previstas no art. 154 do Decreto-Lei nº 2.848, de 7 de dezembro de 1940 (Código Penal).*

Vale salientar de acordo com a Lei n. 14.365/2022 caberá, privativamente, ao Conselho Federal da OAB, em processo disciplinar próprio, dispor, analisar e decidir sobre a prestação efetiva do serviço jurídico realizado pelo advogado. É nulo, em qualquer esfera de responsabilização, o ato praticado com violação da competência privativa do Conselho Federal da OAB, conforme acima exposto. Caberá, também, ao Conselho Federal da OAB dispor, analisar e decidir sobre os honorários advocatícios dos serviços jurídicos realizados pelo advogado, resguardado o sigilo e observado o disposto no inciso XXXV do *caput* do art. 5º da Constituição Federal, conforme os §§ 14, 15 e 16 do art. 7º do EOAB.

3.1. Dever de guardar sigilo

Tício é defendido pelo advogado Biela Jr em determinado processo sobre divórcio. Tempos depois, Tício é envolvido em demanda de natureza societária e contrata um advogado especialista em Direito Empresarial. Ocorre que, designada audiência para oitiva de testemunhas, a defesa de Tício arrola como testemunha o advogado Biela Jr., diante do seu conhecimento sobre os fatos decorrentes do litígio de família, obtidos em razão do exercício profissional e relevantes para o desfecho do litígio empresarial. Diante do exposto, passamos as considerações abaixo.

Determina o respeito ao sigilo profissional, sob pena de caracterizar infração ética-disciplinar prevista no art. 34, VII passível de punição *censura* (EOAB, art. 36, I), bem como sua revelação sem justa causa poderá caracterizar crime tipificado no art. 154 do CP[46].

É, portanto, dever do advogado guardar sigilo sobre o que saiba em razão de seu ofício[47], cabendo-lhe recusar-se a depor como testemunha em processo no qual atuou ou deva atuar, ou sobre fato relacionado com pessoa de quem seja ou tenha sido advogado, mesmo que autorizado ou solicitado pelo cliente. Esta restrição não autoriza, contudo, a deixar de atender ao chamamento judicial; tão somente, implica recusa a depor, perante o magistrado. (EOAB, art. 7º, XIX; CED, art. 35 c/c art. 229, I, do Código Civil)[48]

"E-2679/03 – Sigilo profissional. Sistema de filmagem e gravação em escritório de advocacia. Inadmissibilidade. É desaconselhável, por ferir os pressupostos da confiança, respeito e lealdade na relação profissional, a instalação, em caráter permanente, de equipamento de filmagem e gravação de sons, nas salas de atendimento, de reunião ou mesmo na recepção do escritório do advogado, ainda que contenha advertência quanto à existência dessa atividade. Rel. Dr. Luiz Francisco Torquato Avólio e Édison Trama"[49].

---

(46) CP, art. 154. Revelar alguém, sem justa causa, segredo, de que tem ciência em razão de função, ministério, ofício ou profissão, e cuja revelação possa produzir dano a outrem: Pena. Detenção de 3 meses a 1 ano ou multa. Parágrafo único. Somente se procede mediante representação.
(47) Ver item 3 do Capítulo II.
(48) "E-2.345 – Sigilo profissional. Testemunho judicial – Direito-Dever do advogado em abster-se de prestá-lo – Princípio de Ordem Pública de caráter não absoluto. Advogado arrolado como testemunha de defesa em ação indenizatória frente ao outro cliente, a favor de quem ainda está patrocinando ação diversa, deve abster-se de depor, em face do direito/dever do sigilo profissional, em observância ao disposto nos arts. 25 a 27 do CED, bem como dos arts. 7, II e XIX e 34, VII, do EOAB. Rel. Dr. Fábio Kalil Vilela Leite".
(49) Proc. E-2.679/02 – V.M. em 22/05/03 dos votos do Drs. LUIZ FRANCISCO TORQUATO AVÓLIO e BENEDITO ÉDISON TRAMA, contra os votos da Rel.ª Dr.ª ROSELI PRÍNCIPE THOMÉ e do Rev. Dr. FÁBIO KALIL VILELA LEITE – Presidente Dr. ROBISON BARONI.

Por tal razão, veda-se o *"exercício da advocacia no mesmo local de atividade imobiliária por desrespeito ao dever sigilo profissional, bem como configura a captação de clientela e concorrência desleal"*. (TED/SP Proc. E-2.498/01 – v.u. em 13.12.2001 – Rel. Dr. Cláudio Felippe Zalaf)".

Como se pôde observar, o sigilo profissional abrange o dever do advogado de respeitá-lo e o direito subjetivo do cliente de fazê-lo valer. É mais uma forma de garantir a plenitude da defesa e privilegiar a relação de confiança entre advogado e cliente, imprescindível para o bom desempenho da função. Assim, *o sigilo profissional é, ao mesmo tempo, direito e dever: direito ao silêncio e dever de se calar*[50]. Nem mesmo a anuência do cliente autoriza a quebra do sigilo profissional (CED, art. 36 c/c art. 7º do EOAB).

3.2. Quando não prevalece a regra do sigilo?

A obrigação do segredo profissional cede às necessidades da defesa pessoal do advogado, quando for objeto de perseguições por parte do seu cliente. Pode revelar, portanto, o que for indispensável para a sua defesa e exibir, no caso, os documentos que aquele (o cliente) lhe tenha confiado (CED, art. 37, 2ª parte).

Como se pôde observar, o art. 37 do CED abre exceção à regra, qual seja: a quebra do segredo poderá ocorrer excepcionalmente quando houver grave ameaça ao direito à vida, à honra, ou diante de situações em que o advogado se veja afrontado pelo próprio cliente e, em defesa própria, tenha que revelar o segredo.

> **"SIGILO PROFISSIONAL – ADVOGADO REFERIDO FALSAMENTE POR EX-CLIENTE – NECESSIDADE DE VIOLAÇÃO DO SIGILO PARA PROMOÇÃO DE DEFESA DO ADVOGADO E DE SUA HONRA – HIPÓTESE ARTIGO 37 DO CED.** O sigilo profissional – questão importante e sensível – trata-se de um indispensável instrumento por assegurar ao cliente a inviolabilidade dos fatos que são levados ao conhecimento do advogado. É preponderante para o bom relacionamento advogado-cliente. O advogado que toma conhecimento de fatos expostos pelo cliente não pode revelá-los nem deles se utilizar em benefício de outros clientes ou no seu próprio interesse, devendo manter-se em silêncio e abstenção eternamente. Nosso Estatuto prevê, em seu artigo 34, inciso VII, que constitui infração disciplinar a violação, sem justa causa, do sigilo profissional. Porém, o advogado não pode ter seu direito de defesa e de imagem prejudicados ou em menor amplitude que o direito de defesa dos demais cidadãos. Se sofrer acusação ou ataque, poderá sim revelar fatos acobertados pelo manto do sigilo profissional com fundamento no artigo 37 do CED. Assim, em sua própria defesa, poderá o profissional valer-se de informações das quais teve conhecimento pela relação cliente-advogado, desde que relacionadas às

---

(50) PAGAN, Marcos. *Op. cit.*, 2004, p. 25.

acusações que lhe foram feitas, no exercício de sua defesa. Proc. E-5.333/2019 – v.u., em 11/12/2019, do parecer e ementa do Relator – Dr. SYLAS KOK RIBEIRO – Revisor Dr. EDUARDO DE OLIVEIRA LIMA, Presidente Dr. GUILHERME MARTINS MALUFE."

4. COMUNICAÇÃO PESSOAL E RESERVADA COM O CLIENTE

Lincoln, jovem advogado, recém habilitado, é contratado para defender os interesses de Tício que foi preso em flagrante por crime afiançável, estando pendente o valor da fiança. Ao dirigir-se ao local onde seu cliente encontra-se detido, o Dr. Lincoln apresenta-se como advogado à autoridade e requer uma entrevista pessoal e reservada com seu cliente, o que lhe é negado pela respectiva autoridade pelo fato do advogado não apresentar a procuração.

Além da situação hipotética apresentada acima, imagine uma outra, onde a autoridade autoriza a comunicação, porém não reservada, ou seja, o contato deve de se dar na presença de um agente penitenciário.

Ora, como aponta Arthur Trigueiros, "trata-se não apenas de uma prerrogativa, mas da materialização do direito constitucional de ampla defesa"[51]. Nessa linha, assevera Paulo Lôbo que "a eventual incomunicabilidade do cliente preso não vincula o advogado, mesmo quando não munido de procuração, fato muito frequente nessas situações. O descumprimento dessa regra importa crime de abuso de autoridade"[52]. Tanto isso é certo que a Constituição Federal em seu art. 5º, LXIII, assegura ao preso, sempre, a assistência de advogado.

Vale ressaltar que o CPP em seu art. 185 prevê o direito do preso a essa comunicação reservada com seu advogado, *verbis*:

> § 5º Em qualquer modalidade de interrogatório, o juiz garantirá ao réu o direito de entrevista prévia e reservada com o seu defensor; se realizado por videoconferência, fica também garantido o acesso a canais telefônicos reservados para comunicação entre o defensor que esteja no presídio e o advogado presente na sala de audiência do Fórum, e entre este e o preso.

Uma exceção à regra referente à apresentação da procuração é a que diz respeito à prerrogativa do advogado comunicar-se com seu cliente quando estiver preso, detido ou recolhido em qualquer em estabelecimento civil ou militar, nos termos do inciso III, do art. 7º do EOAB. Portanto, *a existência de divisória de vidro e de interfone para a comunicação entre o advogado e seu cliente, preso preventivamente, não ofende a garantia prevista no art. 7º, III, da Lei n. 8.906/1994. No caso específico, no julgamento do* habeas corpus, *os impetrantes*

---

(51) TRIGUEIROS, Arthur. *Ética Profissional*. Niterói: Impetus, 2012. p. 20.
(52) *Comentários ao Estatuto da Advocacia e da OAB*, 2013, p. 78.

não lograram demonstrar a ocorrência de prejuízo concreto para a defesa decorrente da existência de "barreiras" à comunicação entre o advogado e seu cliente, o que impede o reconhecimento de nulidade, nos termos da reiterada jurisprudência desta Corte. (HC 112.558, rel. min. Ricardo Lewandowski, julgamento em 11.06.2013, Segunda Turma, *DJE* de 09.12.2013.)

Com o advento da nova Lei de Abuso de Autoridade, Lei n. 13.869/2019, a violação desse inciso, caracterizar-se-á crime, nos termos do art. 43 da referida lei com pena de detenção, de 2 (dois) a 4 (quatro) anos, e multa[53]. Trata-se, portanto, do art. 7º-B da Lei n. 8.906/94.

5. PRISÃO EM FLAGRANTE E REGIME PRISIONAL DO ADVOGADO

O advogado *somente* poderá ser preso em flagrante por motivo do exercício profissional em caso de crime inafiançável, sob pena de nulidade nos exatos termos do art. 7º, inciso IV, combinado com o, § 3º do EOAB que, de acordo com Flávio Olímpio de Azevedo[54], tal imunidade visa impedir arbitrariedades e reforçar a liberdade funcional do advogado.

Apenas no caso de prisão em flagrante por motivo do exercício profissional é que deverá ocorrer o acompanhamento da lavratura do respectivo auto de prisão em flagrante por representante da OAB que será indicado pela diretoria do Conselho Seccional ou da Subseção onde ocorrer o fato. Paulo Lôbo[55] explica que

"a presença necessária do representante da OAB não é simbólica, porque tem ele o direito e dever de participar da autuação, assinando-o como fiscal da legalidade do ato, fazendo consignar os protestos e incidentes que julgue necessários".

Assim, se o advogado for preso em flagrante praticando crime inafiançável ou qualquer outro crime, p. ex., por furto de garrafa de vinho em supermercado, porém, não em decorrência do exercício da profissão, não haverá nulidade do auto de prisão, posto que nesse caso apenas se aplica a parte final do inciso IV, "nos demais casos, a comunicação expressa à seccional da OAB", não há que se falar da presença de representante da OAB para esse caso.

Vale ressaltar que segundo a Constituição Federal, em seu art. 5º, XLIII que a lei considerará crimes inafiançáveis e insuscetíveis de graça ou anistia a prática da tortura, o tráfico ilícito de entorpecentes e drogas afins, o terrorismo e os definidos como crimes hediondos, por eles respondendo os mandantes, os executores e os que, podendo evitá-los, se omitirem.

Os crimes hediondos estão definidos pela a Lei n. 8.072, de 1990, e são insuscetíveis de anistia, graça, indulto ou fiança. É hediondo o homicídio

---

(53) Nova redação do do art. 7º-B, pela Lei n. 14.365/2022.
(54) AZEVEDO, Flávio Olímpio de. *Comentários ao Estatuto da Advocacia*, 2010, p. 31.
(55) *Op. cit.*, p. 80.

qualificado quando praticado em circunstância que revele perversidade, por exemplo, se o crime é praticado por motivo fútil, com o uso de tortura ou para assegurar a impunidade de outro crime. Também é considerado hediondo o homicídio praticado por grupo de extermínio, mesmo que cometido por uma só pessoa do grupo.

A Lei n. 13.142/15 tornou crime hediondo e qualificado a lesão corporal gravíssima ou seguida de morte contra policiais no exercício da função ou em decorrência dela. Estão abrangidas, pela norma, as carreiras de policiais civis, rodoviários, federais, militares, assim como bombeiros, integrantes das Forças Armadas, da Força Nacional de Segurança Pública e do Sistema Prisional. Já a Lei n. 13.104/15 incluiu o feminicídio na lista dos crimes hediondos, ao incluir o crime como homicídio qualificado, ou seja, o assassinato de mulheres por razões da condição do sexo feminino.

Os outros crimes enquadrados como hediondos são: extorsão qualificada pela morte, extorsão mediante sequestro, latrocínio, estupro, estupro de vulnerável, epidemia com resultado de morte, falsificação, corrupção, adulteração ou alteração de produto destinado a fins terapêuticos ou medicinais, favorecimento da prostituição ou de outra forma de exploração sexual de criança ou adolescente ou de vulnerável, genocídio e posse ou porte ilegal de arma de fogo de uso restrito.

Nesse diapasão, dificilmente o advogado no exercício da sua profissão praticará um desses crimes, salvo a falsificação ou corrupção em nossa modesta opinião. Na praxe da advocacia, muitas vezes é dada voz de prisão ao advogado por conta de crime de desacato, que não é hediondo e nem inafiançável.

No julgamento definitivo da ADIn n. 1.127-8, o relator da ADIn declarou que se a OAB não enviar um representante em tempo hábil será mantida a validade da prisão em flagrante. Por outro lado, caso a instituição sequer seja avisada pela autoridade policial, haverá invalidade do referido auto, com o consequente relaxamento da prisão pela autoridade judiciária[56].

> "A presença de representante da OAB em caso de prisão em flagrante de advogado constitui garantia da inviolabilidade da atuação profissional. A cominação de nulidade da prisão, caso não se faça a comunicação, configura sanção para tornar efetiva a norma." (STF, ADI n. 1.127, rel. p/ o ac. min. Ricardo Lewandowski, julgamento em 17.05.2006, Plenário, *DJE* de 11.06.2010).

Portanto, a lavratura do auto de prisão em flagrante em face do advogado exige três requisitos: a) prática de crime inafiançável; b) que esse crime seja relacionado ao exercício da profissão e c) a presença de representante da OAB.

---

(56) TRIGUEIROS, Arthur. *Ética Profissional*, 2012, p. 21.

Com o advento da nova Lei de Abuso de Autoridade, Lei n. 13.869/2019, a violação desse inciso, caracterizar-se-á crime, nos termos do art. 43 da referida lei com pena de detenção, de 2 (dois) a 4 (quatro) anos, e multa[57]. Trata-se, portanto, do art. 7º-B da Lei n. 8.906/94.

Por outro lado, imagine a situação hipotética, de um importante advogado, ex-ministro de Justiça, respondendo a um processo criminal por corrupção ativa, o EOAB assegura direitos aos advogados. Assim, quanto à prisão antes do trânsito em julgado, esse direito se faz necessário, pois a atividade do advogado é uma atividade eminentemente conflituosa, sendo inerente à advocacia a insurgência e a irresignação, militando contra interesses diversos, opondo-se contra poderes e poderosos, denunciando ilicitudes e arbitrariedades. Assim, o advogado estará sujeito a retaliações, arbitrariedades, perseguições, autoritarismos, sendo, portanto, o direito a sala de Estado Maior uma garantia e ferramenta indispensável para a atuação destemida e independente do advogado.

O advogado terá o direito de permanecer em Sala de Estado Maior, ou seja, nas dependências das Forças Armadas, sendo que o STF no julgamento da Reclamação n. 4.535-8, de 07.05.2007, se posicionou a respeito do tema asseverando que sala de Estado Maior é o compartimento de qualquer unidade militar, incluindo Polícia Militar e Bombeiros, distinguindo-se cela de sala, sendo que a primeira tem como finalidade típica o aprisionamento de alguém, por isso, de regra, contém grades e a sala apenas ocasionalmente é destinada para esse fim, sendo certo que o local deve oferecer instalações e comodidades condignas com condições adequadas de higiene e segurança, sendo julgada inconstitucional a expressão "assim reconhecidas pela OAB", portanto, as acomodações nas salas de Estado Maior ficarão a cargo exclusivamente das Forças Armadas sem a ingerência da OAB. Contudo, não existindo sala de Estado Maior, há de ser deferida a prisão domiciliar ao advogado.

O descumprimento desse direito assegurado ao advogado, ou seja, de não ser recolhido preso antes do trânsito em julgado, senão em sala de Estado Maior, com o advento da nova Lei de Abuso de Autoridade, Lei n. 13.869/2019, a violação desse inciso, caracterizar-se-á crime, nos termos do art. 43 da referida lei com pena de detenção, de 2 (dois) a 4 (quatro) anos, e multa[58]. Trata-se, portanto, do art. 7º-B da Lei n. 8.906/94.

Cumpre frisar que não se trata de privilégio ou benefício, mas sim direito que visa minimizar, o quanto possível, os efeitos decorrentes do encarceramento e, tanto isso é certo que vai apenas e tão somente até o trânsito em julgado, pois em termos constitucionais, pelo princípio da presunção de inocência, ninguém será considerado culpado até o trânsito em julgado de sentença penal

---

(57) Nova redação do do art. 7º-B, pela Lei n. 14.365/2022.
(58) *Idem*.

condenatória (CF, art. 5º, LVII), **após o trânsito em julgado da condenação, o cumprimento será em cela.**

6. LIBERDADE DE ACESSO E DE POSIÇÃO

É impossível pensar no exercício da advocacia sem que o advogado tenha liberdade de acesso aos locais indispensáveis para o exercício de suas funções. Portanto, é prerrogativa do advogado ingressar livremente:

a) nas salas de sessões dos tribunais, mesmo além dos cancelos que separam a parte reservada aos magistrados;

b) nas salas e dependências de audiências, secretarias, cartórios, ofícios de justiça, serviços notariais e de registro, e, no caso de delegacias e prisões, mesmo fora da hora de expediente e independentemente da presença de seus titulares;

c) em qualquer edifício ou recinto em que funcione repartição judicial ou outro serviço público onde o advogado deva praticar ato ou colher prova ou informação útil ao exercício da atividade profissional, dentro do expediente ou fora dele, e ser atendido desde que se ache presente qualquer servidor ou empregado;

d) em qualquer assembleia ou reunião de que participe ou possa participar o seu cliente, ou perante a qual este deva comparecer, desde que munido de poderes especiais.

Tome como exemplo da prerrogativa acima citada é o caso de um advogado que é convocado para assistir seu cliente que se encontra recolhido preso em delegacia de polícia e, tendo comparecido ao local para ter ciência das acusações existentes e contatar seu cliente é impedido desse direito pelos agentes policiais sob o argumento de que o delegado titular não estava presente. Ora, nos termos do EOAB, art. 7º, VI, alínea b assegura tal prerrogativa ao advogado, independentemente da presença de seus titulares.

Outra situação hipotética que podemos citar, é a hipótese de um advogado, especialista em Direito Empresarial e que por conta de sua expertise é convidado para participar de reunião com uma Associação de Consumidores representando o seu cliente, um grande fornecedor de produtos e serviços. No caso em tela, referido advogado não poderá ser impedido de participar da referida reunião, desde apresente a procuração com poderes especiais para tanto, nos termos do EOAB, art. 7º, VI, alínea d.

Quanto a liberdade de acesso, no tocante ao atendimento de advogados no INSS, o STF enfrentou o tema como se vê da ementa abaixo:

INSS. Atendimento. Advogado. Descabe impor aos advogados, no mister da profissão, a obtenção de ficha de atendimento. A formalidade não se coaduna sequer com o direito dos cidadãos em geral de serem atendidos pelo Estado de imediato, sem submeter-se à peregrinação verificada costumeiramente em se tratando do Instituto. (RE 277.065, rel. min. Marco Aurélio, julgamento em 08.04.2014, Primeira Turma, *DJE* de 13.05.2014).

Quanto à posição, é prerrogativa do advogado permanecer sentado ou em pé e retirar-se de quaisquer locais indicados no inciso anterior (VI), independentemente de licença, o que ratifica o princípio da independência e da não subordinação e hierarquia entre advogados e qualquer outro operador do Direito.

7. SUSTENTAÇÃO ORAL

O inciso IX do art. 7º do EOAB foi julgado inconstitucional pela ADIn 1.127-8 e 1.105-7, sendo que o direito de sustentar oralmente conferido aos advogados seguirá conforme os regimentos internos dos tribunais. Todavia, CPC, art. 937, assegura que, na sessão de julgamento, depois da exposição da causa pelo relator, o presidente dará a palavra, pelo prazo improrrogável de 15 (quinze) minutos aos advogados sustentarem suas razões.

Dessa maneira, pensamos que ao impor a sustentação oral antes do voto do relator é relativizar a indispensabilidade do advogado à administração da justiça, diminuindo sua participação no julgamento, vez que nas palavras de Paulo Lobo (2017:92) manifestando-se após o voto o advogado pode encetar o contraditório de teses, no derradeiro esforço de convencimento dos demais juízes do colegiado e, manifestando-se antes do voto do relator, como dispõe o CPC, a sustentação fica dificultada no sentido de premonição, adivinhação e achismo do que virá com o voto do relator.

Portanto, a manifestação do advogado após o voto do relator é a materialização do princípio constitucional da ampla defesa, é a oportunidade de contribuir com a aplicação da justiça, o que infelizmente não ocorre junto ao judiciário, mas foi observado perante os processos disciplinares na OAB onde a sustentação oral ocorrerá após o voto do relator, nos termos do art. 60, § 4º do CED.

Nesse diapasão, o PL n. 5.284/2020 previa a seguinte redação para o inciso IX-A do art. 7º do EOAB, o qual foi VETADO, *verbis*:

> "sustentar oralmente, durante as sessões de julgamento, as razões de qualquer recurso ou processo presencial ou telepresencial em tempo real e concomitante ao julgamento."

A Lei n. 14.365/2022 acrescentou o § 2º-B ao art. 7º do EOAB aduzindo que no tocante à sustentação oral "poderá o advogado realizar a sustentação oral no recurso interposto contra a decisão monocrática de relator que julgar o mérito ou não conhecer dos seguintes recursos ou ações: I — recurso de apelação;

II — recurso ordinário; III — recurso especial; IV — recurso extraordinário; V — embargos de divergência; VI — ação rescisória, mandado de segurança, reclamação, *habeas corpus* e outras ações de competência originária".

8. O USO DA PALAVRA

Imagine a seguinte situação onde um advogado ajuíza ação em face de uma empresa buscando a devolução de valores pelo recebimento de produto com defeito. Em sendo o pedido julgado improcedente por falta de provas, o advogado recorre ao TJSP.

No início do julgamento, o relator apresentou críticas à atuação do advogado de que ele não teria instruído o processo adequadamente. Presente no julgamento, o advogado pediu a palavra, que lhe foi negada, por já ter apresentado sua sustentação oral. Como você se posicionaria diante dessa situação?

Esta é a principal ferramenta para o exercício da advocacia. Tanto isto é certo que o EOAB no art. 7º, incisos VIII, X, XI preocupou-se com tal prerrogativa, *in verbis:*

- art. 7º, VIII – Garantindo o direito de acesso às autoridades, ou seja, o direito de ser recebido pelos magistrados (para despachar uma cautelar, por exemplo) independentemente de horário marcado, observando-se a ordem de chegada;

- art. 7º, X – Garantindo o uso da palavra propriamente dito, pela ordem, mediante intervenção sumária, para esclarecer equívoco ou dúvida surgida em relação a fatos, documentos ou afirmações que influam no julgamento, bem como para replicar acusações ou censura que lhe forem feitas;

A nova redação do inciso X, do art. 7º do EOAB, de acordo com a Lei n. 14.365/2022 é "usar da palavra, pela ordem, em qualquer tribunal judicial ou administrativo, órgão de deliberação coletiva da administração pública ou Comissão Parlamentar de Inquérito, mediante intervenção pontual e sumária, para esclarecer equívoco ou dúvida surgida em relação a fatos, a documentos ou a afirmações que influam na decisão.

- art. 7º, XI – Garantindo o direito de reclamar, verbalmente ou por escrito, contra a inobservância de preceito de lei, regulamento ou regimento.

Essa expressão "pela ordem" é a prerrogativa profissional do advogado, pois a principal ferramenta do advogado é a palavra (escrita ou falada), através da qual o advogado chamará atenção da autoridade, judiciária ou não, para esclarecer equívocos ou dúvidas relacionadas a fatos, documentos ou afirmações de que tratam nos autos ou para reclamar a inobservância de norma, lei ou regimento. Faz-se necessária, portanto, para conter injustiças, ilegalidades, bem como, para evitar o desperdício de tempo e recursos, coadunando-se com a celeridade e economia processual.

Nesse diapasão, é importante ressaltar que o exercício dessa prerrogativa não está condicionado a autorização da autoridade que preside o ato e, na hipótese do magistrado indeferir a pretensão da arguição do advogado, que a fez pela ordem do uso da palavra, deverá fazer constar em ata sua decisão fundamentada. A recusa de consignar em ata constitui arbitrariedade, que permite ao advogado utilizar-se de outros meios de provar o fato, como testemunhas, a fim de requerer a nulidade do processo por cerceamento de defesa, bem como, comunicar o ocorrido a OAB requerendo o seu desagravo público, e representando junto à Corregedoria de Justiça e apresentar reclamação disciplinar junto ao CNJ contra o magistrado.

- Todavia, a intervenção deve ser sumária, exercida com moderação e brevidade, pois tal intervenção deve contribuir para o correto julgamento da causa.

9. VISTA E EXAME DE AUTOS

Considere o caso em que um policial militar consta como envolvido em fato referente ao crime de lesões corporais grave que está sendo apurado em investigação preliminar perante ao PM. No curso da investigação, o policial é notificado a prestar declarações e, desde logo, contrata o Dr. Biela como advogado para promover sua defesa.

Ciente do ato, o Dr. Biela dirige-se à Corregedoria da PM pretendendo examinar os autos do processo disciplinar quanto aos atos já concluídos da investigação e buscando tirar cópias com seu aparelho celular.

As prerrogativas de vista e exame de autos estão previstas nos incisos XIII, XIV, XV, XVI do art. 7º do EOAB. É impossível imaginar o exercício da advocacia sem o direito de vista ou exame de autos, trata-se de condição *sine qua non* para tal mister. Sem acesso aos autos, o advogado estará no escuro e a defesa sairá prejudicada.

Há diferença entre direito de vista e exame de autos. Como explica Paulo Lôbo[59], o direito de vista pressupõe que o advogado tenha sido regularmente constituído, fazendo prova com a procuração, pois inclui o direito de retirar os autos ativos no prazo legal, onde de posse integral do autos, o advogado analisará toda a matéria para que possa desenvolver a tese de defesa de seu constituinte.

---

(59) *Op. cit.*, p. 87-88.

Já o direito de exame é prerrogativa de todos os advogados, para que tenha acesso a autos ativos sem fazer prova de procuração, principalmente se levarmos em consideração quando necessitam ter conhecimento do conteúdo do processo antes de aceitar ou rejeitar o patrocínio da causa. Em outras palavras, examinar é analisar, é o ato mais simples de verificar o que consta nos autos, folheando, ler, tomar apontamentos, solicitar ou tirar cópias.

Referente ao exame de autos previsto no art. 7º, XIII, do EOAB, a única restrição que o legislador faz é de processos que estejam sujeitos a sigilo ou segredo de justiça; caso contrário, mesmo sem procuração, será possível ao advogado fazer anotações, copiar ou fotocopiar autos ou partes deles, inclusive nos processos eletrônicos (EOAB, art. 7º, § 13). Os atos processuais, em regra, são públicos, porém, alguns processos correm em segredo de justiça, onde o acesso aos dados processuais ficam limitados às partes e os seus advogados, nos termos do CPC, art. 189[60]. Já o sigilo é muito utilizado na fase investigatória do processo penal devido à necessidade de preservação de provas e com intuito de não prejudicar as investigações, assegurando o direito de vista e exame aos advogados pelo art. 7º, §§ 10, 11, 12 e 13 do EOAB e pela Súmula Vinculante 14 em respeito ao exercício do direito de defesa.

Quanto ao inquérito policial, após inúmeras ocorrências de violação da prerrogativa de exame de autos no inciso citado, o STF editou a Súmula Vinculante n. 14, que assim dispõe: "é direito do defensor, no interesse do representado, ter acesso amplo aos elementos de prova que, já documentados em procedimento investigatório realizado por órgão de competência de polícia judiciária, digam respeito ao exercício do direito de defesa".

O inciso XXI do art. 7º do EOAB corrobora tal entendimento, *verbis*:

> XXI – assistir a seus clientes investigados durante a apuração de infrações, sob pena de nulidade absoluta do respectivo interrogatório ou depoimento e, subsequentemente, de todos os elementos investigatórios e probatórios dele decorrentes ou derivados, direta ou indiretamente, podendo, inclusive, no curso da respectiva apuração apresentar razões e quesitos.

---

(60) CPC, art. 189. Os atos processuais são públicos, todavia tramitam em segredo de justiça os processos:
I – em que o exija o interesse público ou social;
II – que versem sobre casamento, separação de corpos, divórcio, separação, união estável, filiação, alimentos e guarda de crianças e adolescentes;
III – em que constem dados protegidos pelo direito constitucional à intimidade;
IV – que versem sobre arbitragem, inclusive sobre cumprimento de carta arbitral, desde que a confidencialidade estipulada na arbitragem seja comprovada perante o juízo.
§ 1º O direito de consultar os autos de processo que tramite em segredo de justiça e de pedir certidões de seus atos é restrito às partes e aos seus procuradores.

Significa dizer que temos uma nova prerrogativa criada, ou seja, a de assistir o cliente durante toda apuração de infrações, sob pena de nulidade absoluta dos atos processuais. Portanto, a assistência ao investigado deve ser real, não pode ser limitar ao mero acompanhamento de sua oitiva, mas sim que se permita a apresentação de quesitos, p. ex., quando da oitiva de testemunhas, possibilitando, assim, ao causídico o acompanhamento pormenorizado do quanto investigado.

Com relação ao direito de ter vistas dos processos judiciais, ou administrativos conforme o art. 7º, XV, do EOAB, é tudo mais abrangente, pois pressupõe o patrocínio da causa e o direito de retirar os autos para as respectivas manifestações nos prazos legais, muito embora o inciso não condicione a exigência da procuração. Entretanto, se subentende a respectiva exigência, posto que nos incisos XIV e XVI o legislador frisa "mesmo sem procuração", e no inciso XV não há tal destaque.

Em 12 de janeiro de 2016, entrou em vigor a Lei n. 13.245 que deu nova redação ao inciso XIV, do art. 7º do EOAB, *verbis:*

> XIV – examinar, em qualquer instituição responsável por conduzir investigação, mesmo sem procuração, autos de flagrante e de investigações de qualquer natureza, findos ou em andamento, ainda que conclusos à autoridade, podendo copiar peças e tomar apontamentos, em meio físico ou digital.

Entretanto, se os autos estiverem sujeitos ao sigilo, o advogado deverá apresentar procuração para exercer tal prerrogativa (EOAB, art. 7º, § 10).

Permite-se, assim, ao advogado, a possibilidade de tomar apontamentos digitais, p. ex., tirar fotos dos autos de flagrante ou de investigações de qualquer natureza. Dessa forma, qualquer que seja o procedimento investigativo, deverá ser oportunizado ao advogado a prerrogativa de ter acesso aos autos, não importando se tratar de investigação criminal, administrativa ou qualquer outra.

Como se pode observar, essa regra vale tanto para delegacias, como também para outras instituições, como p. ex. o Ministério Público, que faz procedimentos similares. Por essa razão, excluiu-se a expressão "repartição policial" e foi inserida a expressão "instituição responsável por conduzir investigação", representando tal lei na busca por um procedimento mais justo e transparente.

É de se atentar para o que reza o novo, § 11 do art. 7º do EOAB, ao dispor que a autoridade competente poderá delimitar o acesso do advogado aos elementos de prova relacionados a diligências em andamento e ainda não documentados nos autos, quando houver risco de comprometimento da eficiência, da eficácia ou da finalidade das diligências, p. ex., a interceptação telefônica enquanto estiver em curso. Finda tais diligências que estavam em andamento, o acesso é obrigatório, independentemente de qualquer tipo de conclusão por parte do investigador.

Cumpre registrar, ainda, que o legislador por meio dessa nova lei alerta para responsabilização criminal e administrativa daquele que impedir a prerrogativa do advogado prevista no inciso XIV, do art. 7º. Vejamos:

> § 12. A inobservância aos direitos estabelecidos no inciso XIV, o fornecimento incompleto de autos ou o fornecimento de autos em que houve a retirada de peças já incluídas no caderno investigativo implicará responsabilização criminal e funcional por abuso de autoridade do responsável que impedir o acesso do advogado com o intuito de prejudicar o exercício da defesa, sem prejuízo do direito subjetivo do advogado de requerer acesso aos autos ao juiz competente.

A Lei n. 13.869/19, que trata do abuso de autoridade, prevê agora como crime a negativa de acesso do advogado a qualquer procedimento de investigação como se vê no tipo penal do art. 32, *verbis*:

> "Art. 32. Negar ao interessado, seu defensor ou advogado acesso aos autos de investigação preliminar, ao termo circunstanciado, ao inquérito ou a qualquer outro procedimento investigatório de infração penal, civil ou administrativa, assim como impedir a obtenção de cópias, ressalvado o acesso a peças relativas a diligências em curso, ou que indiquem a realização de diligências futuras, cujo sigilo seja imprescindível: Pena – detenção, de 6 (seis) meses a 2 (dois) anos, e multa."

Note-se que a prerrogativa de vista de autos, como a retirada de autos findos, mesmo sem procuração, pelo prazo de 10 (dez) dias prevista nos incisos XV e XVI do art. 7º do EOAB, será relativizada, ou seja, não será possível ter vista dos autos ativos ou retirar autos findos quando:

1. os processos tramitarem sob regime de segredo de justiça;

2. existirem nos autos documentos originais de difícil restauração ou ocorrer circunstância relevante que justifique a permanência dos autos no cartório, secretaria ou repartição, reconhecida pela autoridade em despacho motivado, proferido de ofício, mediante representação ou a requerimento da parte interessada;

3. até o encerramento do processo, ao advogado que houver deixado de devolver os respectivos autos no prazo legal, e só o fizer depois de intimado.

No que diz respeito aos incisos VII, VIII e X do art. 7º do EOAB, também, não é possível pensar em exercício da advocacia indispensável à administração da justiça sem que o advogado possa exercer o direito de entrevistar-se com juízes e desembargadores sem hora marcada; de manifestar-se, sentado ou em pé, usando da palavra "pela ordem" para esclarecer equívoco ou dúvida surgida em relação a fatos, documentos e afirmações que influam no julgamento; bem como reclamar por escrito ou verbalmente, contra a inobservância de preceito de lei, regulamento ou regimento interno do tribunal. Isso sem se falar no direito do advogado de analisar autos em qualquer esfera, mesmo sem procuração, desde que o processo não esteja sob sigilo como garantem os incisos XIII, XIV, XV, e XVI do art. 7º do EOAB como já explicado acima.

10. RETIRADA DO RECINTO

O advogado Tício aguarda com seu cliente Caio o pregão da audiência de instrução que fora designada para iniciar às 13 horas. Ocorre que, no horário designado, o meirinho informa o advogado de que o magistrado se encontra parado no trânsito da Marginal Tietê em razão de um grave acidente com motociclista. Nesse sentido, o EOAB assegura a prerrogativa do advogado retirar-se do recinto depois de 30 minutos do horário designado à prática do ato judicial, desde que a autoridade não esteja presente no local (p. ex., o magistrado não esteja no fórum), devendo o advogado fazer a comunicação por escrito, protocolizando-a em juízo. Observe-se que, na Justiça do Trabalho, o prazo é de 15 minutos nos termos do art. 815, parágrafo único, da CLT.

Entretanto, se a autoridade estiver presente no fórum, desde de as nove horas da manhã, para despachos em geral, tendo iniciado a primeira audiência no horário aprazado e em razão da complexidade do caso a instrução se estendeu atrasando toda a pauta, como comumente ocorre, a prerrogativa do art. 7º, XX, do EOAB não se aplica.

11. RECUSA A DEPOR COMO TESTEMUNHA

É, também, prerrogativa do advogado recusar-se a depor como testemunha em processo no qual funcionou ou deva funcionar, ou sobre fato relacionado com pessoa de quem seja ou foi advogado, mesmo quando autorizado ou solicitado pelo constituinte, bem como sobre fato que constitua sigilo profissional nos termos do que prescreve o inciso XIX do art. 7º do EOAB c/c art. 38 do CED.

Cumpre salientar que, de acordo com a Lei de Abuso de Autoridade, Lei n. 13.869/2019, ninguém poderá obrigar ou constranger o advogado a quebrar o sigilo profissional, ainda mais sob ameaça de prisão, pois cometerá crime a autoridade que

> Art. 15. Constranger a depor, sob ameaça de prisão, pessoa que, em razão de função, ministério, ofício ou profissão, deva guardar segredo ou resguardar sigilo: Pena – detenção, de 1 (um) a 4 (quatro) anos, e multa.

12. IMUNIDADE PROFISSIONAL

12.1. Conceito

Imunidade judiciária é a expressão que designa a prerrogativa atribuída aos advogados, em virtude da qual não se consideram crimes de injúria ou difamação punível os conceitos ou opiniões pelos mesmos emitidas, em suas razões ou alegações jurídicas, juntas ao processo, ou qualquer ofensa infligida em juízo, na discussão da causa, nos termos do EOAB, art. 2º, § 3º, e art. 7º, § 2º. Atenção, o desacato não é alcançado pela imunidade profissional, pois o STF no julgamento da ADIn n. 1.127-8 julgou inconstitucional a expressão. Portanto, excluem-se da imunidade profissional as ofensas decorrentes de desacato e de calúnia.

A imunidade profissional estabelecida pelo Estatuto é a imunidade penal do advogado por suas manifestações, palavras e atos que possam ser considerados ofensivos por qualquer pessoa ou autoridade. *Tal imunidade resulta da garantia do princípio da Liberdade de Convencimento.*

> Código Penal, art. 142, I. Não constituem injúria ou difamação punível: I – a ofensa irrogada em juízo, na discussão da causa, pela parte ou por seu procurador.

Referida imunidade não se limita às ofensas irrogadas em juízo, mas em qualquer órgão da Administração Pública, e em relação a qualquer autoridade extrajudicial, como ao que advogado atua perante uma Comissão Parlamentar de Inquérito ou um Conselho de Contribuintes[61]. Diz José Roberto Batochio (RT, 688/401) que:

> "a natureza eminentemente conflitiva da atividade do advogado frequentemente o coloca diante de situações que o obrigam a expender argumentos à primeira vista ofensivos, ou eventualmente adotar conduta insurgente".

Nesse sentido, o advogado tem *imunidade profissional*, não constituindo injúria e difamação puníveis qualquer manifestação de sua parte, no exercício de sua atividade, em juízo ou fora dele, sem prejuízo das sanções disciplinares perante a OAB, pelos excessos que cometer.

O Supremo Tribunal Federal já fixou o entendimento de que não é absoluta a inviolabilidade do advogado, por seus atos e manifestações, o que não infirma a abrangência que a Magna Carta conferiu ao instituto, de cujo manto protetor somente se excluem atos, gestos ou palavras que manifestamente desbordem do exercício da profissão, como a agressão (física ou moral), o insulto pessoal e a humilhação pública (HC 69.085, da relatoria do ministro Celso de Mello)." (*AI 747.807-AgR*, rel. min. *Carlos Britto*, julgamento em 08.09.2009, Primeira Turma, *DJE* 29.10.2009).

---

[61] LÔBO, Paulo. *Op. cit.*, p. 59.

Nessa toada deu-se o julgado abaixo:

"A inviolabilidade constitucional do Advogado: garantia destinada a assegurar-lhe o pleno exercício de sua atividade profissional. A necessidade de narrar, de defender e de criticar atua como fator de descaracterização do tipo subjetivo peculiar aos delitos contra a honra. A questão das excludentes anímicas. (...) Os atos praticados pelo Advogado no patrocínio técnico da causa, respeitados os limites deontológicos que regem a sua atuação como profissional do Direito e que guardem relação de estrita pertinência com o objeto do litígio, ainda que expressem críticas duras, veementes e severas, mesmo se dirigidas ao Magistrado, não podem ser qualificados como transgressões ao patrimônio moral de qualquer dos sujeitos processuais, eis que o '*animus defendendi*' importa em descaracterização do elemento subjetivo inerente aos crimes contra a honra. (...) O Supremo Tribunal Federal tem proclamado, em reiteradas decisões, que o Advogado – ao cumprir o dever de prestar assistência àquele que o constituiu, dispensando-lhe orientação jurídica perante qualquer órgão do Estado – converte, a sua atividade profissional, quando exercida com independência e sem indevidas restrições, em prática inestimável de liberdade. Qualquer que seja a instância de poder perante a qual atue, incumbe, ao Advogado, neutralizar os abusos, fazer cessar o arbítrio, exigir respeito ao ordenamento jurídico e velar pela integridade das garantias – legais e constitucionais – outorgadas àquele que lhe confiou a proteção de sua liberdade e de seus direitos." (HC 98.237, rel. min. Celso de Mello, julgamento em 15.12.2009, Segunda Turma, *DJE* de 06.08.2010).

Vale ressaltar que o § 2º do art. 7º do EOAB foi revogado erroneamente pela Lei n. 14.365/2022, que previa ter o advogado deve, em breve, ser devidamente corrigido tal erro legislativo, mantendo-se a imunidade profissional, não constituindo quanto a injúria e difamação puníveis qualquer manifestação decorrentes de sua parte, no exercício de sua atividade, em suas manifestações profissional em juízo ou fora dele. Todavia, apesar de enquanto tal revogação erro não é corrigido, há toda uma construção jurisprudencial a respeito da imunidade profissional do tema advogado, além de outros dispositivos que asseguram-na, como acima já demonstrado, mas que no futuro poderá ocorrer uma interpretação diferente da atual. Todavia, não há desamparo total da lei, pois, temos ainda o art. 2º, § 3º do EOAB e art. 142, I do CP.[62]

12.2. Os excessos

Os excessos que ultrapassem dos limites admitidos pelo CED e pelo EOAB serão punidos disciplinarmente pela OAB. Nessas situações não tem o magistrado legitimidade para punir o advogado cabendo-lhe representar à OAB (EOAB, art. 70).

O art. 7º, § 2º do EOAB, somente admite inviolabilidade profissional do direito, desde que o advogado, agindo em seu "*múnus*" não extrapole os limi-

---

[62] *Câmara admite erro e imunidade profissional voltará ao Estatuto da OAB*. Disponível em: <https://www.migalhas.com.br/quentes/368873/camara-admite-erro-e-imunidade-profissional-voltara-ao-estatuto-da-oab>. Acesso em: 11 jul. 2022.

tes da lei, nem use expressões injuriosas de caráter pessoal. Foi o que o TJSP julgou nos autos da Apelação Cível n. 1000679-33.2017.8.26.0601, 6ª Câmara de Direito Privado, VOTO n. 37588, Rel. Des. Paulo Alcides Amaral Salles, j. 09.09.2019, *verbis:*

> "Ação de indenização por danos morais. Ofensas veiculadas por advogado contra policial militar em petição apresentada aos autos de processo disciplinar militar. Ato ilícito caracterizado. Expressões utilizadas pelo requerido absolutamente impertinentes e ofensivas à honra subjetiva da autora. Excesso à imunidade profissional. Danos morais configurados. Valor arbitrado pelo magistrado (R 20.000,00), contudo, que comporta redução. Pouca repercussão dos insultos, diante do caráter sigiloso do procedimento disciplinar. Arbitramento em R$ 10.000 (dez mil reais)".

O art. 6º EOAB dispõe que deve o advogado tratar os juízes e membros do ministério público com consideração e respeito. Também, o art. 27 do CED considera dever ético do advogado tratar as autoridades com respeito, discrição, empregando linguagem polida e agindo com franqueza. Além, é claro, da norma processual em seu art. 78, §§ 1º e 2º do CPC, que dispõe ser proibido às partes e seus advogados empregar expressões injuriosas nos escritos apresentados no processo, podendo o juiz, de ofício, mandar riscá-las; em sendo as expressões injuriosas proferidas em defesa oral, o juiz advertirá o advogado que não as use, sob pena de ser cassada a palavra. O TED da OABSP, segue esse entendimento como se vê a seguir:

> "A imunidade profissional conferida ao advogado, ao manifestar-se no exercício de sua atividade, em juízo ou fora dele, não é absoluta. Há limites impostos pelos textos legais aos excessos cometidos.
>
> Comete falta contra o dever de urbanidade, o profissional que emprega, no calor do debate judicial, adjetivos e frases agressivas e deselegantes que não condizem com a necessidade de isenção das paixões e rancores dos seus constituintes. Devem prevalecer harmonia, cordialidade e boas relações entre os patronos das lides, especialmente para que se ponham de relevo os verdadeiros argumentos que dão respaldo ao articulado no processo. Em cada situação compete ao advogado ponderar, com cuidado, se tal ou qual assertiva, de acordo com as circunstâncias concretas do caso e a pessoa a quem se dirige, são ou não insolentes e podem ferir a dignidade alheia. Inteligência do art. 133 da CF e do art. 7º, § 2º, do EOAB". (Proc. E-2553/02 – v.u. em 18.04.2002 – Rel. Dra. Maria do Carmo Whitaker).

13. *DA VIOLAÇÃO DAS PRERROGATIVAS DO ADVOGADO*

Uma vez violada a prerrogativa do advogado, compete ao Presidente do Conselho Federal, do Conselho Seccional, ou da Subseção, conhecer do fato e adotar as providências judiciais ou extrajudiciais cabíveis para restaurar o "império" da OAB, em sua plenitude, inclusive mediante representação administrativa conforme art. 15 do Regulamento Geral.

13.1. Desagravo público

É um procedimento que tem por finalidade tornar pública a solidariedade da classe ao advogado, quando este for ofendido no exercício profissional.

13.1.1. A quem compete promover o desagravo

O ato de desagravo pode ser requerido pelo próprio ofendido ou por qualquer interessado, competindo ao Conselho Seccional promovê-lo. Nos casos de urgência e notórios, o pedido será submetido à Diretoria do Conselho competente, que poderá conceder imediatamente o desagravo, ad referendum do órgão competente do Conselho conforme seu regimento interno[63]. Já nos casos não urgentes e notórios, a Diretoria remeterá o pedido de desagravo ao órgão competente para a instrução e decisão, p. ex., o Conselho de Prerrogativas, podendo o relator, solicitar informações da pessoa ou autoridade ofensora no prazo de 15 dias, convencendo-se da existência de prova ou indício de ofensa relacionada ao exercício da profissão ou de cargo da OAB, sem que isso configure condição para a concessão do desagravo[64]. Se a ofensa ocorrer no território da Subseção a que se vincule o inscrito, a sessão de desagravo pode ser promovida pela diretoria ou conselho de Subseção, com representação do Conselho Seccional[65].

Contudo, se a ofensa for pessoal, se não tiver nexo com o exercício profissional ou se configurar crítica de caráter doutrinário, político ou religioso, o relator poderá propor o arquivamento do respectivo pedido de desagravo nos termos do art. 18, § 3º, do Regulamento Geral.

Vale pontuar que os desagravos deverão ser decididos no prazo máximo de 60 (sessenta) dias e se acolhidos, deverá ser designada a sessão de desagravo a ser amplamente divulgada seja pelo site da OAB, cartazes, e-mails, devendo ocorrer, no prazo máximo de 30 (trinta) dias, preferencialmente, no local onde a ofensa foi sofrida ou onde se encontre a autoridade ofensora[66].

O que acontece na sessão de desagravo? Nela, o Presidente lerá a nota[67] que será publicada na imprensa, bem como, encaminhada ao ofensor e às autoridades, sendo importante destacar que será registrada nos assentamentos

---

(63) Conf. Art. 18, § 1º do Regulamento Geral.
(64) Conf. Art. 18, § 2º do Regulamento Geral.
(65) Conf. Art. 18, § 8º do Regulamento Geral.
(66) Conf. Art. 18, §§ 5º e 6º do Regulamento Geral.
(67) Apenas para fins didáticos e para ilustrar, segue a nota abaixo a respeito de advogada grávida que teve sua prerrogativa profissional violada, *verbis*:
NOTA DE DESAGRAVO
A ORDEM DOS ADVOGADOS DO BRASIL, por meio da Seccional do Distrito Federal, vem a público para desagravar a advogada ALESSANDRA PEREIRA DOS SANTOS, OAB/DF 23.251 que, em despacho da lavra do Juiz Substituto Eduardo da Rocha Lee, em atuação junto à Segunda Vara Cível da Ceilândia, foi ofendida no exercício de sua profissão, ao indeferir seu

do inscrito e no Registro Nacional de Violações de Prerrogativas, o que poderá ter reflexos na vida da pessoa que violou as prerrogativas profissionais, pois se essa pessoa requerer no futuro sua inscrição nos quadros da OAB como advogado ou estagiário e, essa anotação no Registro Nacional de Violação de Prerrogativas poderá caracterizar o impedimento para inscrição como advogado por falta de idoneidade moral. Nesse sentido é o teor da Súmula n. 6 do Conselho Pleno do Conselho Federal da OAB, *verbis*:

> "INSCRIÇÃO. IDONEIDADE. Nos processos de inscrição, o Conselho competente poderá suscitar incidente de apuração de idoneidade, quando se tratar de pessoa que de forma grave ou reiterada tenha ofendido as prerrogativas da advocacia, assegurando-se o contraditório e a ampla defesa."

O desagravo público, como instrumento de defesa dos direitos e prerrogativas da advocacia, não depende de concordância do ofendido, devendo ser promovido a critério do Conselho (art. 18, § 9º do Regulamento). E de acordo com a Súmula n. 7 do Conselho Pleno do Conselho Federal, uma vez deferido o

---

requerimento de remarcação de audiência marcada par 29/3/2016, em razão do agendamento de seu parto-cesárea no dia 11/3/2016.
No referido despacho o Magistrado alegou que "...a licença maternidade não é dotada de surpresa, uma vez que já no início da gestação sabe-se o futuro afastamento, devendo a patrona da parte requerida providenciar, antecipadamente, sua substituição ou renunciar aos autos.
Assim agindo, o juiz violou diretamente as prerrogativas não apenas da desagravada, mas de tantas advogadas em situação análoga (de gravidez e parto iminente), que se veem coagidas a abandonar suas causas e seus clientes face à intransigência injustificada de determinados julgadores.
No caso em apreço, o Juiz Eduardo Lee ao "determinar" que a advogada fosse substituída ou renunciasse à causa violou não apenas o direito de a causídica patrocinar a causa que escolheu como também cerceou o direito de sua cliente de se ver defendida pela profissional que escolheu e com quem mantém estreita relação de confiança.
Afrontou, assim, não apenas a indispensabilidade do advogado na administração da Justiça como preceitua o artigo 2º, § 2º. Do Estatuto da Advocacia e da OAB, como também o direito de o advogado "exercer com liberdade, a profissão em todo território nacional" (artigo 7º, inciso I, da Lei n. 8.906/94), na medida em que tenta impedir que a Dra. Alessandra atue livremente nos feitos para o qual foi nomeada.
A Ordem dos Advogados do Brasil, Seccional do Distrito Federal entende, em uma perspectiva ainda mais ampla, que a decisão ora repudiada ofendeu preceitos maiores, inclusive direitos e garantias constitucionalmente previstos.
Além de atentar contra a dignidade da advocacia, ofendeu o Princípio da Prioridade Absoluta previsto no artigo 227 da Constituição Federal, que determina ser dever do Estado, da Sociedade e de todos nós, zelar pela saúde e vida de crianças e adolescentes, nascidos ou ainda no ventre de suas mães.
A defesa do bem-estar e do pleno desenvolvimento da criança que está no ventre da desagravada, bem assim como de qualquer nascituro que esteja nas entranhas de quaisquer advogadas, deve ser prioritária.
Assim, a Seccional do Distrito Federal da OAB, convencida da existência de ofensa no exercício profissional da Dra. Alessandra Pereira dos Santos, vem DESAGRAVAR a profissional, na forma do que estabelecem os artigos 7º, inciso XVII da Lei n. 8.906/94 e os artigos 18 e 19 do Regulamento Geral da OAB, repudiando firmemente a conduta do magistrado e reafirmando seu compromisso na defesa intransigente contra toda e qualquer mácula à dignidade das profissionais da advocacia. Disponível em: <https://www.migalhas.com.br/quentes/235336/oab-realiza-desagravo-publico-a-advogada-gravida-desrespeitada-por-juiz-no-df> Acesso em: 20 mar.2020.

desagravo, a pessoa ou autoridade ofensora não tem legitimidade para recorrer dessa decisão, por se tratar de ato político interno da OAB[68].

Cumpre salientar que o desagravo público promovido pelo Conselho Federal, ocorrerá nas seguintes hipóteses: a) quando o ofendido for Conselheiro Federal ou Presidente do Conselho Seccional, no exercício das atribuições de seus cargos; b) quando a ofensa ao advogado se revestir de relevância e grave violação às prerrogativas profissionais, com repercussão nacional[69].

13.2. Da reparação de danos individuais, coletivos e sociais por violação de prerrogativas profissionais do advogado

Como já foi visto, as prerrogativas profissionais do advogado não são privilégios, nem benefícios, mas sim condições essenciais para o exercício do direito de defesa. Elas garantem ao patrono da causa agir com independência, sem subordinação e medo de desagradar ou de sofrer represálias e, assim, cumprir sua função social que é a busca incansável pela Justiça conforme reza a CF, art. 133 c/c art. 2º "caput" e parágrafos do EOAB.

Nesse diapasão, ultimamente, temos tomado conhecimento por meio dos portais de notícias jurídicas de diversos casos de violação de prerrogativas com repercussão nacional, tal como, o caso da advogada Valéria dos Santos, no Rio de Janeiro, que foi algemada em sala de audiência ao defender sua prerrogativa ao exigir a leitura da contestação[70] e, tantos outros casos, como de advogados na Paraíba[71] e em Goiás[72] que foram agredidos por policiais enquanto assistiam seus clientes.

Como se pode depreender do estudo sobre as prerrogativas profissionais do advogado, é importante destacar a violação atinge diretamente o profissional vinculado a causa, indiretamente a advocacia, ou seja, a classe dos advogados, e reflexamente a justiça já que o advogado é indispensável à administração da Justiça.

Sem sobra de dúvida, a violação de prerrogativas do advogado e da advocacia, atinge mortalmente um dos objetivos fundamentais da Constituição Federal que é construir uma sociedade livre, justa e solidária[73].

---

(68) Súmula n. 7 do Conselho Pleno da OAB Federal. "DESAGRAVO PÚBLICO. Art. 7º, XVII e, § 5º, da Lei n. 8.906/94 (Estatuto da Advocacia e da OAB). Arts. 18 e 19 do Regulamento Geral do EAOAB. Ato político interno. Ausência de legitimação da pessoa ou autoridade ofensora para interpor recurso em face de decisão que deferiu o desagravo público.".
(69) CAPEZ, Fernando. *Op. cit.*, p. 28.
(70) Disponível em: <https://www.conjur.com.br/2018-set-11/advogada-algemada-detida-rj--exigir-leitura-contestacao>. Acesso em: 27 jul. 2021.
(71) Disponível em: <https://www.conjur.com.br/2020-set-26/advogados-sao-presos-ameacados-agredidos-delegacia-pb>. Acesso em: 27 jul. 2021.
(72) Disponível em: <https://www.migalhas.com.br/quentes/348945/advogado-e-espancado--por-policiais-em-goias>. Acesso em: 27 jul. 2021.
(73) CF, art. 3º, I.

Tanto isso é certo que, o desagravo público pode ser requerido pelo próprio advogado ou por qualquer pessoa, bem como, de ofício pelo Conselho competente. Isso reforça nossa tese da importância das prerrogativas na esfera individual, coletiva e social, haja vista o interesse juridicamente tutelado. Assim, defendemos a tese de que a violação das prerrogativas profissionais dá ensejo ao dano moral individual, coletivo e, também, social.

Para que a advocacia seja respeitada, há necessidade de uma postura mais enérgica por parte do Conselho Federal no caso violação de prerrogativa de repercussão nacional e, do Conselho Seccional, no âmbito estadual. Tem-se verificado que o desagravo público, que a responsabilização administrativa[74] e criminal[75] daquele que viola esse direito fundamental para o exercício da advocacia. Portanto, a responsabilização civil é medida que se impõe, pois cumprirá uma função social importante diante da gravidade da violação das prerrogativas, qual seja, a função compensatória, sancionatória e preventiva.

O Código Civil, em seu art. 944, dispõe que "a indenização mede-se pela extensão do dano". Por seu turno, o Conselho de Justiça Federal, aprovou o Enunciado n. 456 com a seguinte redação: "A expressão "dano" no art. 944 abrange não só os danos individuais, materiais ou imateriais, mas também os danos sociais, difusos, coletivos e individuais homogêneos a serem reclamados pelos legitimados para propor ações coletivas".

Nesse sentido, é possível afirmar e sem sombra de dúvida que, em casos de violação de prerrogativas como os anteriormente citados (Valéria dos Santos, dos advogados agredidos na Central de Polícia na Paraíba e do advogado de Goiás, Dr. Orcelio Ferreira Silvério Junior), tais danos na sua mais ampla extensão devem ser reparados.

O dano moral individual por violação as prerrogativas profissionais estará presente face ao constrangimento e humilhação sofridos pelo advogado no que tange aos seus direitos da personalidade, tais como, honra, nome, integridade física etc., o que indiscutivelmente restou configurado nos casos acima citados, competindo às vítimas ingressarem com a ação indenizatória.

Ao considerarmos as prerrogativas profissionais como condições essenciais para o exercício da advocacia e que ultrapassam a individualidade do advogado, atingindo a classe dos advogados como um todo determinado ou determinável, o que é ratificado pelo art. 18 do Regulamento Geral que prevê o desagravo público de ofício, obviamente que, nos casos concretos citados acima, ocorreu dano moral coletivo que é a lesão na esfera moral de uma

---

(74) Muitas vezes o servidor não é punido ou, quando muito, sofre uma sanção mínima, p. ex., advertência.
(75) Quando há responsabilização criminal, na maioria das vezes a conduta ilícita é caracterizada como crime de menor potencial ofensivo. Cite-se, p. ex., o que está tipificado no art. 7º-B da Lei n. 8.906/94.

comunidade, categoria ou classe, em seus valores coletivos, atingidos injustificadamente do ponto de vista jurídico, o que causou um abalo, comoção, indignação da classe dos advogados, ocorrendo, inclusive o desagravo sumário diante da gravidade, da urgência e notoriedade.

Assim, a OAB no cumprimento de suas finalidades previstas no art. 44, II, do EOAB, no tocante a defesa de seus inscritos, deve o fazer de forma mais ampla possível, seja no âmbito interno com o desagravo público, seja no âmbito administrativo e criminal, buscando a responsabilização do violador das prerrogativas. Contudo, o tempo tem mostrado que tais defesas não têm cumprido um papel eficaz; razão pela qual, a responsabilização do causador do dano moral coletivo ou órgão da administração púbica ao qual aquele estiver vinculado cumprirá a função sancionatória, compensatória e preventiva para que tais condutas não ocorram mais.

Por fim, quanto ao dano social, pode ser definido como aquele que é ocasionado por uma **conduta** (comissiva ou omissiva) **socialmente reprovável**, antijurídica ou não, praticada pelo Estado ou por particular (pessoa física ou jurídica), **cuja consequência é a diminuição da qualidade de vida da sociedade** ou de determinado grupo social. Trata-se, pois, de uma **nova modalidade de dano não prevista no Código Civil de 2002, cuja previsão encontra-se, por construção hermenêutica, no art. 1º, III, da CF/1988.** Portanto, de um dano objetivo, transindividual e imaterial, podendo afetar a toda sociedade ou um determinado grupo social em seu digno direito à qualidade de vida plena, seja em razão de um ato antijurídico (ou de conduta socialmente reprovável) praticado pelo Estado ou por particular (pessoa física ou jurídica), em detrimento de bens sociais imateriais que compõem o patrimônio social em específico lapso temporal, patrimônio esse que é a prerrogativa profissional do advogado ou da advocacia, pois sua violação, atinge reflexamente em última análise a justiça, posto que ao se violar a prerrogativa a justiça não se efetivará de forma plena, mas sim, viciada de algo fundamental da qual foi tolhido o direito de defesa.

Assim, considerando que os danos sociais **são causados por comportamentos exemplares negativos ou condutas socialmente reprováveis** interferindo o bem-estar social, o objetivo fundamental da República de uma sociedade livre, **justa** e solidária, se torna impossível de alcançar haja vista que o acesso uma justiça justa fica comprometido.

Podemos citar, p. ex., o caso da advogado Valéria dos Santos que ao pugnar pela aplicação da lei no JECRJ, exigindo-se a prerrogativa de ler a contestação, o que lhe foi negado e, ao final do imbróglio jurídico, resultou na advogada retirada da sala de audiência e algemada por policiais militares na frente de todos que no fórum se encontravam. Evidente a conduta socialmente reprovável que põe em xeque a polícia, o judiciário e a justiça, se há abusos, autoritarismos, arbitrariedades e descumprimento das normas, a exemplo da

Súmula Vinculante n. 11 do STF que proíbe o uso de algemas. O mesmo ocorreu com o advogado de Goiás, Dr. Orcelio Ferreira Silvério Junior[76], que ao intervir na abordagem dos policiais a um morador de rua, foi detido, algemado e espancado, gerando revolta de populares que presenciaram o fato, posto que o causídico correu risco de ser sufocado e, posteriormente a mobilização da OAB com diversas notas de repúdio e, obviamente, desagravo público.

Por fim, no que propus aqui, foi uma reflexão a respeito de que, a depender do caso concreto, é indiscutível o concretização do dano moral individual, mas além desse, é plenamente possível a ocorrência do dano moral coletivo e do dano social por violação da prerrogativas profissionais da conduta socialmente reprovável desse último, o que acarreta em uma diminuição da qualidade de vida da sociedade dada a insegurança jurídica de se conviver com arbitrariedades e autoritarismos ao arrepio da lei e da ordem jurídica do Estado democrático de direito, principalmente daqueles que figuram como agentes públicos, servidor ou não, da administração direta, indireta ou fundacional de qualquer dos Poderes da União, dos Estados, do Distrito Federal, dos Municípios e de Território.

14. PRERROGATIVAS DAS ADVOGADAS

Advogada Daniela Teixeira tornou-se mãe em 2002 quando começou a perceber a dificuldade em lidar com o papel de mãe e profissional, tendo que amamentar seu bebê durante uma sessão de julgamento e outra, muitas das vezes sem nem ter local para sentar-se.

Em 2013, novamente grávida, percebeu que depois de uma década, pouco ou nada havia mudado.

Em meados de 2013, com 29 semanas de gravidez, a advogada foi fazer uma sustentação oral de uma causa no CNJ. Solicitou, pela naturalidade da situação, preferência. Inexplicavelmente, o presidente do CNJ na época, ministro Joaquim Barbosa, negou o pedido. A advogada viu-se, então, obrigada a esperar a manhã inteira e metade da tarde para ver seu processo ser apregoado.

Ela ganhou a causa, mas saiu de lá para logo em seguida ser internada com contrações. Resultado: a filha prematura, com pouco mais de um quilo, e 61 angustiantes dias dentro de uma UTI.

A Lei n. 13.363, de 25 de novembro de 2016, assegurou novos direitos/prerrogativas à mulher advogada, trata-se de uma grande vitória para a advocacia brasileira, pois se a trabalhadora celetista lhe são assegurados direitos

---

(76) Disponível em: <https://www.migalhas.com.br/quentes/348945/advogado-e-espancado-por-policiais-em-goias>. Acesso em: 27 jul. 2021.

em razão dessa condição especial de gestante, lactante ou adotante, porque direitos não seriam assegurados à advogada trabalhadora autônoma ou não, por essa condição especial? Seria uma afronta a dignidade humana da advogada nessas condições.

Assim, ficou assegurado à advogada gestante a entrada em tribunais sem ser submetida a detectores de metais e aparelhos de raios X, pois não se sabe os efeitos nocivos que tais aparelhos podem causar aos fetos, bem como a reserva de vaga em garagens dos fóruns dos tribunais, conforme o art. 7º-A, inciso I, alíneas *a* e *b*.

Por consequência lógica, o art. 7º-A, II, assegurou à lactante, adotante ou que deu à luz, acesso à creche, onde houver, ou a local adequado ao atendimento das necessidades do bebê. Ora, não é preciso viver essa realidade para saber o quanto é essencial esse espaço para o atendimento das necessidades do bebê da advogada.

Nesse sentido é assegurado à gestante, lactante, adotante ou que der à luz, preferência na ordem das sustentações orais e das audiências a serem realizadas a cada dia, mediante comprovação de sua condição (inciso III). Ora, é inconcebível fazer uma grávida ou lactante esperar horas e horas para fazer uma audiência com pauta atrasadíssima, sabendo-se que na gravidez há inúmeros incômodos como dores nas costas, pernas, enjoos, inchaços, câimbras e, a lactante, obviamente precisa amamentar o bebê a cada três horas pelo menos.

Sendo certo afirmar que tais direitos previstos nos incisos II e III são assegurados pelo período da licença maternidade, ou seja, 120 (cento e vinte) dias nos termos do art. 392 da CLT em conformidade como o EOAB, art. 7º-A, § 2º; já os demais direitos aplicam-se enquanto perdurar, o estado gravídico ou o período de amamentação.

Por fim, a advogada adotante ou que der à luz, terá direito à suspensão de prazos processuais quando for a única patrona da causa, desde que haja notificação por escrito ao cliente, conforme prevê o art. 7º-A, inciso IV, do EOAB. Referida suspensão se dará nos termos do art. 313, § 6º, do CPC, ou seja, o período de suspensão será de 30 (trinta) dias, contado a partir da data do parto ou da concessão da adoção, mediante apresentação de certidão de nascimento ou documento similar que comprove a realização do parto, ou de termo judicial que tenha concedido a adoção, desde que haja notificação ao cliente.

Ao advogado pai, biológico ou adotante, igual direito será assegurado, ou seja, a suspensão dos prazos processuais quando for o único patrono da causa, desde que haja notificação ao cliente e comprove nos autos mediante a apresentação de certidão de nascimento ou documento similar, ou de termo judicial de concessão de adoção, todavia, o período de suspensão será apenas de 8 (oito) dias nos termos do art. 313, § 7º, do CPC.

15. O ADVOGADO PODE GRAVAR AUDIÊNCIA COM SEU TELEFONE?

Muitas vezes a violação de prerrogativas profissionais se dá em audiência. Sabe-se, também, que nessas situações, autoridades autoritárias violam leis, normas e procedimentos a seu bel prazer, depoimentos não são registrados em ata como declarados, perguntas indeferidas e protestos deixam de ser consignados e assim por diante.

As autoridades arbitrárias defendem que a gravação de audiência pelo advogado deve ter autorização expressa de quem a presida.

Cumpre observar que as audiências são públicas nos termos do art. 368 do CPC e em sendo assim, a audiência poderá ser integralmente gravada em imagem e em áudio, em meio digital ou analógico, desde que assegure o rápido acesso das partes e dos órgãos julgadores, inclusive, tal gravação poderá ser realizada diretamente por qualquer das partes, independentemente de autorização judicial (CPC, art. 367, §§ 5º e 6º). Ora, o aparelho celular é instrumento de trabalho (art. 7º, II, do EOAB) e indispensável para os advogados e proibir sua utilização durante audiências é violar as prerrogativas desse profissional que é indispensável à administração da justiça. Privar o advogado do uso de seus instrumentos de trabalho durante as audiências é cercear o exercício integral e pleno da advocacia.

Os smartphones, celulares de última geração, não servem apenas para fazer e receber ligações ou para gravar e filmar uma audiência. Com eles se consulta a legislação, *Vade Mecum,* sentenças e jurisprudências. Também pelo celular é possível editar e elaborar peças durante audiência, consultar "nuvens" de armazenamento de dados, bem como, acompanhar o andamento processual. Logo, o smartphone constitui-se em um instrumento de trabalho de extrema importância, substituindo a pasta de mão do advogado de antigamente.

Nesse sentido, o TEDSP já se pronunciou, *verbis:*

"EXERCÍCIO PROFISSIONAL – GRAVAÇÃO DE AUDIÊNCIAS PELO ADVOGADO – POSSIBILIDADE LEGAL E ÉTICA

Não há infração ética por parte do advogado que grava audiência, **independentemente de autorização ou prévia comunicação, mesmo nos processos que tramitam sob segredo de justiça**. É lícita a gravação de audiência feita por advogado devidamente constituído nos autos a qual poderá ser devidamente utilizada para exercício do direito constitucional da ampla defesa a fim de confrontar eventuais erros na transcrição e comprovar a existência de equívocos. Importante ressaltar que a divulgação e utilização indevidas de tais gravações podem configurar infração ética e, em alguns casos, crime. Por fim, também é considerada lícita a gravação realizada por um dos interlocutores sem o conhecimento do outro. **Proc. E-4.548/2015 – v.u., em 15/10/2015, do parecer e ementa** do Rel. Dr. SYLAS KOK RIBEIRO – Rev. Dr. JOÃO LUIZ LOPES – Presidente Dr. CARLOS JOSÉ SANTOS DA SILVA."

Todavia, em se tratando de audiências de conciliação, outro é o entendimento do TEDSP, posto que a gravação poderá frustrar futura negociação entre as partes, *verbis*:

REUNIÃO OU AUDIÊNCIA DE CONCILIAÇÃO – GRAVAÇÃO OSTENSIVA E AUTORIZADA – POSSIBILIDADE ÉTICA – GRAVAÇÃO OCULTA OU NÃO AUTORIZADA – VEDAÇÃO ÉTICA – ASPECTOS LEGAIS DA FORÇA PROBANTE DO CONTEÚDO DA GRAVAÇÃO, AUTORIZADA OU NÃO, QUE CABE AO DESTINATÁRIO DA PROVA (JUIZ) E NÃO AO TRIBUNAL DE ÉTICA.

Não é eticamente vedado ao advogado, em audiências de instrução e julgamento, proceder à respectiva gravação. Do ponto de vista ético, o ato da gravação há que ser ostensivo, sob pena de violação da lealdade com que deve ser pautada as relações processuais e as relações entre advogados. **Em se tratando de ato destinado à conciliação, não se justifica eticamente a gravação**, que tem o condão inibir eventuais negociações ou causar constrangimento a quaisquer das partes, que atuarão com reservas excessivas a fim de evitar que sua conduta seja interpretada como admissão de fatos ou renúncia a direitos. A gravação inibe declarações, opiniões, promessas, reconhecimentos de fatos, dentre outros atos típicos das tratativas. Não é por outra razão que, salvo disposição expressa das partes em sentido contrário, o conteúdo do que se afirmar, em procedimento de mediação, não pode sequer ser utilizado em processo arbitral ou judicial (art. 30 da Lei n. 13.140/2015). Os objetivos buscados com a mediação, conciliação, judiciais ou extrajudiciais, ou mesmo em reuniões informais para esse fim entre advogados, com ou sem as partes, **são contrários a que se faça gravações, sob pena de transformar o ato em busca de provas ou investigação de fatos**, salvo disposição expressa das partes em sentido contrário. Precedentes: Proc. E-3.854/2010 e Proc. E-3.986/2011. Proc. E-4.987/2018 – v.u., em 26/04/2018, do parecer e ementa do Julgador Dr. Fábio de Souza Ramacciotti, tendo aderido ao voto vencedor o relator Dr. Sylas Kok Ribeiro, Rev. Dra. Renata Mangueira De Souza – Presidente Dr. Pedro Paulo Wendel Gasparini.

CAPÍTULO V

DA INSCRIÇÃO NA OAB

1. REQUISITOS

Os requisitos para a inscrição nos quadros da OAB estão previstos no art. 8º do EOAB, *verbis:*

> Art. 8º Para a inscrição como advogado é necessário:
> **I – capacidade civil**

Trata-se aqui da capacidade para exercer por si só os atos da vida civil, ou seja, a capacidade de fato. Nesse diapasão, nos termos do Estatuto da Pessoa com Deficiência, surge uma questão polêmica, posto que com o advento do referido estatuto, houve uma mudança no instituto das incapacidades, alterando-se a redação dos arts. 3º e 4º do Código Civil. Assim, o art. 2º do Estatuto da Pessoa com Deficiência aduz que as pessoas com deficiência física, mental, intelectual ou sensorial, não tem, em nome da dignidade humana, afetada sua plena capacidade, razão pela qual, em tese, poderíamos concluir que tais pessoas, com a tomada de decisão apoiada (CC, art. 1.783-A) poderiam inscrever-se nos quadros da OAB como advogados.

Com relação a essa problemática, o TEDSP já enfrentou a questão que lhe foi posta, pontificando pela impossibilidade do advogado deficiente mental exercer a profissão com base no instituto da "tomada de decisão apoiada" do art. 1.783-A do Código Civil, como se pode observar da ementa, *verbis:*

> "ADVOGADO – DEFICIÊNCIA MENTAL – EXERCÍCIO DA ADVOCACIA COM USO DO INSTITUTO DA TOMADA DE DECISÃO APOIADA – IMPOSSIBILIDADE
>
> A Lei n. 13.146/2015 (Estatuto da Pessoa com Deficiência) inseriu o art. 1.783-A no Código Civil, criando o instituto da "tomada de decisão apoiada". Por ele a pessoa com deficiência mental pode indicar em juízo duas pessoas idôneas e de sua confiança "para prestar-lhe apoio na tomada de decisão sobre atos da vida civil, fornecendo-lhes os elementos e informações necessários para que possa exercer sua capacidade." Logo de início, vê-se que quem precisa de apoio de outros para tomar decisões sobre sua própria vida ou bens não tem condições de aconselhar terceiros na tomada de decisões que lhes afetem a vida ou bens, o que é o dia a dia da advocacia. Por outro lado, se os apoiadores o auxiliarem na orientação de seus clientes estará quebrado o sigilo profissional, secular pedra de

toque da advocacia. Além disto, pela regra do, § 5º do art. 1.783-A do Código Civil, inserido pela citada Lei n. 13.146/2015, quem contrata com a pessoa apoiada tem o direito de exigir que os apoiadores assinem o contrato junto com ela. Mais uma vez estará violado o sigilo profissional. Se por outro lado a pessoa apoiada sonegar essa informação àqueles clientes com quem contrata, estará quebrando o vínculo de confiança com seus clientes, outra secular pedra de toque da advocacia, violando a ética profissional (art. 10, do Código de Ética e Disciplina da OAB). Proc. E-4.785/2017 – v.u., em 23/02/2017, do parecer e ementa do Rel. Dr. ZANON DE PAULA BARROS – Rev. Dra. CÉLIA MARIA NICOLAU RODRIGUES – Presidente Dr. PEDRO PAULO WENDEL GASPARINI."

II – diploma ou certidão de graduação em Direito, obtido em instituição de ensino superior oficialmente autorizada e credenciada;

Na falta do diploma, o bacharel deverá apresentar certidão de colação de grau em Direito e cópia autenticada do histórico escolar nos termos do art. 23 do Regulamento Geral.

III – título de eleitor e quitação do serviço militar, se brasileiro;

IV – aprovação em Exame de Ordem;

O Exame é a aferição de conhecimentos jurídicos básicos e de prática profissional do bacharel em direito que deseja exercer a advocacia.

O Exame apenas pode ser prestado perante o Conselho Seccional do Estado onde o interessado concluiu seu curso jurídico ou no local de seu domicílio eleitoral. A exigência do domicílio eleitoral é moralizadora, para evitar a frequente fraude à lei, que ocorria quando o interessado, não logrando êxito no Exame de Ordem no Estado em que obteve a graduação em Direito, simulava domicílio pessoal em outro Estado, menos rigoroso no exame. Entretanto, isso não é mais possível em razão do Exame Unificado, uma vez que os estudantes de Direito do último ano do curso de Direito, ou seja, nono e décimo semestre, poderão prestar o referido Exame.

É importante observar que ficam dispensados do referido exame os postulantes oriundos da Magistratura e do Ministério Público nos termos do Provimento n. 109/2005, art. 1º, parágrafo único[77] e art. 6º, parágrafo único, do Provimento n. 144.

Importante destacar que a prova falsa de domicílio ou de qualquer outro dado fornecido pelo candidato no momento da inscrição representa infração disciplinar punível com exclusão, relativa à prova falsa de requisito para

---

(77) Note-se que referido provimento é posterior à Emenda Constitucional n. 45 que alterou a redação do art. 93, I, da CF, passando a exigir do candidato à magistratura e MP, no mínimo, três anos de atividade jurídica.

inscrição. Logo, se tal situação for verificada posteriormente, ocorrerá o cancelamento da inscrição[78].

V – não exercer atividade incompatível com a advocacia;

As atividades que geram incompatibilidade estão enumeradas no art. 28 do Estatuto, ou seja, quem exercer as atividades elencadas no rol do art. 28 estará totalmente proibido de exercer a advocacia, mesmo que em causa própria.

O Órgão Especial do Conselho Pleno do Conselho Federal da OAB a respeito da interpretação do art. 28, II, do EOAB sobre membros do Ministério Público, esclareceu na Súmula n. 2 que

"EXERCÍCIO DA ADVOCACIA POR SERVIDORES DO MINISTÉRIO PÚBLICO. IMPOSSIBILIDADE. INTELIGÊNCIA DO ART. 28, INC. II, DO EAOAB. A expressão "membros" designa toda pessoa que pertence ou faz parte de uma corporação, sociedade ou agremiação (DE PLÁCIDO E SILVA. *Vocabulário Jurídico*, Forense, 15. ed.). Dessa forma, **todos os servidores vinculados aos órgãos e instituições mencionados no art. 28, inc. II, do Estatuto da AOAB são incompatíveis para o exercício da advocacia.** Cada uma das três categorias – Magistratura, Advocacia e Ministério Público – embora atuem, todas, no sentido de dar concretude ao ideal de Justiça, tem, cada qual, um campo definido de atribuições, em cuja distinção se verifica, justamente, o equilíbrio necessário para que esse ideal seja atingido, não devendo, pois, serem misturadas ou confundidas, deixando a cargo de uma só pessoa o exercício simultâneo de tais incumbências. **São incompatíveis, portanto, para o exercício da advocacia, quaisquer servidores vinculados ao Ministério Público".**

Portanto, deve o interessado declarar essa circunstância, assumindo as consequências, inclusive penais, da manifestação. Se a declaração não for verdadeira, a inscrição será cancelada e o inscrito ficará sujeito às sanções penais (falsidade ideológica e exercício ilegal da profissão), administrativas (processo disciplinar) e civis (responsabilidade civil).

VI – idoneidade moral – Boa reputação.

Trata-se de conceito indeterminado, porém, determinável. São comportamentos que contaminarão necessariamente a atividade do profissional em desprestígio da advocacia; ou a demissão do servidor a bem do serviço público, ou de prática ilegal da profissão por bacharel estagiário com inscrição cancelada, respondendo a inquéritos policiais ou, os casos de conduta incompatíveis descritos no parágrafo único do art. 34 do EOAB. Portanto, os parâmetros não são subjetivos, mas decorrem da aferição objetiva de *standards*

---

[78] FIGUEIREDO, Laurady. *Para aprender direito* – Ética Profissional. São Paulo: Barros, Fischer & Associados, 2005. p. 55.

valorativos que se captam na comunidade profissional, no tempo e no espaço, e que contam com o máximo de consenso na consciência jurídica[79].

Pensamos que as autoridades judiciárias ou administrativas que tiveram seu nome lançado no Registro Nacional de Violações de Prerrogativas da OAB, não possuíram idoneidade moral para promoverem sua inscrição nos quadros da OAB como advogados, nem mesmo como estagiários. É o que se depreende da Súmula n. 6 do Conselho Pleno do Conselho Federal da OAB, *verbis*:

> "INSCRIÇÃO. IDONEIDADE. Nos processos de inscrição, o Conselho competente poderá suscitar incidente de apuração de idoneidade, quando se tratar de pessoa que de forma grave ou reiterada tenha ofendido as prerrogativas da advocacia, assegurando-se o contraditório e a ampla defesa."

Dispõe o EOAB a respeito do crime infamante, *verbis:*

> EOAB, art. 8º, § 4º. Não atende ao requisito de idoneidade moral aquele que tiver sido condenado por crime infamante, salvo reabilitação judicial.

Assim, se ocorrer a perda da idoneidade moral por prática de crime infamante, o novo pedido de inscrição exige a apresentação de reabilitação na esfera judicial.

> "Inscrição. Idoneidade moral. A demissão do serviço público ocasionada por apropriação de dinheiro pertencente ao erário caracteriza a inidoneidade prevista no art. 8º, VI, do Estatuto, mesmo que tenha havido posterior devolução. Decisão da Seccional mantida. Inscrição indeferida". (Proc. 4.602/94/PC, Rel. Cléa Anna Maria Carpi da Rocha, j. 13.02.1995, v.u., DJ 16.02.1995, p. 2.741).

> "Inscrição nos quadros da OAB. Indeferimento de inscrição por ausência de idoneidade moral. Condenação criminal e demissão a bem do serviço público por crime de extorsão. A decisão que indefere a inscrição de bacharel condenado por crime considerado infamante e demitido a bem do serviço público deve ser mantida, preservando-se a dignidade da Advocacia. Inteligência do art. 8º, § 4º do EOAB. Recurso a que se nega provimento". (Proc. 5.301/98/PCA-SP, Rel. Roberto Dias de Campos (MT), Ementa 010/99/PCA, j. 08.02.1999, v.u., DJ 17.02.1999, p. 198).

Crime infamante é aquele que atinge a reputação de toda uma classe profissional, que causa repúdio da comunidade social. Exemplos: crime de estelionato e de falsificação de documento público são considerados infamantes para o exercício da advocacia, bem como os hediondos.

De qualquer forma, após a reabilitação judicial regularmente deferida, estará desimpedido para a inscrição, porque no sistema jurídico brasileiro

---

(79) LÔBO, Paulo. *Op. cit.*, p. 99.

inexiste pena perpétua[80]. A reabilitação judicial é um benefício concedido ao condenado por sentença definitiva depois de 2 anos da extinção da pena, nos termos dos arts. 93 a 95 do Código Penal.

No ano de 2019, o Conselho Federal editou novas Súmulas, essas versando sobre a questão da idoneidade, ou mais precisamente sobre sua falta. São elas:

- Súmula n. 9 do Conselho Pleno do Cons. Federal. INIDONEIDADE MORAL. VIOLÊNCIA CONTRA A MULHER. ANÁLISE DO CONSELHO SECCIONAL DA OAB. Requisitos para a inscrição nos quadros da Ordem dos Advogados do Brasil. Inidoneidade moral. A prática de violência contra a mulher, assim definida na "Convenção Interamericana para Prevenir, Punir e Erradicar a Violência contra a Mulher – 'Convenção de Belém do Pará' (1994)", constitui fator apto a demonstrar a ausência de idoneidade moral para a inscrição de bacharel em Direito nos quadros da OAB, independente da instância criminal, assegurado ao Conselho Seccional a análise de cada caso concreto.

- Súmula n. 10 do Conselho Pleno do Cons. Federal. INIDONEIDADE MORAL. VIOLÊNCIA CONTRA CRIANÇAS E ADOLESCENTES, IDOSOS E PESSOAS COM DEFICIÊNCIA FÍSICA OU MENTAL. ANÁLISE DO CONSELHO SECCIONAL DA OAB. Requisitos para a inscrição nos quadros da Ordem dos Advogados do Brasil. Inidoneidade moral. A prática de violência contra crianças e adolescentes, idosos e pessoas com deficiência física ou mental constitui fator apto a demonstrar a ausência de idoneidade moral para a inscrição de bacharel em Direito nos quadros da OAB, independente da instância criminal, assegurado ao Conselho Seccional a análise de cada caso concreto.

- Súmula n. 11 do Conselho Pleno do Cons. Federal. INIDONEIDADE MORAL. VIOLÊNCIA CONTRA PESSOA LGBTI+. ANÁLISE DO CONSELHO SECCIONAL DA OAB. Requisitos para a inscrição nos quadros da Ordem dos Advogados do Brasil. Inidoneidade moral. A prática de violência contra pessoas LGBTI+, em razão da Orientação Sexual, Identidade de Gênero e Expressão de Gênero, constitui fator apto a demonstrar a ausência de idoneidade moral para inscrição de bacharel em Direito nos quadros da OAB, independente da instância criminal, assegurado ao Conselho Seccional a análise do cada caso concreto.

Cumpre pontuarmos que a Convenção Interamericana para Prevenir, Punir e Erradicar a Violência contra a Mulher – 'Convenção de Belém do Pará' (1994) deixa que claro que não se trata apenas de violência física, mas, também, sexual e psicológica, o que segundo o nosso pensar e de acordo com a Lei Maria da Penha, Lei n. 11.340/2006, em seu art. 7º e incisos, prevê as formas de violência contra a mulher, quais sejam:

---

[80] *Ibidem,* p. 101.

I – a violência física, entendida como qualquer conduta que ofenda sua integridade ou saúde corporal;

II – a violência psicológica, entendida como qualquer conduta que lhe cause dano emocional e diminuição da autoestima ou que lhe prejudique e perturbe o pleno desenvolvimento ou que vise degradar ou controlar suas ações, comportamentos, crenças e decisões, mediante ameaça, constrangimento, humilhação, manipulação, isolamento, vigilância constante, perseguição contumaz, insulto, chantagem, violação de sua intimidade, ridicularização, exploração e limitação do direito de ir e vir ou qualquer outro meio que lhe cause prejuízo à saúde psicológica e à autodeterminação;

III – a violência sexual, entendida como qualquer conduta que a constranja a presenciar, a manter ou a participar de relação sexual não desejada, mediante intimidação, ameaça, coação ou uso da força; que a induza a comercializar ou a utilizar, de qualquer modo, a sua sexualidade, que a impeça de usar qualquer método contraceptivo ou que a force ao matrimônio, à gravidez, ao aborto ou à prostituição, mediante coação, chantagem, suborno ou manipulação; ou que limite ou anule o exercício de seus direitos sexuais e reprodutivos;

IV – a violência patrimonial, entendida como qualquer conduta que configure retenção, subtração, destruição parcial ou total de seus objetos, instrumentos de trabalho, documentos pessoais, bens, valores e direitos ou recursos econômicos, incluindo os destinados a satisfazer suas necessidades;

V – a violência moral, entendida como qualquer conduta que configure calúnia, difamação ou injúria.

Nesse sentido e em nosso pensar, às Súmulas ns. 10 e 11 deve-se dar a mesma orientação ao que acima se esposou, posto que vulneráveis, cite-se por exemplo, os crimes de violência patrimonial praticados contra idosos arts. 101 e 104 do Estatuto do Idoso, arts. 240 a 244-B do Estatuto da Criança e do Adolescente, o mesmo se aplicando a prática de violência física, psicológica, sexual, patrimonial e moral decorrentes da diversidade sexual de pessoas LGBTI+. Sendo certo afirmarmos, que independentemente da instância criminal, o Conselho Seccional competente analisará o caso concreto para fins de deferimento ou indeferimento da inscrição de bacharel em Direito que praticou atos de violência física, sexual ou psicológica contra pessoas em condição de vulnerabilidade.

VII – prestar compromisso perante o Conselho.

É elemento integrador da inscrição. Sem ele, devidamente consignado em ata do Conselho, que indique nominalmente os compromissandos, é nula a inscrição, por preterição de solenidade que a lei considera essencial.

Está previsto no Regulamento Geral do Estatuto (art. 20) e tem a seguinte redação:

"Prometo exercer a advocacia com dignidade e independência, observar a ética, os deveres e prerrogativas profissionais e defender a Constituição, a ordem jurídica do Estado Democrático, os direitos humanos, a justiça social, a boa aplicação das leis, a rápida administração da justiça e o aperfeiçoamento da cultura e das instituições".

Portanto, os absolutamente incapazes e os relativamente incapazes não podem inscrever-se nos quadros da OAB, bem como quem colou grau em instituição não reconhecida, quem não estiver quite com o serviço militar, quem não for aprovado no Exame de Ordem, quem exercer atividade incompatível (p. ex., atividade policial e serventuários da justiça), quem não possuir idoneidade moral (p. ex., a prática ilegal da profissão por bacharel estagiário com inscrição cancelada, respondendo a inquéritos policiais (Cons. Federal, proc. n. 4.676/95/PC, DJU de 24.10.1995).

1.1. Advogado estrangeiro

O art. 8º, § 2º, do EOAB estabelece que o não graduado em Direito no Brasil deve fazer prova do título de graduação obtido em instituição estrangeira devidamente revalidado, bem como preencher os requisitos para inscrição estabelecidos no art. 8º. Portanto, dentre outros requisitos, deverá, também, prestar o Exame de Ordem.

Neste diapasão, o Conselho Federal editou dois provimentos para regulamentar o assunto.

O Provimento n. 91/2000 regulamenta o exercício da advocacia no Brasil por estrangeiros.

De acordo com o Provimento, o estrangeiro advogado, regularmente inscrito no seu país, só poderá prestar serviços jurídicos no Brasil após autorização da OAB que será concedida sempre em caráter precário.

Em verdade, o advogado estrangeiro no Brasil, após a autorização precária concedida pela OAB somente poderá prestar Consultoria em Direito Estrangeiro, frise-se, referente ao direito estrangeiro do país de sua origem profissional. Portanto, um advogado americano no Brasil só poderá prestar consultoria em direito americano no Brasil, sendo vedado o exercício de mandato judicial e a consultoria ou assessoria em direito brasileiro nos termos dos incisos I e II do, § 1º do art. 1º do Provimento n. 91/2000.

Para exercer a atividade de Consultor em Direito Estrangeiro, o advogado estrangeiro deverá inscrever-se junto ao Conselho Seccional da OAB do local onde for exercer sua atividade profissional e comprovar:

- capacidade civil;
- não exercer atividade incompatível;
- idoneidade moral;

- prestar compromisso;
- ser portador de visto de residência no Brasil;
- prova de estar habilitado para exercer a advocacia no seu país de origem;
- prova de boa conduta e reputação atestadas por documento firmado pela instituição de origem e por 3 (três) advogados brasileiros inscritos no Conselho Seccional em que pretende atuar;
- prova de não ter sofrido punição disciplinar na entidade de classe do seu país de origem;
- prova de que não foi condenado em processo criminal no seu país de origem e na cidade onde pretende prestar a consultoria em direito estrangeiro no Brasil;
- prova de reciprocidade no tratamento dos advogados brasileiros no país ou estado de origem do candidato.

É possível que os consultores estrangeiros no Brasil constituam uma sociedade de trabalho com a única finalidade de prestar a consultoria em direito estrangeiro, nos termos do art. 3º do Provimento n. 91/2000. Tal sociedade poderá usar o nome que adota internacionalmente; todavia, deverá constar obrigatoriamente a expressão *"consultores em direito estrangeiro"* como determina o art. 4º, parágrafo único do citado provimento.

Referida sociedade deverá ser constituída e organizada de acordo com as leis brasileiras, ter sede no Brasil, e seu objeto social ser exclusivamente de prestação de serviços de consultoria em direito estrangeiro. Os seus atos constitutivos e alterações serão aprovados e arquivados, sempre a título precário na Seccional da OAB de sua sede social e só poderão integrar a sociedade os consultores em direito estrangeiro devidamente autorizados pela Seccional, conforme os incisos I, II e III, do art. 3º do Provimento.

A autorização concedida a consultor em direito estrangeiro deverá ser renovada a cada 3 (três) anos, com a atualização da documentação pertinente. Cada consultor ou sociedade receberá um número de inscrição imutável ao qual será acrescida a letra S, conforme se vê no art. 7º do Provimento n. 91/2000.

Por fim, aplicam-se às sociedades de consultores em direito estrangeiro e aos consultores em direito estrangeiro todo o regramento do EOAB, CED, Regimentos, Provimentos e Resoluções, estando esses sujeitos vinculados às mesmas anuidades e taxas da OAB aplicáveis aos advogados brasileiros, conforme arts. 8º e 10 do Provimento n. 91/2000.

Há ainda a situação específica relacionado a inscrição de advogados de nacionalidade portuguesa na OAB. É o Provimento n. 129, de 8 de dezembro de 2008, que regulamenta o assunto estabelecendo que é possível ao advogado de nacionalidade portuguesa, em situação regular na Ordem dos Advogados Portugueses, inscrever-se na OAB desde que observados os requisitos do art. 8º do EOAB, estando dispensado das exigências do inciso IV, do, § 2º e do art. 20 do Regulamento Geral, ou seja, estará dispensado de prestar o Exame de Ordem, de inscrever-se como consultor em direito estrangeiro e de prestar compromisso, conforme prevê o art. 1º do Provimento n. 129/2008. Contudo, nada impede ao advogado português a possibilidade do exercício da atividade na qualidade de consultor em direito estrangeiro no Brasil, como prevê o art. 2º do Provimento n. 129/2008.

Apesar do Tratado de Reciprocidade entre a OAB e a OAP, regulados pelo Provimento n. 129/2008 e art. 194 do Estatuto da Advocacia Lusitana, o Conselho Federal da OAB vem sistematicamente denunciando que Portugal não tem cumprido o tratado de reciprocidade, impondo-o a restrições aos advogados brasileiros que tentam trabalhar em Portugal, alguns até mesmo sendo deportados quando desembarcam em Portugal, segundo noticia Flávio Olímpio de Azevedo[81].

1.2. O estagiário

O estagiário não é um profissional do direito, deve ser estudante de curso jurídico e inscrito na OAB, sendo que sua aprendizagem prática é desenvolvida ao lado e sob a orientação de um advogado (art. 9º do EOAB).

A inscrição como estagiário é feita no Conselho Seccional em cujo território se localize o curso em que está matriculado (§ 2º) e se aplica aos acadêmicos do curso de Direito a partir do 4º ano (EOAB, art. 9º, § 1º), com validade de dois anos, **prorrogável por mais um**, segundo o art. 35 do Regulamento Geral do Estatuto, *verbis:*

> "O cartão de identidade do estagiário tem o mesmo modelo e conteúdo do cartão de identidade do advogado, com a indicação de 'Identidade de Estagiário', em destaque, e do prazo de validade, que não pode ultrapassar três anos nem ser prorrogado".

A prorrogação da inscrição como estagiário depende da comprovação da continuidade do estágio em escritório credenciado na Ordem e apresentação de justo motivo.

Comumente os estagiários despacham com juízes, todavia, trazemos a lume uma questão abordada no XIV Exame de Ordem para ilustrar a questão, *verbis:*

> "O estagiário Marcos trabalha em determinado escritório de advocacia e participou ativamente da elaboração de determinada peça processual que estava

---

(81) AZEVEDO, Flávio Olímpio. *Op. cit.,* p. 58.

para ser analisada pelo magistrado da Vara em que o processo tramitava, assinando, ao final, a petição, em conjunto com alguns advogados do escritório. Como conhecia muito bem a causa, resolveu falar com o magistrado com o objetivo de ressaltar, de viva voz, alguns detalhes relevantes. Quando o magistrado percebeu que estava recebendo o estagiário do escritório, e não um dos advogados que atuava na causa, informou ao estagiário que não poderia tratar com ele sobre o processo, solicitando que os advogados viessem em seu lugar, se entendessem necessário. Marcos, muito aborrecido, afirmou que faria uma representação contra o magistrado, por entender que suas prerrogativas profissionais foram violadas".

Trazendo a questão para o dia a dia da atividade, primeiro temos que as prerrogativas profissionais, como o próprio nome já diz – profissional – são inerentes ao advogado, portanto, o estagiário não é detentor das prerrogativas do advogado previstas no art. 7º do EOAB. Segundo porque no Regulamento Geral do Estatuto, o estagiário pode praticar isoladamente os seguintes atos, sob a responsabilidade do advogado, *verbis:*

> Art. 29. Os atos de advocacia, previstos no art. 1º do Estatuto, podem ser subscritos por estagiário inscrito na OAB, em conjunto com o advogado ou o defensor público.
>
> § 1º O estagiário inscrito na OAB pode praticar isoladamente os seguintes atos, sob a responsabilidade do advogado:
>
> I – retirar e devolver autos em cartório, assinando a respectiva carga;
>
> II – obter junto aos escrivães e chefes de secretarias certidões de peças ou autos de processos em curso ou findos;
>
> III – assinar petições de juntada de documentos a processos judiciais ou administrativos.
>
> § 2º Para o exercício de atos extrajudiciais, o estagiário pode comparecer isoladamente, quando receber autorização ou substabelecimento do advogado.

Por fim, vale a pena ressaltar, e isso já foi objeto de questionamento no Exame de Ordem, que a realização de atos isolados pelo estagiário, fora das hipóteses do art. 29 do Regulamento Geral, configura infração ética disciplinar prevista no art. 34, XXIX, do EOAB, punível com censura nos termos do art. 36, I, do EOAB, bem como poderá configurar a contravenção penal do art. 47 – Exercício Ilegal da Profissão – e via de consequência, faltar-lhe idoneidade moral quando do requerimento de sua inscrição definitiva como advogado[82].

Em caso de pandemia ou em outras situações excepcionais que impossibilitem as atividades presenciais, declaradas pelo poder público, o estágio

---

(82) Paulo Lôbo cita que falta idoneidade moral "a prática ilegal da profissão por bacharel estagiário com inscrição cancelada, respondendo a inquéritos policiais (Proc. n. 4.676/95/PC)". *Comentários...*, p. 108.

profissional poderá ser realizado no regime de teletrabalho ou de trabalho a distância em sistema remoto ou não, por qualquer meio telemático, sem configurar vínculo de emprego a adoção de qualquer uma dessas modalidades, prevê o § 5º do art. 9º do EOAB. E se houver concessão, pela parte contratante ou conveniada, de equipamentos, sistemas e materiais ou reembolso de despesas de infraestrutura ou instalação, todos destinados a viabilizar a realização da atividade de estágio, essa informação deverá constar, expressamente, do convênio de estágio e do termo de estágio.

2. DA INSCRIÇÃO PRINCIPAL E SUPLEMENTAR[83]

O advogado deve inscrever-se no Conselho Seccional em que pretende estabelecer seu domicílio profissional. Vale observar que o advogado travesti ou transexual poderá requerer que seja inserido em seu carteira de identidade de advogado e no respectivo cartão, o seu nome social, ou seja, a designação pela qual ele(a) é socialmente reconhecido(a), porém, seu nome registral também constará nos respectivos documentos, conforme dispõe os art. 33, III e parágrafo único e art. 34, II, do Regulamento Geral da OAB.

A inscrição vincula o profissional àquela jurisdição para todos os atos que devam ser praticados em relação à Ordem, assim como para a fiscalização disciplinar do exercício da atividade.

O domicílio profissional abrange toda a área territorial da unidade federativa, ou seja, o Estado membro ou Distrito Federal. Não está restrito à jurisdição da Subseção, que tem apenas a finalidade descentralizadora de atividades administrativas da OAB.

Assim, mesmo que o advogado esteja inscrito em uma Subseção, a área para atuação livre, sem número limitado de causas, é a que corresponde ao território do Estado membro.

Nesse aspecto, é importante destacar que o advogado poderá atuar fora da jurisdição de sua inscrição, ou seja, perante outro Estado membro – *em até 5 causas ao ano*, o que não se considera habitualidade. Portanto, causa deve ser entendida como processo judicial efetivamente ajuizado, em que haja participação do advogado[84].

Assim, dispõe o Regulamento Geral da OAB, *verbis:*

Art. 5º Considera-se efetivo exercício da atividade de advocacia a *participação anual mínima em cinco atos privativos* previstos no art. 1º do Estatuto, em causas ou questões distintas. (g.n).

---

(83) FIGUEIREDO, Laurady. *Op. cit.*, p. 55-58.
(84) LÔBO, Paulo. *Op. cit.*, p. 117.

Parágrafo único. A comprovação do efetivo exercício faz-se mediante:

a) certidão expedida por cartórios ou secretarias judiciais;

b) cópia autenticada de atos privativos;

c) certidão expedida pelo órgão público no qual o advogado exerça função privativa do seu ofício, indicando os atos praticados.

Se o profissional ultrapassar esse número deverá requerer a inscrição suplementar (EOAB, art. 10, § 2º). A intervenção em seis ou mais ações judiciais, qualquer que seja sua espécie ou ramo do Direito, dentro do mesmo ano civil, **abrangidas as novas e as remanescentes de exercícios anteriores** e na mesma circunscrição territorial de Conselho Seccional diverso daquele de sua inscrição principal, caracteriza a habitualidade esculpida no, § 2º do art. 10 do EOAB, ensejando ao advogado a promover sua inscrição suplementar (E-1.354, TED I).

Nesse sentido, imagine a situação hipotética, onde o advogado nasceu no Estado do Rio de Janeiro e formou-se em Direito no Estado de São Paulo. Posteriormente, passou a residir em Fortaleza/CE, onde pretende atuar profissionalmente como advogado. Entretanto, em razão de seus contatos no Rio de Janeiro, foi convidado a intervir em 50 (cinquenta) feitos judiciais em favor de clientes no referido Estado.

Nesse caso, tal advogado terá sua inscrição principal no Ceará e uma suplementar no Rio de Janeiro, passando a atuar de forma ilimitada nesse Estado, mas, também, passar a pagar outra anuidade referente a essa suplementar.

Vale ressaltar que **o simples acompanhamento de processos em outro Estado, a defesa em processos administrativos, em inquéritos policiais, o visto em ato constitutivo de pessoa jurídica, o cumprimento de carta precatória não exige a inscrição suplementar**, já o recebimento de substabelecimento sem reservas com a assunção do patrocínio da causa, importa em intervenção judicial com a necessidade de inscrição suplementar. Por fim, em casos de procuração conjunta, só é caracterizada a intervenção do advogado que, efetivamente, praticar atos judiciais, segundo a doutrina de Paulo Lôbo[85], firmada em decisão do Conselho Federal.

3. DO CANCELAMENTO DA INSCRIÇÃO

Considere que um advogado renomado e com mais de dez anos de efetiva atividade, obtém a indicação da OAB para concorrer pelo quinto constitucional à vaga reservada no âmbito de Tribunal de Justiça e, posteriormente, após a sabatina no Tribunal, é indicado e vem a ser nomeado pelo Governa-

---

(85) LÔBO, Paulo. *Op. cit.*, p. 117.

dor do Estado, ingressando nos quadros do Poder Judiciário na condição de Desembargador.

Tal advogado, agora desembargador, poderá continuar a exercer a advocacia? Passamos, abaixo, a explicar as hipóteses de cancelamento da inscrição do advogado.

O cancelamento é o ato desconstitutivo e definitivo em relação ao número de inscrição. A nova inscrição sempre será feita com um novo número, não sendo possível resgatar o anterior (EOAB, art. 11).

Note-se que o novo pedido de inscrição, **em qualquer das hipóteses de cancelamento, salvo é claro na de falecimento, não exige a aprovação em Exame de Ordem novamente**. Apenas quando o cancelamento for resultado da aplicação da pena de exclusão é que o novo pedido deve ser acompanhado de provas de reabilitação (cf. art. 11, § 3º, do EOAB).

a) **se assim o requerer**. Trata-se de ato de vontade do titular e irretratável, não podendo ser retificado. Assim, somente por meio de um novo pedido de inscrição, com novo número de OAB, ele poderá retornar à atividade profissional.

b) **se sofrer penalidade de exclusão**. Para um novo pedido de inscrição, deverá, também, juntar provas de reabilitação no processo administrativo que aplicou a referida sanção, porém, cabe esclarecer que não se trata de novo Exame de Ordem, mas sim de procedimento necessário para restaurar a primariedade do advogado perante a OAB[86], nos termos do art. 41 do EOAB, *verbis:*

"Art. 41. É permitido ao que tenha sofrido qualquer sanção disciplinar requerer, um ano após seu cumprimento, a reabilitação, em face de provas efetivas de bom comportamento.

Parágrafo único. Quando a sanção disciplinar resultar da prática de crime, o pedido de reabilitação depende também da correspondente reabilitação criminal".

c) **se falecer.**

d) se passar a exercer **definitivamente atividade incompatível** com a advocacia. Exemplo – aprovação no concurso, delegado, juiz de Direito, promotor, ministro de tribunais superior, a Magistratura do Trabalho[87] etc.

Vale ressaltar que nas hipóteses de exclusão, falecimento ou exercício de atividade incompatível de caráter temporário, o cancelamento deve ser

---

(86) FIGUEIREDO, Laurady. *Op. cit.*, p. 59.
(87) CF, art. 95, parágrafo único, inciso V, *verbis*: Sendo vedado "exercer a advocacia no juízo ou tribunal do qual se afastou, antes de decorridos três anos do afastamento do cargo por aposentadoria ou exoneração". Aplicando-se a mesma regra da quarentena aos membros do MP, CF, art. 128, § 6º.

promovido, de ofício, pelo conselho competente ou em virtude de comunicação por qualquer pessoa.

> **e) se perder qualquer um dos requisitos para a inscrição.** Nesse caso, podemos trazer à baila uma consulta feita ao TED I da OABSP a respeito da alteração do art. 3º do Código Civil feita pelo Estatuto da Pessoa com Deficiência, decidindo o sodalício que é impossível o exercício da advocacia com o uso do instituto da tomada de decisão apoiada, conforme a ementa abaixo:

> Advogado – Deficiência mental – Exercício da advocacia com uso do instituto da tomada de decisão apoiada – Impossibilidade. A Lei n. 13.146/2015 (Estatuto da Pessoa com Deficiência) inseriu o art. 1.783-A no Código Civil, criando o instituto da "tomada de decisão apoiada". Por ele a pessoa com deficiência mental pode indicar em juízo duas pessoas idôneas e de sua confiança "para prestar-lhe apoio na tomada de decisão sobre atos da vida civil, fornecendo-lhes os elementos e informações necessários para que possa exercer sua capacidade". Logo de início, vê-se que quem precisa de apoio de outros para tomar decisões sobre sua própria vida ou bens não tem condições de aconselhar terceiros na tomada de decisões que lhes afetem a vida ou bens, o que é o dia a dia da advocacia. Por outro lado, se os apoiadores o auxiliarem na orientação de seus clientes estará quebrado o sigilo profissional, secular pedra de toque da advocacia. Além disto, pela regra do, § 5º do art. 1.783-A do Código Civil, inserido pela citada Lei n. 13.146/2015, quem contrata com a pessoa apoiada tem o direito de exigir que os apoiadores assinem o contrato junto com ela. Mais uma vez estará violado o sigilo profissional. Se por outro lado a pessoa apoiada sonegar essa informação àqueles clientes com quem contrata, estará quebrando o vínculo de confiança com seus clientes, outra secular pedra de toque da advocacia, violando a ética profissional (art. 10 do Código de Ética e Disciplina da OAB). (601ª Sessão de 23 de fevereiro de 2017. Proc. E-4.785/2017 – v.u., em 23.02.2017, do parecer e ementa do Rel. Dr. Zanon de Paula Barros – Rev. Dra. Célia Maria Nicolau Rodrigues – Presidente Dr. Pedro Paulo Wendel Gasparini).

4. DO LICENCIAMENTO

É o afastamento temporário do exercício da advocacia nos termos do EOAB, art. 12. É possível citarmos como exemplo de motivo justo, a realização de um curso de pós-graduação ou tratamento de saúde em outro país. Assim, durante o período do curso, estando em outro país, não haverá prática de qualquer atividade privativa de advogado, ficando o mesmo isento do pagamento da anuidade.

Em 17 de setembro de 2012, o Conselho Federal da OAB editou a Súmula n. 3 que versa sobre a obrigatoriedade do pagamento da anuidade da OAB por advogado licenciado e suspenso, *verbis*:

> "Advogado. OAB. Pagamento de anuidades. Obrigatoriedade. Suspensão. Licença. I. É obrigatório o pagamento de anuidade pelo advogado suspenso

temporariamente de suas atividades profissionais. II. O advogado regularmente licenciado do exercício profissional não está sujeito ao pagamento das anuidades, sendo, contudo, obrigatória sua manifestação expressa de opção nesse sentido, presumindo-se, com a ausência de requerimento correspondente, que pretende fazer jus aos benefícios proporcionados pela OAB, com a manutenção da obrigatoriedade do respectivo recolhimento".

As hipóteses de licenciamento previstas no art. 12 do EOAB são:

a) ato voluntário. O licenciamento pode ser voluntário, ou seja, se assim o requerer (inciso I), sendo que neste caso deverá apresentar um motivo relevante que o impeça de exercer a advocacia durante o período indicado.

Dificuldades financeiras transitórias não constituem relevância.

b) incompatibilidade temporária. O exercício de atividade incompatível com o exercício da advocacia (*vide* art. 28 do EOAB – prefeito, governador ou vice, membros da mesa etc.). O prazo poderá ser indeterminado.

c) doença mental. Perdurará até que o interessado apresente laudo médico que declare sua recuperação definitiva. Como o licenciamento independe de interdição judicial, poderá ser promovido de ofício pelo Conselho Seccional, após submeter o inscrito a perícia médica, ou, em caso de recusa deste, com fundamento em provas irrefutáveis de sua instabilidade mental, como p. ex., a depressão profunda.

CAPÍTULO VI

IMPEDIMENTOS E INCOMPATIBILIDADES

1. CONSIDERAÇÕES INICIAIS

Alguns cargos ou funções, em sua maioria de caráter público, geram limitação parcial ou total ao pleno exercício da atividade advocatícia. Assim, em alguns casos, o advogado não poderá praticar, nem mesmo em causa própria, nenhum dos atos privativos da advocacia, pois *tais restrições objetivam impedir a captação de clientela, privilégios de acesso, influências indevidas e, como consequência, concorrência desleal.*

Incompatibilidade. É a proibição plena do exercício da advocacia, podendo ser ela permanente (ensejando o cancelamento da inscrição, *vide* art. 11, IV, do EOAB) ou temporária (ensejando ao licenciamento da inscrição). É importante ressaltar que a incompatibilidade permanece mesmo que o ocupante do cargo ou função deixe de exercê-lo temporariamente, como um juiz de direito ou policial civil que ficam afastados por licença não remunerada.

Impedimento. É a proibição parcial do exercício profissional do advogado, permitindo-se o seu exercício com certas restrições.

2. HIPÓTESES DE INCOMPATIBILIDADE

a) Chefe do Executivo e membros da mesa (art. 28, I, EOAB)

O chefe do poder executivo (presidente, governador, prefeitos e seus substitutos legais), bem como, os membros da mesa diretora do poder legislativo, que é o órgão que comanda todas as atividades administrativas e parlamentares, exercem atividade incompatível (temporária) e estão proibidos da prática da advocacia. A mesa diretora do Senado Federal, p. ex., é composta pelo Presidente, Primeiro e Segundo Vice-Presidentes e quatro secretários), eleitos em voto aberto por seus colegas.

O fundamento dessa incompatibilidade é evitar a captação de clientela e o tráfico de influências.

b) Membros do Poder Judiciário e demais pessoas que exerçam função de julgamento (art. 28, II)

O poder jurisdicional é incompatível com a função de desempenhada pelo advogado. Desta forma, exercem atividades incompatíveis os juízes estaduais e federais[88], auditores militares, desembargadores, ministros e juízes de paz, não obstante os últimos não exerçam função jurisdicional.

O mesmo fundamento se aplica aos membros do Tribunal de Contas e membros do Ministério Público, inclusive os servidores do MP, editando o Conselho Federal a Súmula n. 2 de seu Órgão Especial com o seguinte teor:

> "Exercício da advocacia por servidores do ministério público. Impossibilidade. Inteligência do art. 28, inciso II, do EAOAB. A expressão "membros" designa toda pessoa que pertence ou faz parte de uma corporação, sociedade ou agremiação (SILVA, De Plácido e. *Vocabulário Jurídico*. 15. ed. Forense). Dessa forma, todos os servidores vinculados aos órgãos e instituições mencionados no art. 28, inciso II, do Estatuto da AOAB são incompatíveis para o exercício da advocacia. Cada uma das três categorias – Magistratura, Advocacia e Ministério Público – embora atuem, todas, no sentido de dar concretude ao ideal de Justiça, tem, cada qual, um campo definido de atribuições, em cuja distinção se verifica, justamente, o equilíbrio necessário para que esse ideal seja atingido, não devendo, pois, serem misturadas ou confundidas, deixando a cargo de uma só pessoa o exercício simultâneo de tais incumbências. São incompatíveis, portanto, para o exercício da advocacia, quaisquer servidores vinculados ao Ministério Público".

O STF, no julgamento da ADIn n. 1.127-8, reconheceu que os juízes eleitorais e seus suplentes nos termos da CF, arts. 119, I e 120, III, podem advogar, desde que não sejam remunerados nesse mister. Ficam apenas impedidos de atuar perante o próprio Tribunal que integram; de atuar perante outros juízes ou tribunais eleitorais e não podem patrocinar causas perante a Fazenda Pública que os remunera (Estados ou União). Portanto, não há incompatibilidade, mas sim impedimento dos advogados que atuam como juízes eleitorais.

Uma situação especial diz respeito ao Conciliador nos Juizados Especial Cíveis, o que segundo o STJ não exercem atividade incompatível, porém há restrição, como se vê abaixo:

> "*O conciliador dos JEC*. O STJ (Resp 380.176) mostra que não há restrição legal ao exercício das funções conjuntas de conciliador de Juizado Especial e de Advogado, se o bacharel em direito não ocupa cargo efetivo ou em comissão no Poder Judiciário, havendo impedimento apenas para o patrocínio das ações propostas no próprio juizado cível".

Pela aplicação do art. 7º da Lei n. 9.099/1995 há apenas o impedimento perante os juizados especiais em que esteja desempenhando suas funções.

Tal entendimento é confirmado pelo Enunciado n. 40 do FONAJE, *verbis*:

---

[88] Ver nota de rodapé n. 35.

> "o conciliador ou o juiz leigo não está incompatibilizado de exercer a advocacia, exceto perante o próprio Juizado Especial em que atue ou se pertencer aos quadros do Poder Judiciário".

Atualmente há uma grande discussão a respeito dos advogados conciliadores no CEJUSC. O fato de existir Enunciado do FONAMEC[89], interpretando norma processual quanto ao impedimento previsto no art. 167, § 5º, do CPC, não tem o condão de afastar a análise ética da atuação dos advogados perante aos CEJUSCS e nas diversas Varas Judiciais como conciliadores e mediadores. Mesmo quando não institucionalizada ou tão divulgada, a conciliação sempre foi muito cara à advocacia, especialmente aos bons advogados que, sabedores das agruras de qualquer processo judicial, têm sempre em mente as sábias palavras de Calamandrei (*Eles os Juízes Vistos por um Advogado*. Tradução de Eduardo Brandão. São Paulo: Martins Fontes, 1996. p. 148), a saber: "O mais precioso trabalho do advogado civilista é o que ele realiza antes do processo, matando os litígios logo no início com sábios conselhos de negociação, e fazendo o possível para que eles não atinjam aquele paroxismo doentio que torna indispensável a recuperação na clínica judiciária. Vale para os advogados o mesmo que para os médicos; embora haja quem du*vide* que o trabalho deles seja de fato capaz de modificar o curso da doença já declarada, ninguém ousa negar a grande utilidade social da sua obra profilática. O advogado probo deve ser, mais que o clínico, o higienista da vida judiciária – e, precisamente por esse trabalho diário de desinfecção da litigiosidade, que não chega à publicidade dos tribunais, os juízes devem considerar os advogados como seus mais fiéis colaboradores". A jurisprudência do TED I vem se debruçando sobre a matéria e possui vários precedentes, tanto regulando a matéria como realçando a sua relevância. Existe a consciência que o Judiciário, sempre assoberbado, tem procurado vias alternativas na solução de conflitos, objetivando dar mais agilidade às demandas judiciais. No tocante às conciliações pré-processuais, não havendo ainda Juízo, o impedimento se restringirá à advocacia às partes atendidas em audiência de conciliação e mediação. Incide o impedimento de advogar perante o CEJUSC em que o advogado atuar como conciliador/mediador. Na conciliação/mediação pré-processual, porém, surge questão mais grave, que é a não obrigatoriedade das partes de comparecerem assistidas pelos seus advogados. Esta questão poderá, no entanto, ser examinada por outras instâncias da OAB à luz do art. 133 da Constituição Federal e do art. 26 da Lei n. 13.140/2015, de modo a se cogitar das eventuais providências que entenderem cabíveis. Sem embargo, deve o advogado conciliador pugnar para que as partes estejam sempre representadas por advogados, ainda que na assim chamada fase pré-processual, atuando, ademais, para que o setor

---

(89) Fórum Nacional de Mediação e Conciliação.

de conciliação respectivo se organize de modo a separar, claramente, as funções do conciliador e dos demais servidores do Poder Judiciário, com espaço físico próprio que garanta imparcialidade e neutralidade. Nas conciliações e mediações (processuais) que são realizadas perante os próprios Juízos, como ocorre, ainda, perante determinadas Varas de Família, prevalecem não apenas os impedimentos legais (art. 6º da Lei n. 13.140/2015 e art. 167, § 5º, do novo Código de Processo Civil), mas também os impedimentos éticos, consagrados já pela jurisprudência deste Sodalício, de atuar ou envolver-se com as partes e questões conhecidas em decorrência de sua atuação no setor como, também, perante a Vara onde funcionou como conciliador. Quanto à conciliação/mediação (processual) feita perante os CEJUSCS, caso prevaleça o entendimento do Enunciado n. 47 do II FONAMEC e se, de fato, não houver vinculação do conciliador/mediador com determinado Juízo, sendo a conciliação/mediação realizada em local próprio, sem proximidade com os cartórios das varas, as razões do impedimento ético, que prestigiam a isenção e independência do advogado e busca coibir a indevida captação de clientela, deixam de existir, ao menos em princípio, ressalvando-se a competência das Turmas Disciplinares, para apurar eventuais infrações éticas dessa natureza. Prevalece, no entanto, o impedimento de advogar para as partes atendidas na conciliação/mediação e de exercer a advocacia perante o próprio CEJUSC no qual o advogado atuar como conciliador/mediador. Deve, ainda, o advogado pugnar para que as partes sempre estejam representadas por advogados e para que a organização dos CEJUSCS se dê mediante rodízio dentre os inscritos no respectivo quadro de conciliadores/mediadores e ofereça espaço próprio e distinto das salas dos magistrados e dos cartórios. Deve, ainda, pugnar pela dignidade e independência da advocacia. O mesmo se diz dos CEJUSCS de segundo grau de jurisdição, nos quais, pela sua própria organização, não há impedimento de advogar perante o Tribunal de Justiça de São Paulo. Em qualquer caso, o advogado que atuar como conciliador/mediador deve declinar claramente às partes sua profissão, os limites e impedimentos a que está sujeito e, ainda, que não exerce função decisória ou jurisdicional[90].

Mais recentemente, em 2018 o TEDSP, se posicionou no seguinte sentido a respeito dos conciliadores e mediadores, inclusive no âmbito dos CEJUSC, *verbis*:

> "1 – Nas conciliações/mediações realizadas perante determinado Juízo, os advogados conciliadores/mediadores estão impedidos de atuar perante este Juízo.

---

(90) 594ª Sessão, de 19 de maio de 2016. Proc. E-4.614/2016 – v.u., em 19.05.2016, do parecer e ementa elaborados em conjunto pelos Julgadores Dr. Fábio de Souza Ramacciotti e Dr. Fabio Kalil Vilela Leite, tendo aderido ao voto vencedor o Relator Dr. Zanon de Paula Barros – Rev. Dr. Guilherme Martins Malufe – Presidente Dr. Pedro Paulo Wendel Gasparini.

2 – Nas conciliações levadas a efeito perante o CEJUSC, cuja estrutura não seja independente, não apenas fisicamente, mas também do ponto de vista funcional, o impedimento será automaticamente estendido a todas as Varas da Comarca que forem atendidas pelo referido CEJUSC. 3 – Nas conciliações a respeito de processos que foram distribuídos a determinado Juízo e levadas a efeito perante os CEJUSCs, cuja estrutura física e funcional seja independente, o impedimento será de advogar apenas perante o aludido Juízo (conciliação processual). 4 – Em quaisquer dos casos supra, os advogados conciliadores/mediadores estarão impedidos de advogar para as partes que atenderam na conciliação/mediação, ainda que o tema da eventual futura ação seja diverso daquele objeto do aludido procedimento. 5 – Também nas conciliações pré-processuais levadas a efeito perante os CEJUSCs, cuja estrutura física e funcional seja independente, os advogados conciliadores ou mediadores estão impedidos de advogar para as partes que atenderam, ainda que o tema da eventual futura ação seja diverso daquele objeto do aludido procedimento. Neste caso, os advogados mediadores/conciliadores devem pugnar para que as partes estejam sempre representadas por advogados de sua confiança."[91]

Os advogados que exerçam função de julgamento em órgãos de deliberação coletiva da Administração Pública direta ou indireta na qualidade de titulares ou suplentes como representantes dos advogados, não são alcançados pela incompatibilidade prevista no art. 28, II do EOAB; contudo, estarão impedidos de exercer a advocacia perante os referidos órgãos enquanto durar a investidura nos exatos termos do art. 8º, *caput* e, § 1º do Regulamento Geral.

Não se incluem nas incompatibilidades os Conselhos e órgãos julgadores da OAB, porque esta não integra a Administração Pública direta ou indireta nos termos do art. 44, § 1º, do EOAB. Portanto, não há incompatibilidade para o exercício da advocacia para os presidentes, relatores e assessores do TED. Todavia, nos termos do art. 33 do CED, esses estarão impedidos (salvo em causa própria) de atuar em processos que tramitem perante a entidade e nem oferecer pareceres destinados a instruí-los.

Os membros do Ministério Público também estão proibidos de exercerem a advocacia. Entretanto, há uma exceção prevista no art. 83 do EOAB que excepciona os promotores de justiça que ingressaram na carreira e se inscreveram na OAB até 5 de outubro de 1988, fazendo opção ao regime anterior que permitia as acumulações de atividades.

c) Cargos e funções de direção vinculados à Administração Pública (art. 28, III)

Procura-se evitar a possibilidade de captação de clientela. Segundo Paulo Lôbo[92], "interessa ao Estatuto muito menos os tipos ou denominações

---

(91) Proc. E-5.048/2018 – v.u., em 16/08/2018, do parecer e ementa da Rel. Dra. CRISTIANA CORRÊA CONDE FALDINI, Rev. Dr. FÁBIO DE SOUZA RAMACCIOTTI – Presidente Dr. PEDRO PAULO WENDEL GASPARINI.
(92) LÔBO, Paulo. *Op. cit.*, p. 176.

dos cargos e mais a função de direção que detenha poder de decisão relevante sobre interesse de terceiro", por essa razão, explica o autor que "dada a multiplicidade e variedade desses cargos e funções, caberá ao Conselho competente da OAB analisar caso a caso", como ocorreu com a função de analista do INSS é que foi considerada incompatível com a advocacia em razão da natureza de suas funções decisórias. Estão incompatibilizados os dirigentes de empresas concessionárias de serviço público, tais como: as de fornecimento de água, luz, telefonia, gás, transportes.

Estão excluídos, ainda, os que exercem cargo de coordenação acadêmica dentro do magistério jurídico (§ 2º do art. 28 do EOAB).

d) Auxiliares e serventuários da justiça (art. 28, IV)

A incompatibilidade atinge todos e quaisquer ocupantes de cargos ou funções vinculados diretamente ou indiretamente a qualquer órgão do Poder Judiciário que são os serventuários da justiça, não importando a forma de provimento e a natureza do cargo ou função. Os exemplos vão desde o Oficial de Justiça, escrevente técnico e analista judiciário e, também, todos os titulares e empregados dos serviços notariais e de registro, tais como, os escreventes de cartórios de notas, títulos e documentos e de registro civil, pessoas jurídicas e de imóveis.

e) Atividade Policial (art. 28, V)

Os ocupantes de cargos ou funções vinculados direta ou indiretamente à atividade policial de qualquer natureza exercem atividade incompatível com a advocacia.

O Provimento n. 62/1988 do CFOAB afirma que tal incompatibilidade abrange todos os servidores que exerçam cargos de natureza policial ou diretamente vinculados à atividade policial (ex. Perito criminal, guarda de presídio, médico legista, agente penitenciário, guardas municipais etc.)

A razão de ser dessa incompatibilidade é que os policiais e equiparados encontram-se próximos aos autores e réus de processos, dos litígios jurídicos, o que poderia propiciar captação de clientela, influência indevida, privilégios de acesso, entre outras vantagens.

f) Militares (art. 28, VI)

O militar da ativa constitui o paradigma de serviço público que impede a independência profissional, porque sujeito à estrutura hierarquizada rígida e subordinado à disciplina e à realização de tarefas submetidas a ordens de comando, portanto, ele não pode ser contratado, pois deve estar à disposição da a defesa da ordem e soberania nacional, poderá apenas quando passar à reserva.

Importante destacar que a Lei n. 14.365/2022 incluiu os §§ 3º e 4º ao art. 28 do EOAB prevê uma inscrição especial para quem exerce atividade policial de qualquer natureza e militares das forças armadas, aduzindo que não se inclui no rol das incompatibilidades o exercício da advocacia em causa própria, estritamente para fins de defesa e de tutela de direitos pessoais, desde que mediante inscrição especial na OAB, *vedada a participação em sociedade de advogados*. Asseverando que tal inscrição especial deverá constar do documento profissional de registro na OAB e não isenta o profissional do pagamento da contribuição anual, de multas e de preços de serviços devidos à OAB, na forma por ela estabelecida, vedada cobrança em valor superior ao exigido para os demais membros inscritos.

g) Atividades Tributárias (art. 28, VII)

Aqueles que exercem cargos de arrecadação, fiscalização e lançamento de tributos estão proibidos de exercerem a advocacia. Se fossem admitidos como advogados, a tentação rondaria cada passo desses importantes agentes públicos, que devem dedicar as suas tarefas com total exclusividade, com remuneração condigna[93]. Exemplos clássicos: fiscais de rendas, auditores fiscais, agentes tributários, fiscais de receitas previdenciárias.

Importante destacar que o PL n. 5.284/2020 prevê uma inscrição especial para quem exerce atividade policial de qualquer natureza e militares das forças armadas, aduzindo que não se inclui no rol das incompatibilidades o exercício da advocacia em causa própria, estritamente para fins de defesa e de tutela de direitos pessoais, desde que mediante inscrição especial na OAB, vedada a participação em sociedade de advogados. Asseverando que tal inscrição especial deverá constar do documento profissional de registro na OAB e não isenta o profissional do pagamento da contribuição anual, de multas e de preços de serviços devidos à OAB, na forma por ela estabelecida, vedada cobrança em valor superior ao exigido para os demais membros inscritos

h) Instituições Financeiras (art. 28, VIII)

A razão de ser desse inciso é que os dirigentes e gerentes de instituições financeiras públicas ou privadas desfrutam de um *enorme potencial de captação de clientela*.

Segundo Paulo Lôbo (2013, p. 183), dirigentes e gerentes de atividades-meio dessas instituições não estarão incompatibilizados, pois, a simples denominação de gerente bancário não induz, por si, incompatibilidade com a advocacia, por não deter o advogado poder de decisão relevante sobre interesses de terceiros que propicie captação de clientela.

Vale chamar atenção para o PL n. 5.284/2020 que propõe a alteração da jornada de trabalho do advogado empregado que trabalha para empre-sas que não poderá exceder a duração diária de 8 (oito) horas contínuas e a de 40 (quarenta) horas semanais.

---

(93) LÔBO, Paulo. *Op. cit.*, p. 171.

O citado Projeto de Lei, propõe, ainda, que as atividades do advogado empregado possam ser realizadas, a critério do empregador, em qualquer um dos seguintes regimes:

I – exclusivamente presencial: modalidade na qual o advogado emprega-do, desde o início da contratação, realizará o trabalho nas dependências ou locais indicados pelo empregador;

II – não presencial, teletrabalho ou trabalho a distância: modalidade na qual, desde o início da contratação, o trabalho será preponderantemente realizado fora das dependências do empregador, observado que o comparecimento nas dependências de forma não permanente, variável ou para participação em reuniões ou em eventos presenciais não descaracterizará o regime não presencial;

III – misto: modalidade na qual as atividades do advogado poderão ser presenciais, no estabelecimento do contratante ou onde este indicar, ou não presencial, conforme as condições definidas pelo empregador em seu regulamento empresarial, independentemente de preponderância ou não.

3. HIPÓTESES DE IMPEDIMENTO

a) Contra a Fazenda Pública que os remunere (art. 30, I)

Note-se que o interesse patrocinado terá de ser contrário ao da Fazenda do ente público, ou seja, que possa haver consequência condenatória de caráter financeiro, não se atingindo as questões não contenciosas[94].

Os servidores aposentados também estão impedidos, pois estes não se desvinculam inteiramente da Administração Pública, que permanece remunerando seus proventos. Assim, estes servidores, ao se aposentarem, levam consigo informações que os demais advogados não detêm, voltando-se contra a Fazenda Pública a que serviram, explorando suas fragilidades e acesso a dados informações cuja reserva, no interesse público, devem manter.

b) Integrantes do Poder Legislativo (art. 30, II)

Seu impedimento é mais abrangente do que os servidores da administração direta, indireta ou fundacional, pois, lhes é vedado patrocinar causas *contra ou a favor* das pessoas jurídicas de direito público, empresas públicas, sociedades de economia mista, fundações públicas, empresas concessionárias de serviços públicos.

c) Docentes dos Cursos Jurídicos

Não se incluem nas hipóteses do inciso I, os docentes dos cursos jurídicos. Assim sendo, os docentes dos cursos jurídicos, ainda que vinculados a instituições públicas de ensino, podem advogar contra a Fazenda que os remunera (parágrafo único do art. 30 do EOAB).

---

(94) *Ibidem*, p. 175.

d) Atos constitutivos de pessoas jurídicas

Dispõe o parágrafo único do art. 2º do Regulamento Geral que estão impedidos de vistar os atos constitutivos das pessoas jurídicas "os advogados que prestem serviços a órgãos ou entidades da Administração Pública direta ou indireta, da unidade federativa a que se vincule a Junta Comercial, ou a quaisquer repartições administrativas competentes para o mencionado registro". Portanto, o advogado que presta serviços à Junta Comercial do Estado Y e exerce a atividade concomitantemente em escritório próprio, onde atua em causas civis e empresariais, não poderá vistar o ato constitutivo de seu cliente que pretenda criar uma pessoa jurídica.

e) Juízes leigos

A Lei n. 12.153/2009 em seu art. 15, § 2º, estabelece que os juízes leigos (advogados) ficam impedidos de exercer a advocacia perante todos os Juizados Especiais da Fazenda Pública instalados em todo território nacional enquanto desempenharem essa função.

4. QUAIS AS CONSEQUÊNCIAS DA PRÁTICA DE ATOS POR ADVOGADOS INCOMPATIBILIZADOS OU IMPEDIDOS?

Constitui infração disciplinar punível com censura (art. 34, I, e art. 36, I do EOAB), bem como a *nulidade dos atos praticados*, nos termos do art. 4º, parágrafo único do EOAB.

5. ADVOCACIA EXCLUSIVA

A exclusividade que aqui nos referimos diz respeito à advocacia pública prevista no art. 29 do EOAB, ou seja, os Procuradores Gerais, Advogados Gerais, Defensores Gerais e dirigentes de órgãos jurídicos da Administração Pública direta, indireta e fundacional são exclusivamente legitimados para o exercício da advocacia vinculada à função que exerçam durante o período da investidura.

Nesse sentido o TEDSP, Turma Deontológica que o Secretário de Assuntos Jurídicos desempenha função diretiva de órgão jurídico de Administração Pública, o que configura hipótese de incompatibilidade, sendo totalmente proibido o exercício da advocacia, senão para o desempenho vinculado à função, nos termos da legitimação exclusiva prevista no art. 29 do Estatuto[95].

---

(95) TEDSP, Proc. E-5.204/2019 – v.u., em 22/05/2019, do parecer e ementa do Rel. Dr. DÉCIO MILNITZKY, Rev. Dr. EDGAR FRANCISCO NORI – Presidente Dr. GUILHERME MARTINS MALUFE.

Vale lembrar que todos aqueles que exercem a advocacia pública nos termos do art. 9º do Regulamento Geral e art. 3º, § 1º, do EOAB, são obrigados a terem inscrição na OAB para o exercício de suas atividades, estão sujeitos a duplo regramento, ou seja, o regime próprio e o regime do EOAB, CED, Regulamento Geral da Advocacia e Provimentos da OAB.

Como são obrigados a manterem inscrição na OAB para o exercício de suas atividades, os integrantes da advocacia pública são elegíveis e podem integrar qualquer órgão da OAB nos termos do art. 9º, parágrafo único do Regulamento Geral.

CAPÍTULO VII

Do Advogado Empregado

1. DA INDEPENDÊNCIA

Inicialmente é importante ressaltar que mesmo na relação de emprego, o princípio da independência prevalece, pois, é inerente à advocacia. Note-se que a subordinação, conforme assevera a professora Laurady Figueiredo[96], "fica restringida quando o empregado é advogado em razão da independência necessária para o desenvolvimento de suas atividades" e prossegue a professora aduzindo que "apenas o próprio advogado, seja ele empregado ou autônomo, pode decidir qual é a orientação mais adequada, qual a tese capaz de garantir os direitos de seu cliente; enfim, todas as diretrizes no exercício da atividade profissional são tomadas pelo advogado sem qualquer interferência de seu empregador", nos termos do que dispõe o EOAB, art. 18.

Assevere-se, ainda, que o advogado não é obrigado a defender o empregador nos seus interesses pessoais. Trata-se, portanto, não só de dever, mas, também, de direito de o advogado zelar pela sua liberdade e independência[97]. Desta forma, também é possível o advogado empregado se recusar a patrocinar pretensão concernente a lei ou direito que também lhe seja aplicável, ou contrarie expressa orientação sua, pois, o CED, art. 4º, parágrafo único, legitima tal recusa.

Considere a hipótese de que Pedro, advogado empregado da sociedade empresária XX, em uma reclamação trabalhista proposta por Tiago em face da

---

(96) FIGUEIREDO, Laurady. *Op. cit.*, p. 70.
(97) "Exercício profissional. Advogado empregado. Uso de uniforme padrão. Violão da independência funcional. A advocacia, mais do que profissão liberal, é tratada pelo ordenamento ético-jurídico como instrumento de realização da Justiça, de participação dos cidadãos no regime democrático e de defesa das liberdades públicas. A condição de empregado, atuando em departamento jurídico de empresa, particular ou estatal, não retira a isenção técnica nem reduz a independência profissional do advogado. O uso de uniforme de trabalho faz lembrar as extintas ou decadentes ditaduras totalitárias, não se compadecendo com a liberdade, a honra, a nobreza e a dignidade da advocacia. Cumpre ao advogado subordinado representar junto à Ordem dos Advogados sobre atos dos superiores hierárquicos que lhe obstarem o livre exercício da profissão. Inteligência dos arts. 5º, X, e 133 da CF, 7º, I, e 18 do EAOAB, 4º do CED e 2º da Res. n. 3/1992 do TED-I". (TED/SP Proc. E-2.978/2004 – v.u., em 15.07.2004, do parecer e ementa do Rel. Dr. Luiz Avólio, Rev. Dr. Ricardo Garrido Jr., Presidente Dr. João Teixeira Grande). *Neste sentido o advogado empregado não deve submeter-se ao empregador.*

referida sociedade XX, onde a audiência tenha sido designada para data na qual os demais empregados da empresa estarão em outro Estado, participando de um congresso.

Assim, no dia da audiência designada, Pedro se apresenta como preposto da reclamada, na condição de empregado da empresa, e advogado com procuração para patrocinar a causa.

Nesse caso há vedação ética ao advogado empregado ou não de funcionar no mesmo processo, simultaneamente, como patrono e preposto do empregador ou cliente nos termos do art. 25 do CED.

Todavia, as normas relacionadas ao advogado empregado, previstas no EOAB, não se aplicam aos advogados públicos nos termos do que dispõe a Lei n. 9.527/1997 em seu art. 4º[98], *verbis*:

> Art. 4º As disposições constantes do Capítulo V, Título I, da Lei n. 8.906, de 4 de julho de 1994, não se aplicam à administração pública direta da União, dos Estados, do Distrito Federal e dos Municípios, bem como às autarquias, às fundações instituídas pelo Poder Público, às empresas públicas e às sociedades de economia mista.

2. DA JORNADA DE TRABALHO

Considere a hipótese de Enzo, regularmente inscrito junto à OAB, foi contratado como empregado de determinada sociedade limitada, a fim de exercer atividades privativas de advogado. Foi celebrado, por escrito, contrato individual de trabalho, o qual estabelece que Enzo se sujeitará a regime de dedicação exclusiva. A jornada de trabalho acordada de Enzo é de oito horas diárias. Frequentemente, porém, é combinado que Enzo não compareça à sede da empresa pela manhã, durante a qual deve ficar, por três horas, "de plantão", ou seja, à disposição do empregador, aguardando ordens. Nesses dias, posteriormente, no período da tarde, dirige-se à sede, a fim de exercer atividades no local, pelo período contínuo de seis horas.

O EOAB prevê no art. 20, *caput*, a jornada diária de trabalho do advogado empregado, todavia, ressalva os casos de dedicação exclusiva, que, diga-se de passagem, representam a maioria. Assim, considera-se dedicação exclusiva o regime de trabalho que for expressamente previsto em contrato individual de trabalho, sendo certo que nesses casos serão remuneradas como extraordinárias as horas trabalhadas que excederem a jornada normal de oito horas diárias nos termos do que dispõe o art. 12 do Regulamento Geral da Advocacia. Portanto, no caso de Enzo, pactuado o regime de dedicação exclusiva, as horas

---

[98] Ver ADIN n. 1552-4 em que o STF decidiu que o EOAB alcança os advogados das empresas públicas e das sociedades de economia mista, desde que não haja monopólio.

que excederem a jornada de oito horas diárias devem ser remuneradas como extraordinárias, o que inclui tanto as horas cumpridas por Enzo na sede da empresa como as horas em que ele permanece em sede externa, executando tarefas ou meramente aguardando ordens do empregador.

Vale chamar atenção para a nova redação do art. 20 do EOAB introduzida pela Lei n. 14.365/2022 cuja jornada de trabalho do advogado empregado que trabalha para empresas não poderá exceder a duração diária de 8 (oito) horas contínuas e a de 40 (quarenta) horas semanais.

O § 2º do art. 18 do EOAB, em consonância com a nova realidade do mercado de trabalho, estabelece que as atividades do advogado empregado possam ser realizadas, a critério do empregador, em qualquer um dos seguintes regimes:

I — exclusivamente presencial: modalidade na qual o advogado empregado, desde o início da contratação, realizará o trabalho nas dependências ou locais indicados pelo empregador;

II — não presencial, teletrabalho ou trabalho a distância: modalidade na qual, desde o início da contratação, o trabalho será preponderantemente realizado fora das dependências do empregador, observado que o comparecimento nas dependências de forma não permanente, variável ou para participação em reuniões ou em eventos presenciais não descaracterizará o regime não presencial;

III — misto: modalidade na qual as atividades do advogado poderão ser presenciais, no estabelecimento do contratante ou onde este indicar, ou não presencial, conforme as condições definidas pelo empregador em seu regulamento empresarial, independentemente de preponderância ou não.

E que na vigência da relação de emprego, as partes poderão pactuar, por acordo individual simples, a alteração de um regime para outro.

3. *DOS HONORÁRIOS DE SUCUMBÊNCIA*

Tais honorários, por decorrerem precipuamente do exercício da advocacia e só acidentalmente da relação de emprego, não integram o salário ou a remuneração, portanto, não podem ser considerados para efeitos trabalhistas ou previdenciários[99].

---

(99) Regulamento Geral. Art. 14. Os honorários de sucumbência, por decorrerem precipuamente do exercício da advocacia e só acidentalmente da relação de emprego, não integram o salário ou a remuneração, não podendo, assim, ser considerados para efeitos trabalhistas ou previdenciários.

Muito se discutiu a respeito dos honorários de sucumbência, se devidos ou não ao advogado empregado, tanto que por força da ADIN n. 1194-4 ocorreu a suspensão do parágrafo único do art. 21 do EOAB. Todavia, em se tratando de disposição supletiva da vontade das partes, *podendo haver estipulação em contrário*, por ser direito disponível, tem-se que na ausência de acordo no tocante à matéria, o contrato celebrado entre a sociedade e o advogado empregado pode estabelecer que este não participe dos honorários de sucumbência e, desta forma, receba somente seu salário[100].

Parágrafo único. Os honorários de sucumbência dos advogados empregados constituem fundo comum, cuja destinação é decidida pelos profissionais integrantes do serviço jurídico da empresa ou por seus representantes.
(100) O julgamento final da ADIN, no tocante a este dispositivo, se orientou nesse sentido.

CAPÍTULO VIII

Honorários Advocatícios

1. HONORÁRIOS

São as verbas devidas ao advogado em virtude de seu trabalho que não se encaixam no conceito de salário, remuneração própria dos advogados empregados, ou no conceito de vencimentos devidos aos advogados públicos, a exemplo dos Defensores Públicos e Procuradores Municipais e Estaduais; contudo, trata-se de prestação indispensável à própria sobrevivência do advogado tendo inclusive caráter alimentar, pois se destina ao sustento, manutenção e moradia do advogado e sua família, sendo, inclusive impenhorável nos termos do CPC, art. 833, IV.

Devemos nos atentar para a vedação ética da possibilidade de criação de convênios para a prestação de serviços jurídicos, pois, conforme o princípio da não mercantilização, tal procedimento enseja a captação de clientela nos termos do que preceitua o CED, art. 39.

O contrato de honorários é documento importantíssimo para o advogado. *Cuidado com modelos captados da internet, nem sempre eles suprem as necessidades do caso concreto.*

A estrutura do Contrato é a mesma dos demais contratos, lembre-se, que esse contrato envolve o contrato de mandato, bem como a prestação de serviços. Deve conter a qualificação das partes; o objeto da contratação e quanto mais detalhado melhor; a remuneração e as condições de pagamento (sob pena de receber na forma do art. 22, § 3º, do EOAB); os direitos e obrigações das partes, além, a cláusula de eleição de foro. Portanto, preferencialmente deve-se contratar por escrito.

Vale citar que há forte posicionamento de que não se aplica o CDC às relações entre advogado e cliente conforme Súmula n. 2 do Conselho Federal da OAB, de 19 de setembro de 2011, *verbis*:

> "2. O cliente de serviços de advocacia não se identifica com o consumidor do Código de Defesa do Consumidor – CDC. Os pressupostos filosóficos do CDC e do EOAB são antípodas e a Lei n. 8.906/1994 esgota toda a matéria, descabendo a aplicação subsidiária do CDC".

2. ESPÉCIES

HONORÁRIOS CONVENCIONAIS. São aqueles acordados por escrito[101], por meio de contrato entre o advogado e o cliente[102]. Todavia, de acordo o § 2º do art. 22, introduzido pela Lei n. 14.365/2022, "Na falta de estipulação ou de acordo, os honorários são fixados por arbitramento judicial, em remuneração compatível com o trabalho e o valor econômico da questão, observado obrigatoriamente o disposto nos §§ 2º, 3º, 4º, 5º, 6º, 6º-A, 8º, 8º-A, 9º e 10 do art. 85 do CPC".

Também serão considerados honorários convencionados aqueles decorrentes da indicação de cliente entre advogados ou sociedade de advogados.

POR ARBITRAMENTO JUDICIAL. São os fixados por sentença, quando não há prova documental ou testemunhal do valor ajustado para a prestação do

---

(101) Não é recomendável. "Honorários. Contrato verbal. Rescisão por revogação de mandato. Cobrança. O advogado que tem seu contrato verbal rescindido deve cobrar seus honorários na forma dos Estatutos da Advocacia e da OAB, observando-se o, § 2º do art. 22, diante da falta de estipulação ou acordo para o qual os honorários devem conter a moderação, em acolhimento ao preceito do art. 36 do Código de Ética (atual 49 do NCED). Em casos como o da espécie é recomendável o substabelecimento e o bom relacionamento com o colega substabelecido, que deve, necessariamente ser identificado". (TED/SP Proc. E – 1.423 – V.U. – Rel. Dr. Rubens Cury – Rev. Dr. Elias Farah, Dr. Robison Baroni).

(102) "Honorários advocatícios. Valores fixos acrescidos de percentual de êxito. Admissibilidade mediante contratação por escrito e respeito à moderação. Pagamentos mensais a título de 'manutenção' do processo. Possibilidade a título de antecipação de custas e despesas, cabendo ao advogado a prestação periódica de contas acerca dos dispêndios efetivamente realizados. Benefício econômico da demanda, quando utilizado com base para contratação de honorários, deve ser definido e mensurado no contrato. Excessividade quando honorários superam valor recebido pelo cliente. Possibilidade de contratação de honorários com sociedade de advogados regularmente constituída. Inteligência dos arts. 35 e 36 do Código de Ética (atuais 48 e 49 do NCED) e art. 15, §§ 1º e 3º do EOAB (*sic*). A contratação de honorários sobre a forma de valores fixos, devidos ao profissional independentemente do sucesso de seu cliente na demanda, e mais um percentual de êxito sobre o benefício econômico percebido pelo cliente ao final do processo, não encontra vedação de caráter legal ou ético, desde que a contratação se dê por escrito, como previsto no art. 35 do Código de Ética e Disciplina (atual art. 48 do NCED), e o resultado total da honorária seja moderado, como preceitua o art. 36 do mesmo Código (atual 49 do NCED). É possível a previsão contratual de recebimento mensal de valores adiantados pelo cliente para fins de pagamentos de encargos gerais e despesas com a condução do processo, desde que haja prestação de contas, pelo advogado, da utilização desses recursos. Em uma contratação de honorários que tenha por base de cálculo o proveito econômico a ser obtido em caso de sucesso na demanda, cabe às partes definir, de comum acordo e por escrito, o que se deve entender por proveito econômico e a forma de sua mensuração, sempre com a ressalva de que deve prevalecer a moderação e o respeito às condições econômicas do cliente. Não há vedação legal ou ética a que o contrato de honorários seja firmado entre o cliente e sociedade de advogados regularmente constituída, ressalvando-se que as procurações devem ser outorgadas individualmente aos advogados, com identificação da sociedade a que pertencem. Precedentes: Processos E-3.246/2005 e E-1.203/1995". (Proc. E-3.571/2008 – v.u., em 21.02.2008, do parecer e ementa do Rel. Dr. Gilberto Giusti, Rev. Dr. Luiz Francisco Torquato Avolio, Presidente Dr. Carlos Roberto F. Mateucci).

serviço, bem como, ante a inexistência de acordo entre advogado e seu cliente. A remuneração deve ser compatível com o trabalho e o valor econômico da questão.

SUCUMBÊNCIA. São aqueles fixados pelo magistrado na sentença condenatória, como resultado do serviço profissional prestado e a serem pagos pelo vencido na causa[103]. São devidos, assim, de forma independente dos convencionados e normalmente pertencem ao advogado. Portanto, é possível o recebimento de duas verbas honorárias, a primeira decorrente dos honorários convencionais e a segunda decorrente da sucumbência, pois os honorários de sucumbência não excluem os contratados.

ASSISTENCIAIS. Incluídos pela Lei n. 13.725/18 são compreendidos como os fixados em ações coletivas propostas por entidades de classe em substituição processual, sem prejuízo aos honorários convencionais (EOAB, art. 22, § 6º).

A lei adéqua o Estatuto da Ordem dos Advogados do Brasil ao novo Código de Processo Civil e à reforma trabalhista (Lei n. 13.467/2017). Além disso, põe fim a uma jurisprudência da Justiça do Trabalho que impedia o recebimento de honorários assistenciais no caso de advogados que representam sindicatos, uma vez que eles já recebiam por contrato.

O EOAB, em seu art. 22, § 7º prevê que "Os honorários convencionados com entidades de classe para atuação em substituição processual poderão prever a faculdade de indicar os beneficiários que, ao optarem por adquirir os direitos, assumirão as obrigações decorrentes do contrato originário a partir do momento em que este foi celebrado, sem a necessidade de mais formalidades". Enfrentando a questão ética, o TEDSP, Turma Deontológica, se posicionou no seguinte sentido a respeito dos honorários assistenciais e contratuais de advogado de sindicato, vejamos:

"O advogado que patrocinou ação em nome do sindicato como substituto processual, **pode celebrar contrato de honorários com os filiados beneficiados no resultado da ação**, quando da liquidação ou do cumprimento da sentença, **somente quando for procurado pelo beneficiado do resultado da demanda. O que não pode ocorrer é o advogado fazer uso da máquina do sindicato para a identificação dos empregados sindicalizados**, (contribuintes do sindicato) e beneficiados no resultado da ação, **para lhes oferecer o serviço do cumprimento da sentença a preços especiais.**"[104]

---

(103) CPC, art. 85.
(104) **ADVOGADO DE SINDICATO – HONORÁRIOS ADVOCATÍCIOS NA SUBSTITUIÇÃO PROCESSUAL – CELEBRAÇÃO DE CONTRATO DE HONORÁRIOS COM OS SUBSTITUÍDOS QUANDO DA LIQUIDAÇÃO DA SENTENÇA – POSSIBILIDADE COM RESTRIÇÕES – LIMITES ÉTICOS.**O advogado que patrocinou ação em nome do sindicato como substituto processual, pode celebrar contrato de honorários com os filiados beneficiados

2.1. Critérios para fixação

O Princípio da Moderação é o que rege o critério para fixação dos honorários. Vale lembrar que o STJ já se posicionou a respeito dos honorários advocatícios na Súmula n. 201, a qual veda que os honorários sejam fixados em salários mínimos.

O art. 49 CED estabelece os critérios, sempre fixados com moderação, observando-se:

I – a relevância, o vulto, a complexidade e a dificuldade das questões versadas;

II – o trabalho e o tempo ser empregados;

III – a possibilidade de ficar o advogado impedido de intervir em outros casos, ou de se desavir com outros clientes ou terceiros;

IV – o valor da causa, a condição econômica do cliente e o proveito para este resultante do serviço profissional;

V – o caráter da intervenção, conforme se trate de serviço a cliente eventual, frequente ou constante;

VI – o lugar da prestação dos serviços, conforme se trate do domicílio do advogado ou de outro;

VII – a competência do profissional;

VIII – a praxe do foro sobre trabalhos análogos.

A moderação sugerida depende de critérios subjetivos, porém, a casuística tem apresentado algumas situações concretas como o estabelecimento de 50% sobre atrasados e prestações vincendas, além da sucumbência e custeio da causa, caracterizando a imoderação. Por outro lado, não comete infração ética o advogado que, em ação previdenciária, contrata honorários de 30% sobre o provendo do cliente, bem como não constitui imoderação a cobrança de 30% em contrato com pacto de *quota litis*[105]. Neste sentido temos:

---

no resultado da ação, quando da liquidação ou do cumprimento da sentença, somente quando for procurado pelo beneficiado do resultado da demanda. O que não pode ocorrer é o advogado fazer uso da máquina do sindicato para a identificação dos empregados sindicalizados, (contribuintes do sindicato) e beneficiados no resultado da ação, para lhes oferecer o serviço do cumprimento da sentença a preços especiais. Captação de clientela, concorrência desleal e mercantilização da profissão. (artigos 34, IV do EOAB, 5º e 7º do CED). Proc. E-5.298/2019 – v.m., em 12/02/2020, do parecer e ementa do Rev. Dr. LUIZ ANTONIO GAMBELLI, vencido o Rel. Dr. EDGAR FRANCISCO NORI, com declaração de voto do Dr. DÉCIO MILNITZKY – Presidente Dr. GUILHERME MARTINS MALUFE.

(105) "Honorários. Cobrança de percentual de 30% em ação previdenciária. Cláusula *quota litis*. Não comete infração ética o advogado que, em ação previdenciária, contrata honorários de 30% sobre o provento do cliente, suportando as despesas judiciais, com recebimento de contraprestação condicionado ao sucesso do feito. Recomenda-se que a contratação seja feita por escrito, contendo todas as especificações e forma de pagamento, atendendo-se ao prescrito pelo art. 36 do CED". (OAB, TED, proc. E-1784/98, Rel. Dr. Ricardo Garrido Júnior, Boletim AASP 2100, de 29 de março a 04.04.1999).

"Honorários. Estabelecimento de 50% sobre atrasados e prestações vincendas, além da sucumbência e custeio da causa. Locupletamento. Para a livre contratação de honorários, além de critérios de moderação recomendados pelo art. 36 do CED, deve-se sempre atender às condições pessoais do cliente, de modo a estabelecer honorários dignos, compatíveis e equitativos. Remuneração ultrapassando os limites da moderação, com percentuais de 50% sobre o resultado, além da sucumbência legal, não se abriga nos preceitos de ética profissional, podendo-se vislumbrar hipótese de locupletamento. Reajuste do contrato é recomendável, sobretudo se as vantagens auferidas pelo advogado, ao término da demanda, são superiores às do cliente. Entendimento dos arts. 35 e, § 1º, 36, 37 e 38 do CED". (atual 48 e s.s. do NCED). (OAB, TED, Proc. E-1.454, v.u. Rel. Dr. Carlos Aurélio Mota de Souza, Boletim AASP 1999, 16 a 27.04.1977)

"Honorários. Cobrança do devedor em procedimento extrajudicial. Imoderação. Advogado contratado por condomínio, para atuação na esfera extrajudicial, não deve cobrar verba honorária de 20% dos condôminos inadimplentes, por ferir o princípio da moderação, estabelecido no art. 36 do CED (atual art. 49 do NCED). A praxe indica que a verba honorária deve ser paga pelo condomínio contratante, conforme art. 35 do CED (atual art. 48 do NCED), que para tanto já recebe as multas estabelecidas na convenção. A conduta tipifica as infrações disciplinares estabelecidas nos incisos IV e XX do art. 34 do EOAB". (OAB, TED, proc. E-1760/98, Rel. Dr. Bruno Sammarco – Boletim AASP 2092)

Mas não basta observar a moderação para fixar o valor dos honorários, o contrato de honorários deve conter várias cláusulas estabelecendo direitos e obrigações entre as partes, inclusive, o CED, autoriza o recebimento dos honorários mediante o uso do sistema de cartões, nos termos do art. 53 do CED, autoriza o recebimento dos honorários por meio de cheques e nota promissórias, que podem ser protestadas após infrutífero o recebimento amigável (CED, art. 52, parágrafo único), autoriza, ainda a emissão de fatura, mas veda o seu protesto.

Imagine você, advogado, que celebra contrato com seu cliente e nesse contrato haja cláusula que disponha sobre a forma de contratação de profissionais para serviços auxiliares como contadores, peritos, correspondentes etc., mas não havia previsão contratual a respeito do pagamento de custas e emolumentos. Fique tranquilo, pois o CED, dispõe que, na ausência de disposição contratual em contrário, as custas, emolumentos e serviços auxiliares, devem ser pagos pelo cliente e, caso o contrato preveja que o advogado antecipe tais despesas, é lícito ao advogado reter o respectivo valor atualizado no ato da prestação de contas, mediante comprovação documental, nos termos do art. 48, § 3º, do CED.

Cumpre observar que a compensação de créditos, pelo advogado, de importâncias devidas ao cliente, somente será admissível quando o contrato de prestação de serviços a autorizar ou quando houver autorização especial do cliente para esse fim, por este firmada (CED, art. 48, § 2º).

Agora considere a hipótese de substabelecimento entre advogados, onde advogado Caio que atuava representando os interesses do autor em determinada ação indenizatória há alguns anos, antes da prolação da sentença, substabeleceu, com reserva, os poderes que lhe haviam sido outorgados pelo cliente, ao advogado Tício. Ao final, o pedido foi julgado procedente e o cliente de Caio e Tício recebeu a indenização pleiteada, mas não repassou aos advogados os honorários de êxito contratados, estipulados em 30%.

Caio, para evitar desgaste, preferiu não cobrar judicialmente os valores devidos pelo cliente. Tício, não concordando com a opção de Caio, decidiu, à revelia deste último, ingressar com a ação cabível, valendo do contrato de honorários celebrado entre Caio e o cliente. A conduta de Tício está correta?

No caso acima apresentado, o advogado substabelecido com reservas (Tício), nos termos do EOAB, art. 26, não pode cobrar honorários sem a intervenção daquele que lhe conferiu o substabelecimento[106]. Caio e Tício deveriam ter pactuado o valor dos honorários quando do substabelecimento, conforme dispõe o art. 26, § 2º, do CED. Dessa forma, havendo litígio entre Caio e Tício no tocante aos honorários sendo o TED competente para atuar como órgão mediador ou conciliador nas questões que envolvam partilha de honorários contratados em conjunto ou decorrentes de substabelecimento, bem como os que resultem de sucumbência, conforme CED, art. 71, VI, alínea b).

2.2. A tabela de honorários

Sua função é fixar *parâmetros mínimos* a serem observados na fixação dos honorários, sob pena de se cometer infração ético-disciplinar passível de sanção – Censura – nos termos do CED, art. 48, § 6º c/c EOAB, art. 36, II.

Note-se que há variação de valores nas Tabelas de Honorários dos diferentes Estados da federação, sendo certo afirmar que é competência dos Conselhos Seccionais criar e fixar tais valores nas respectivas Tabelas de Honorários.

3. *PACTO* QUOTA LITIS

Consiste na cláusula pela qual o advogado se associa ao cliente, participando do resultado financeiro da lide, em outras palavras, trata-se de contrato *ad exitum*.

Embora não recomendada a adoção de cláusula *quota litis*, a mesma é possível, em caráter excepcional, desde que contratada por escrito, nos ter-

---

[106] O disposto no *caput* do art. 26 do EOAB não se aplica na hipótese de o advogado substabelecido, com reserva de poderes, possuir contrato celebrado com o cliente, de acordo com a nova redação trazida pela Lei n. 14.365/2022.

mos do art. 50 do CED, admitindo-se, excepcionalmente, a participação do advogado em bens particulares do cliente sem condições pecuniárias. Nesse caso, os honorários devem ser necessariamente representados em pecúnia e, quando acrescidos dos honorários da sucumbência, não podem ser superiores às vantagens advindas em favor do constituinte ou do cliente.

> "Honorários. Pacto *quota litis*. Em contrato com pacto de *quota litis* ou *ad exitum*, com despesas processuais suportadas pelo próprio advogado, 30% não representam imoderação, dada a dificuldade dos serviços prestados, a duração da lide em cerca de 3 anos, mais as despesas processuais suportadas pelo próprio profissional. Quanto à sucumbência, pertence ao advogado, é ela matéria legal e não ética, por força da Lei n. 8.906/1994, art. 24, § 3º, do Estatuto". (OAB, TED, proc. E-1577, Rel. Dr. Geraldo José Guimarães da Silva, Boletim AASP 2028, 10 a 16.11.1997)

ACÓRDÃO N. 389

EMENTA: Honorários. Contrato escrito *ad êxito*, 30% do proveito econômico. Revogação posterior ao acordo celebrado em audiência. Moderação. Honorários devidos. Improcedência da representação. Vistos, relatados e discutidos estes autos de Processo Disciplinar no 18R0001132013, acordam os membros da Décima Oitava Turma Disciplinar do Tribunal de Ética e Disciplina da Ordem dos Advogados do Brasil, Seção São Paulo, por unanimidade, nos termos do voto do Relator, em julgar improcedente a representação e determinar o arquivamento dos autos. Sala das Sessões, 28 de novembro de 2014. (aa) João Carlos Pannocchia – Presidente Lincoln Biela de Souza Vale Junior – Relator.

4. HONORÁRIOS DE SUCUMBÊNCIA[107]

São aqueles fixados ao final da demanda, como remuneração ao advogado da parte vencedora, a serem pagos por quem deu causa processual à sua percepção. Assim, a regra é: paga quem sucumbe e recebe o advogado da outra parte.

Vale destacar as decisões do STJ (REsp n. 608.028) e do STF (RE 146.318-0) citadas por Paulo Lôbo[108] que reconhecem o caráter alimentar dos honorários advocatícios mesmo que sucumbência, pois a aleatoriedade no recebimento dessas verbas não retira tal característica, da mesma forma que no Direito do Trabalho, a aleatoriedade no recebimento de comissões não retira sua natureza salarial e, portanto, para a grande massa dos advogados, os honorários de sucumbência fazem parte do sustento. No mesmo sentido, é a nova regra do CPC, art. 85, § 14.

Assim, tanto os honorários de sucumbência e os honorários contratuais, pertencem ao advogado que houver atuado na causa e poderão ser por ele executados, assistindo-lhe direito autônomo para promover a execução do

---

(107) CPC, art. 85.
(108) *Op. cit.*, p. 159.

capítulo da sentença que os estabelecer ou para postular, quando for o caso, a expedição de precatório ou requisição de pequeno valor em seu favor, conforme assegura o art. 51 do CED.

5. FORMA DE PAGAMENTO

Tratando-se de honorários convencionados, advogado e cliente poderão pactuar, livremente[109], a forma de pagamento dos honorários.

Na hipótese de não existir estipulação a respeito, portanto, ausente um ajuste entre as partes interessadas, dispõe o art. 22, § 3º, do EOAB que salvo estipulação em contrário, 1/3 dos honorários é devido no início do serviço, outro 1/3 até a decisão final de 1ª Instância e o restante no final. Portanto, se um advogado contrata com seu cliente a propositura de ação condenatória em face de alguém e, fixados os honorários em contrato escrito, porém, esse contrato tendo sido copiado de internet, foi omisso no tocante à forma de pagamento. Diante disso, o advogado não poderá cobrar de seu cliente de outra forma, como, p. ex., exigir o pagamento de 50% (cinquenta) por cento dos honorários acordados.

É importante observar que, somente em medida excepcional, se justifica o recebimento dos honorários em bens particulares do cliente. Portanto, quando o cliente comprovadamente não tem condições financeiras é que o advogado poderá receber seus honorários representados em bens particulares do cliente, desde que contratados por escrito conforme preceitua o Código de Ética, art. 50, § 1º.

5.1. Pagamento direto ao advogado

Imagine a situação onde o advogado representa judicialmente seu cliente em uma ação na qual postula em face de um município o cumprimento de

---

(109) "Honorários advocatícios e despesas com manutenção do processo. Cobrança do cliente de valor mensal de pequena monta destinado à manutenção do acompanhamento processual. Vedação ética. O advogado sabe que dentro de seus honorários já consta o trabalho de acompanhamento do processo. Isso faz parte do serviço profissional. Se fosse só para redigir peças, sem acompanhamento do processo, cobraria por peças e não honorários pela causa. Em face da imprevisibilidade da demanda, o profissional poderá acordar com o cliente a correção dos honorários, sempre em consonância com os índices oficiais, desde que ainda não tenha recebido, ou a majoração do valor dos honorários se outros atos forem necessários. A forma de resgate dos encargos gerais e despesas com a condução do processo deve ser feita mediante reembolso dos valores efetivamente gastos, com detalhada prestação de contas e a exibição dos comprovantes das despesas cobradas, se o cliente assim o exigir. Nada impede, porém, previsão contratual de recebimento de valores adiantados a esse título, inclusive com valor mensal, desde que objeto de prestação de contas. (Processo E-3.246/2005 – v.m., em 15.09.2005, do Rel. Dr. Luiz Antônio Bambelli, Rev. Dr. Guilherme Florindo Figueiredo, Presidente Dr. João Teixeira Grande).

obrigação de pagar quantia certa. Advogado e cliente firmaram contrato de honorários por escrito onde se fixo o valor de X reais. Com o decurso do processo, o município (réu) da ação de obrigação de pagar, foi condenado nos termos do pedido, e já transitado em julgado. Agora o cliente do advogado dá a entender que pretende recusar-se a pagar o pactuado, revogando os poderes outorgados.

Nesse sentido, nos termos do art. 22, § 4º, do EOAB, se o advogado fizer juntar aos autos o seu contrato de honorários antes de se expedir o mandado de levantamento ou precatório, o juiz deve determinar que lhe sejam pagos diretamente, por dedução da quantia a ser recebida pelo constituinte, salvo se este provar que já os pagou[110].

6. TÍTULO EXECUTIVO E CRÉDITO PRIVILEGIADO

O acordo estipulado em contrato escrito e a decisão que fixar a sucumbência ou arbitramento são considerados títulos executivos judiciais e constituem crédito privilegiado em caso de falência, concurso de credores, insolvência civil e liquidação extrajudicial, podendo ser promovida execução nos mesmos autos da ação em que o advogado tenha atuado, se assim lhe convier (EOAB, art. 24, § 1º)[111] e CPC, art. 85, § 14.

---

(110) "Contrato de honorários. Levantamento do valor mediante dedução nos autos. I) O advogado tem o direito, amparado no Estatuto da Advocacia, de, dando ciência prévia ao constituinte, requerer o levantamento, em seu favor, diretamente, dos honorários advocatícios, mediante dedução da quantia a ser recebida pelo constituinte, previstos no contrato escrito, oportunamente juntado aos autos judiciais, ou os incluídos na decisão condenatória. II) O conteúdo ou as obrigações contratuais, se lícitos, formalmente perfeitos e legalmente escoimados de nulidade, refoge à competência da análise ou contestação do Juízo ou da Promotoria pública. III) O pacto *quota-litis*, adotado no contrato de serviços profissionais e de honorários advocatícios não infringe princípios ético-profissionais, quando: a) firmado com constituinte comprovadamente carente de recursos; b) fixar vantagens honorárias em bases razoáveis e moderadas, representadas sempre por dinheiro e em percentual compatível com aquelas advindas ao constituinte; IV) Infringe, porém, princípios éticos o contrato de honorários advocatícios, como do presente caso sob análise, quando: 1) Firmado como "contrato de risco" já após conhecida a sentença favorável prolatada nos autos; 2) Fixa honorários correspondentes a 50% das vantagens advindas para o constituinte numa única causa; 3) Não especifica expressamente o destino dos honorários da sucumbência; 4) Transfere para o constituinte os ônus do imposto de Renda incidente sobre os mesmos honorários e as despesas judiciais e extrajudiciais e 5) Prevê a faculdade do levantamento dos honorários diretamente dos autos sem prévio aviso ao constituinte". (Proc. E-1151 V.M. Relator Dr. Elias Farah – Revisor Dr. Joviano Mendes da Silva – Presidente Dr. Modesto Carvalhosa).

(111) Entendimento do STJ no RESP 1.152.218-RS / Tema Repetitivo 637, *verbis*:

"Direito processual civil e empresarial. Recurso especial representativo de controvérsia. Art. 543-C do CPC. Honorários advocatícios. Falência. Habilitação. Crédito de natureza alimentar. Art. 24 da Lei n. 8.906/194. Equiparação a crédito trabalhista.

1. Para efeito do art. 543-C do Código de Processo Civil:

1) Os créditos resultantes de honorários advocatícios têm natureza alimentar equiparam-se aos trabalhista para efeito de habilitação em falência, seja pela regência do Decreto-Lei n. 761/1945,

No XII Seminário de Ética Profissional, patrocinado pelo TED da OAB/SP, no tocante à interpretação do antigo art. 42 do CED (art. 52 do Novo CED) – Honorários Profissionais, os limites fixados pelo art. 42 do CED (art. 52[112] do Novo CED) – uma nova interpretação: alternativas e sugestões – Expositor: Dr. Cláudio Felippe Zalaf[113], ficou entendido que:

- o advogado ou sociedade de advogados podem receber seu crédito de honorários por meio de nota promissória ou cheque emitidos pelo cliente-devedor;
- os referidos títulos (cheque e NP) podem ser protestados, desde que dentro das condições de prazos de vencimento estipulados em lei e não pagos;
- é permitida a emissão da fatura para cobrança do crédito do advogado, mas o seu protesto é vedado;
- boleto bancário[114] não é título de crédito e, portanto, não pode ser protestado;

---

seja pela forma prevista na Lei n. 11.101/2005, observado, neste último caso, limite do valor previsto no art. 83, inciso I, do referido Diploma legal.

1.2) São créditos extraconcursais os honorários de advogado resultantes de trabalhos prestados à massa falida, depois do decreto de falência, nos termos dos arts. 84 e 149 da Lei n. 11.101/2005.

2. Recurso especial provido."

(112) CED, art. 52. O crédito por honorários advocatícios, seja do advogado autônomo, seja de sociedade de advogados, não autoriza o saque de duplicatas ou qualquer outro título de crédito de natureza mercantil, podendo, apenas, ser emitida fatura, quando o cliente assim pretender, com fundamento no contrato de prestação de serviço, a qual, porém, não poderá ser levada a protesto.

Parágrafo único. Pode, todavia, ser levado a protesto o cheque ou a nota promissória emitida pelo cliente em favor do advogado, depois de frustrada a tentativa de recebimento amigável.

(113) "Honorários advocatícios. Duplicatas e letras de câmbio sacados pelo credor tem vedação de protesto e endosso. Inaplicabilidade desta vedação quanto aos cheques e notas promissórias de emissão do devedor. Emissão de fatura e boletos bancários pelo credor são permitidos atendidas as condições do art. 42 do CED. Vedação de seu protesto. Boleto bancários não é título de crédito e pode ser levado ao banco recebedor desde que autorizado pelo cliente e sem qualquer instrução em caso de seu inadimplemento. Vedação de seu protesto. O artigo 42 do CED (atual art. 52 do NCED) determina a vedação de saque de títulos de crédito pela sociedade de advogados ou escritório de advocacia para recebimento de honorários advocatícios, condições estas somente possíveis em se tratando de duplicata e letra de câmbio. Permite-se a emissão de fatura, mas se proíbe o seu protesto. Protesto e endosso são vedados nestes casos. Estas vedações não alcançam os cheques e notas promissórias, pois são títulos de crédito emitidos pelo devedor e não contemplados no artigo impeditivo. Não há qualquer restrição ético-legal para que o advogado ou sociedade de advogados utilizem de boleto bancário para recebimento de seus créditos, limitando-se a não outorgar ao banco recebedor qualquer procedimento contra o devedor em caso de inadimplemento, devendo constar que o "documento não é protestável". (Proc. E-3.543/2007 – v.u., em 22.11.2007, do parecer e ementa do Rel. Dr. Cláudio Felippe Zalaf, Rev. Dr. Fábio de Souza Ramacciotti, Presidente Dr. Carlos Roberto F. Mateucci).

(114) "Honorários. Cobrança simples através de banco. Boleto. Recomendação de previsão contratual expressa e concordância do cliente. O contrato de honorários constitui instrumento apto à fixação e possível cobrança de serviços advocatícios. O regramento ético não permite a circula-

- é admitida a circulação de cheque e NP, por meio de endosso, mesmo sem a conclusão do serviço contratado. Endossar e colocar esses documentos no mercado circulante não caracteriza mercantilização da profissão.
- as referidas permissões visam facilitar e possibilitar a satisfação das necessidades humanas com rapidez e eficiência e transferir a terceiros eventuais créditos de parte ou do total das obrigações contraídas.

Há, atualmente, o entendimento nos termos do art. 52, parágrafo único, do CED, que o contrato de honorários pode ser protestado após frustrada a tentativa de recebimento amigável[115] como já afirmamos anteriormente. Nesse diapasão, a Corregedoria-Geral de Justiça de São Paulo publicou o Comunicado CG n. 2383/2017 notificando aos Tabeliães de Protesto de Letras e Títulos que fica autorizada a recepção a protesto de contrato de honorários advocatícios, desde que acompanhado de declaração firmada pelo advogado apresentante, sob sua exclusiva responsabilidade, de que tentou, sem sucesso, receber amigavelmente a quantia que alega inadimplida.

Uma novidade trazida pelo novo CED é permissão, e por nós recomendada aos advogados ou às sociedades de advogados, é a utilização do sistema de cartões de crédito e débito, para fins de recebimento de seus honorários pelo sistema de cartão de débito e crédito, nos termos do art. 53.

Outra novidade decorre da Lei n. 14.365/2022 que regulamenta a questão relacionada aos honorários de sucumbência dispondo no art. 24, § 3º-A do EOAB que:

- Nos casos judiciais e administrativos, as disposições, as cláusulas, os regulamentos ou as convenções individuais ou coletivas que retirem do sócio o direito ao recebimento dos honorários de sucumbência serão válidos somente após o protocolo de petição que revogue os poderes que lhe foram outorgados ou que noticie a renúncia a eles, e os

---

ção nem o protesto de título de qualquer natureza, sob pena de quebra de sigilo profissional. A cobrança simples de honorários, mediante boleto bancário, com previsão contratual expressa e concordância do cliente, sem discriminação de serviços, não infringe a ética profissional, a teor do art. 42 do CED. (Proc. E-1.794/98 – v.u. em 17/12/98 do parecer e ementa do Rel. Dr. Luiz Carlos Branco, Rev. Dr. José Garcia Pinto, Presidente Dr. Robison Baroni).

(115) É passível de protesto o contrato de honorários advocatícios pelo advogado ou sociedade de advogados, diante da inadimplência do cliente, tendo em vista que o documento tem natureza civil e decorre de relação sinalagmática, na qual o cliente expressou concordância com os seus termos. Antes de encaminhar o contrato de honorários a protesto, no entanto, deve o advogado ou a sociedade de advogados promover a tentativa de recebimento amigável do seu crédito, valendo-se do protesto como última e excepcional hipótese para buscar a satisfação do seu direito. E, ao fazê-lo, deve o advogado ou a sociedade de advogados demonstrar, documentalmente, o inadimplemento do cliente e a tentativa de recebimento amigável. Precedentes dessa Turma Deontológica e do Órgão Especial do Conselho Pleno do CFOAB. Proc. E-4.752/2016 – v.u., em 23/02/2017, do parecer e ementa do Rel. Dr. FÁBIO TEIXEIRA OZI – Rev. Dr. SÉRGIO KEHDI FAGUNDES – Presidente Dr. PEDRO PAULO WENDEL GASPARINI."

honorários serão devidos proporcionalmente ao trabalho realizado nos processos.

- Salvo renúncia expressa do advogado aos honorários pactuados na hipótese de encerramento da relação contratual com o cliente, o advogado mantém o direito aos honorários proporcionais ao trabalho realizado nos processos judiciais e administrativos em que tenha atuado, nos exatos termos do contrato celebrado, inclusive em relação aos eventos de sucesso que porventura venham a ocorrer após o encerramento da relação contratual (art. 24, § 5º, do EOAB)

- O distrato e a rescisão do contrato de prestação de serviços advocatícios, mesmo que formalmente celebrados, não configuram renúncia expressa aos honorários pactuados. (art. 24, § 6º, do EOAB)

- Na ausência de contrato de honorários, os honorários advocatícios serão arbitrados conforme o disposto no art. 22 do EOAB.

No caso de bloqueio universal do patrimônio do cliente por decisão judicial, garantir-se-á ao advogado a liberação de até 20% (vinte por cento) dos bens bloqueados para fins de recebimento de honorários e reembolso de gastos com a defesa, ressalvadas as causas relacionadas aos crimes previstos na Lei de Drogas n. 11.343, de 23 de agosto de 2006, e observado o disposto no parágrafo único do art. 243 da Constituição Federal.

O pedido de desbloqueio de bens será feito em autos apartados, que permanecerão em sigilo, mediante a apresentação do respectivo contrato. O desbloqueio de bens observará, preferencialmente, a ordem estabelecida no art. 835 do CPC e, quando se tratar de dinheiro em espécie, de depósito ou de aplicação em instituição financeira, os valores serão transferidos diretamente para a conta do advogado ou do escritório de advocacia responsável pela defesa. O advogado poderá optar pela adjudicação do próprio bem ou por sua venda em hasta pública para satisfação dos honorários devidos, nos termos do art. 879 e seguintes do CPC. Por fim, o valor excedente será depositado em conta vinculada ao processo judicial.

6.1. Não pagamento voluntário dos honorários. Medidas cabíveis

Não havendo o pagamento, deverá o advogado recorrer ao Judiciário, executando ou cobrando seu crédito, renunciando ao patrocínio da causa e fazendo-se representar por um colega (CED, art. 43). A cobrança dar-se-á da seguinte forma:

a) ação de arbitramento de honorários, caso não se tenha valor acertado, ou se não há prova do valor acertado entre as partes;

b) ação de execução do contrato[116].

7. SUCESSÃO

No caso de falecimento ou incapacidade civil do advogado, os honorários de sucumbência proporcionais ao trabalho realizado são recebidos por seus sucessores[117], ou por seu representante legal, devendo tal previsão ser aplicada também aos honorários contratados ou arbitrados judicialmente.

8. PRESCRIÇÃO E PRESTAÇÃO DE CONTAS

É de 5 anos, a contar:

I – do vencimento do contrato, se houver;
II – do trânsito em julgado da decisão que os fixar;
III – da ultimação do serviço extrajudicial;
IV – da renúncia ou revogação do mandato. (EOAB, art. 25)

A Lei n. 11.902, de 12 de janeiro de 2009, acrescentou o art. 25-A de modo a adequar o prazo para ação de prestação de contas contra o advogado, posto que o CC/1916 (art. 177) fixava em 20 (vinte) anos as ações pessoais, o que foi reduzido pelo CC/2002 para 10 (dez) anos (art. 205), mas que ainda assim

---

[116] "O contrato de honorários advocatícios, tanto na vigência da Lei n. 4.215/63, art. 100, parágrafo único, como agora, pela Lei n. 8.906/94, art. 24, constitui título executivo, bastando para a sua formalização a assinatura das partes, não afastando a via processual respectiva a ausência da firma de duas testemunhas, posto que tal exigência do art. 585, II (atual art. 784, III, do NCPC), é norma geral que não se sobrepuja às especiais, como, inclusive, harmonicamente, prevê o inciso VII da referenciada norma adjetiva". (REsp. n. 400.687-AC).

[117] "Patrocínio. Participação de novo advogado constituído. Extinção do mandato inicial em decorrência do falecimento do primitivo advogado. Possibilidade de ingresso nos autos mediante simples outorga de nova procuração. Preservação dos honorários devidos ao espólio do advogado falecido e primitivo procurador da parte. Obrigação e responsabilidade de pagamento pertencente ao mandante. Obrigação moral e ética do novo advogado na preservação dos honorários contratados e sucumbenciais proporcionalmente devidos ao espólio do colega falecido. Em face do falecimento de colega é possível que um novo advogado assuma o patrocínio daquela lide mediante a simples outorga de nova procuração pelo mandante, não havendo, nesse particular, impedimento ético ou legal algum que impeça ao novo mandatário assumir o referido mister. O espólio do primitivo advogado tem direito ao recebimento proporcional dos honorários advocatícios pactuados e sucumbenciais. A obrigação legal do pagamento dos honorários ao espólio é do cliente mandante. Obrigação moral e ética, todavia, do novo advogado em velar pelo recebimento daquela importância pelo espólio. Havendo mais de um advogado os honorários devem ser repartidos proporcionalmente aos serviços realizados" (Art. 14 do CED, aplicado por analogia) (atual art. 17 do NCED). (OAB/SP, TED Proc. E-3.486/2007 – v.u., em 18/07/2007, do parecer e ementa do Rel. Dr. Fabio Guedes Garcia da Silveira, Revª. Drª. Beatriz Mesquita de Arruda Camargo, Presidente Dr. Carlos Roberto Mateucci).

causava um disparate ao se confrontar com a prescrição para cobrança dos honorários por parte dos advogados prevista no art. 25 do EOAB.

Portanto, o prazo agora é de 5 (cinco) anos para a prestação de contas contra advogado, o que trouxe isonomia para a matéria, atribuindo igualdade de tratamento entre as partes contratantes – cliente e advogado.

9. *MINUTA DE CONTRATO DE HONORÁRIOS ADVOCATÍCIOS*

a) IDENTIFICAÇÃO DAS PARTES CONTRATANTES

CONTRATANTE: QUALIFICAÇÃO

CONTRATADO: QUALIFICAÇÃO (PODENDO SER ADVOGADO INDIVIDUALMENTE OU A PESSOA JURÍDICA)

As partes acima identificadas têm, entre si, justo e acertado o presente Contrato de Honorários Advocatícios, que se regerá pelas cláusulas seguintes e pelas condições descritas no presente e de acordo com a Lei n. 8.906/94.

b) DO OBJETO DO CONTRATO

Cláusula 1ª. O presente instrumento tem como OBJETO à prestação de serviços advocatícios, na área ...., a serem realizados na propositura de ação de ....até decisão de .... (1º ou 2º grau) em face de Fulano de Tal.

c) DAS ATIVIDADES

Cláusula 2ª. As atividades inclusas na prestação de serviço objeto deste instrumento são todas aquelas inerentes à profissão, quais sejam:

a) Praticar quaisquer atos e medidas necessárias e inerentes à causa, em todas as repartições públicas da União, dos Estados ou dos Municípios, bem como órgãos a estes ligados direta ou indiretamente, seja por delegação, concessão ou outros meios, bem como de estabelecimentos particulares.

b) Praticar todos os atos inerentes ao exercício da advocacia e aqueles constantes no Estatuto da Ordem dos Advogados do Brasil, bem como os especificados no Instrumento Procuratório.

d) DAS DESPESAS

Cláusula 3ª. Todas as despesas efetuadas pela CONTRATADA, ligadas direta ou indiretamente com o processo, incluindo-se fotocópias, emolumentos, viagens e locomoções em geral, custas, ligações telefônicas, entre outros, ficarão a cargo dos CONTRATANTES.

Cláusula 4ª. Todas as despesas serão acompanhadas de recibo, exceto as de transporte coletivo urbano. Ficando o CONTRATADO obrigado a apresentar relatório de despesas mensal, bimestral, semestral, anual ou ao fim da demanda, devendo estas serem atualizadas pelo índice........... .

e) DA COBRANÇA

Cláusula 5ª. As partes acordam que facultará ao CONTRATADO, o direito de realizar a cobrança dos honorários por todos os meios admitidos em direito judicial ou extrajudicialmente.

f) DOS HONORÁRIOS

Cláusula 6ª. Considerando o serviço advocatício é uma obrigação de meios e não resultados, fica acordado entre as partes que os honorários a título de prestação de serviços importam em R$..............................., que serão pagos da seguinte forma:

( ) à vista;

( ) a prazo em .... prestações, iniciando-se a primeira em __/__/_____.

Cláusula 7ª. O acordo entre os litigantes não isenta o CONTRATANTE de pagar ao CONTRATADO os honorários acordados. (é possível se fixar um valor fixo ou em percentual em caso de acordo, p. ex., na primeira tentativa de conciliação).

PARÁGRAFO ÚNICO. Fica estabelecido que em caso de desistência por parte do CONTRATANTE, antes de iniciados os serviços especificados na cláusula um, serão devidos ao CONTRATADO, a título de honorários, por assessoria e consultoria jurídica, 10% (dez por cento) do estabelecido na cláusula 2ª. E após, ocorrendo revogação dos poderes outorgados o CONTRATANTE pagará multa de 20% (vinte por cento) sobre o valor estipulado na Cláusula 6ª.

Cláusula 8ª. No caso de êxito na demanda os honorários sucumbenciais pertencem ao advogado, conforme disposto no art. 23 da Lei n. 8.906/1994 e Cláusula 12ª.

Cláusula 9ª. Os honorários acordados na Cláusula 6º serão devidos integralmente, mesmo que haja acordo ou decisão final no processo, antes do vencimento da última parcela. Em hipótese alguma os honorários previstos serão descontados e/ou compensados com os valores previstos nas cláusulas 7ª e 8ª.

Cláusula 10ª. O pagamento dos honorários poderá ser feito mediante dedução de valores que venham a ser recebidos ou levantados judicialmente. (*Esta cláusula deve ser expressa, pois do contrário acarreta infração disciplinar nos termos do CED, art. 48, § 2º*)

Cláusula 11ª. Os honorários contratados serão devidos integralmente em caso de revogação dos poderes conferidos ao CONTRATADO ou pedido de substabelecimento sem reservas por parte do CONTRATANTE, aplicando-se a multa de 20% (vinte por cento) sobre o valor estipulado na cláusula 6ª.

Cláusula 12ª. Eventuais honorários de sucumbência serão do CONTRATADO, sem prejuízo do recebimento dos honorários contratados.

Cláusula 13ª. Caso haja morte ou incapacidade civil do CONTRATADO, seus sucessores ou representante legal receberão os honorários na proporção do trabalho realizado.

Cláusula 14ª. As partes estabelecem que havendo atraso no pagamento dos honorários, serão cobrados juros de mora na proporção de 1% (um por cento) ao mês e multa de 10% sobre o valor da prestação.

g) DA RESCISÃO

Cláusula 15ª. Agindo o CONTRATANTE de forma dolosa ou culposa em face do *CONTRATADO*, restará facultado e este, rescindir o contrato, renunciando ou substabelecendo sem reserva de iguais e se exonerando de todas obrigações.

h) DO FORO

Cláusula 16ª. Para dirimir quaisquer controvérsias oriundas do CONTRATO, as partes elegem o Fórum Central da Comarca da Capital.

Por estarem assim justos e contratados, firmam o presente instrumento, em duas vias de igual teor

São Paulo, ... de .... de 20..........

_____ _____
CONTRATANTE   CONTRATADO

CAPÍTULO IX

PUBLICIDADE

O avanço tecnológico[118] da sociedade transformou a compreensão do mundo e fez surgir conceitos nunca antes imaginados. Essa transformação colocou a publicidade como um grande problema da ética profissional; primeiramente, porque é necessário garantir ao advogado o direito de anunciar os seus serviços profissionais, individual ou coletivamente, com discrição e moderação, e, por outro lado, não é possível permitir que o anúncio promova a mercantilização da profissão, pois, segundo o art. 5º do CED "o exercício da advocacia é incompatível com qualquer procedimento de mercantilização", sendo certo afirmar que **a principal finalidade da publicidade na advocacia é a INFORMAÇÃO**.

Nesse sentido é a orientação do novo Provimento da Publicidade na Advocacia n. 205/2021 que na primeira parte do art. 3º A publicidade profissional deve ter caráter meramente informativo e primar pela discrição e sobriedade, não podendo configurar captação de clientela ou mercantilização da profissão.

Com o advento do citado Provimento, o ponto fulcral da publicidade na advocacia, será como sempre foi, a análise do conteúdo sob a ótica dos

---

[118] "Exercício da advocacia. Escritório em ambiente virtual Second Life. Sigilo profissional e inviolabilidade do escritório inexistentes. Ausência de relação de pessoalidade. Vedação. Publicidade por meio da prestação de serviços advocatícios em jogo virtual. Impossibilidade. O Second Life, além de um jogo, constitui um ambiente de relacionamento on-line que oferece a possibilidade de realização de negócios com repercussão econômica e jurídica no mundo real. A utilização do referido ambiente por advogados para mero relacionamento ou jogo escapa à competência da OAB. No entanto, se o advogado utiliza o referido ambiente virtual para obter clientes, com ou sem remuneração, a quem serão prestados, no ambiente eletrônico ou fora dele, serviços advocatícios efetivos, as regras legais e éticas aplicáveis aos advogados, sem sombra de dúvida, hão de incidir. Como referido ambiente permite o rastreamento, pela empresa que o criou e o administra, de tudo o que ali se passa, não há como garantir-se o sigilo profissional do advogado, o que inviabiliza a abertura e manutenção de um escritório virtual no Second Life. Referido escritório de advocacia, por sua própria natureza, não se revestiria da basilar inviolabilidade e do indispensável sigilo dos seus arquivos e registros, contrariando o direito-dever previsto no art. 7º, II, do EAOAB. Quebra também do princípio da pessoalidade que deve presidir a relação cliente-advogado. A publicidade, via abertura e manutenção, no Second Life, de escritório de advocacia, não se coaduna com os princípios insculpidos no CED e no Prov. n. 94/2000 do Conselho Federal". (TED/SP Proc. E-3.472/2007 – em 18.07.2007, v.m., com relação à preliminar de não conhecimento, com declaração de voto divergente do julgador Dr. Fábio Guedes Garcia da Silveira; com relação ao mérito, v.u. do parecer e ementa do Rel. Dr. Fábio de Souza Ramacciotti; Rev. Gilberto Giusti, Presidente Dr. Carlos Roberto Mateucci).

princípios da informação, discrição, sobriedade, não mercantilização e proibição de captação de clientela.

1. DO PERMISSIVO LEGAL

Ao advogado é permitida a divulgação da atividade de advocacia, seja individual ou coletivamente, porém, *sempre* com *discrição e moderação* e com *finalidade exclusivamente informativa*, sendo proibida a divulgação da advocacia com outra atividade (CED, art. 39). Atualmente, o Provimento n. 205/2021 regulamenta a publicidade na advocacia e dispõe que: "Art. 1º É permitido o marketing jurídico, desde que exercido de forma compatível com os preceitos éticos e respeitadas as limitações impostas pelo Estatuto da Advocacia, Regulamento Geral, Código de Ética e Disciplina e por este Provimento".

Permite-se, ainda, nos termos do art. 45 do CED o patrocínio de eventos ou publicações de caráter científico ou cultural. O patrocínio de eventos, como explica Paulo Medina[119], implica a divulgação de folders, com o nome do advogado ou da sociedade de advogados que figurar como patrocinador. Portanto, o feitio dessas publicações deve ser condizente com a natureza do evento e com a dignidade da profissão, devendo, assim, a menção ao patrocinador ser feita discretamente, em letras menores, que não faça sobressair, sobre o título do evento, a pessoa do advogado ou da sociedade. Nesse sentido, o TEDSP se posicionou a respeito, *verbis*:

> "O patrocínio pode ser promovido tanto pelo advogado em nome próprio, quanto pela sociedade de advogados, individual ou coletivamente, congregando profissionais de outras áreas. O patrocínio pelo advogado deve estar relacionado a eventos ou publicações de caráter científico ou cultural. É autorizada a divulgação do nome do advogado patrocinador ou a exposição do logotipo de seu escritório, contanto que essa divulgação mantenha caráter meramente informativo e prime pela discrição e sobriedade, não configure captação indevida de clientela ou mercantilização da profissão e não incida nas vedações impostas pelo art. 40 do CED. Precedentes. Proc. E-5.290/2019 – v.u., em 16/10/2019, do parecer e ementa do Relator – Dr. FÁBIO TEIXEIRA OZI, Revisora – Dra. ANA LÉLIS DE OLIVEIRA GARBIM, Presidente Dr. GUILHERME MARTINS MALUFE".

Recentemente a Turma Deontológica do TEDSP, tem se posicionado no sentido de que a publicidade de advogados em sites ou redes sociais[120] é per-

---

(119) Comentários ao Código de Ética e Disciplina da OAB, p. 125.
(120) **PUBLICIDADE DE ADVOGADO – INTERNET – REDES SOCIAIS – CARÁTER INFORMATIVO – LIMITES ÉTICOS – OBSERVÂNCIA DAS NORMAS PERTINENTES À PUBLICIDADE E PROPAGANDA. É lícita a publicidade do advogado em sites ou redes sociais desde que** sejam observados os limites éticos impostos pelo Código de Ética e Disciplina e pelo Provimento n. 94/2000 do Conselho Federal da OAB, dentre os quais se

mitida, bem como, o uso de *podcast*[121], e o impulsionamento de anúncio como o Google Ads ou Youtube[122], desde que observados os limites do CED, ou seja, da discrição, moderação e informação, vedada em qualquer hipótese a mercantilização e captação de clientela. Nesse ponto, de acordo com o Anexo Único do Provimento n. 205/2021, *lives* nas redes sociais e Youtube, bem como, o patrocínio e impulsionamento das redes sociais, ferramentas tecnológicas e aquisição de palavras-chave por meio de Google Ads foram permitidos, desde que não contrariem os preceitos do EOAB, CED e as regras do próprio Provimento n. 205/2021.

---

destacam a discrição, moderação e o caráter meramente informativo, sendo vedada, em qualquer hipótese, a captação indevida de clientela e a mercantilização da profissão. Tais limites éticos se aplicam não apenas ao conteúdo das páginas "profissionais" mantidas por advogados em redes sociais, mas a toda e qualquer manifestação que o advogado faça por esses meios, de forma que a utilização de páginas ditas "pessoais" não pode servir de subterfúgio para a inobservância das normas que regem a ética do advogado e a publicidade da advocacia. Proc. E-5.324/2019 – v.u., em 12/02/2020, do parecer e ementa do Rel. Dr. FÁBIO TEIXEIRA OZI, Rev. Dr. SYLAS KOK RIBEIRO- Presidente Dr. GUILHERME MARTINS MALUFE.

(121) **UTILIZAÇÃO DE PODCAST – POSSIBILIDADE – DESDE QUE OBSERVADAS AS NORMAS APLICÁVEIS À PUBLICIDADE PREVISTAS NO CÓDIGO DE ÉTICA E DISCIPLINA E NO PROVIMENTO N. 94/2000.** Advogado **pode fazer uso de** *podcasts*, desde que o acesso ao respectivo conteúdo dependa de uma iniciativa do usuário, que deve ativamente optar por ter acesso à informação disponibilizada e desde que respeitadas todas as normas éticas aplicáveis, ou seja, desde que tenha caráter exclusivamente informativo, educacional ou instrutivo, prime pela discrição, moderação e sobriedade, não configure mercantilização da profissão, não implique oferecimento de serviços, não estimule a litigância nem tenha por escopo a captação de clientela, conforme dispõe os arts. 39 e 41 do CED. **São vedadas, por meio de** *podcasts*, **as condutas mencionadas nos arts. 40 e 42 do CED e a veiculação de mensagem com propósito de promoção pessoal**, conforme prevê o art. 43 do mesmo código. Proc. E-5.342/2019 – v.u., em 12/02/2020, do parecer e ementa do Rel. Dr. RICARDO BERNARDI Rev. Dr. FÁBIO TEIXEIRA OZI – Presidente Dr. GUILHERME MARTINS MALUFE.

(122) **PUBLICIDADE – IMPULSIONAMENTO – CONTEÚDO PATROCINADO – GOOGLE ADS – YOUTUBE – POSSIBILIDADE – NECESSÁRIA OBSERVÂNCIA ÀS NORMAS QUE REGEM A PUBLICIDADE E PROPAGANDA DA ADVOCACIA.** Não há óbice no regramento ético da publicidade dos advogados que impeça o impulsionamento de publicações, **limitando-se o conteúdo da publicação impulsionada a informações objetivas** relativas aos advogados e à sociedade, **devendo conter conotação exclusivamente informativa**. É lícita a **utilização de conteúdo patrocinado como forma de publicidade de advogado.** O advogado poderá vincular expressão diferente de seu nome ou da sociedade de advogados, desde que observe todos os ditames do CED relativos à publicidade e propaganda da advocacia, e também as normas previstas no Provimento n. 94/2000, do Conselho Federal da OAB. **Não há óbice ético para à publicidade de advogado no "Youtube", desde que**, igualmente, **os vídeos que veicule estejam em absoluta consonância com princípios, normas e preceitos éticos da advocacia.** Proc. E-5.314/2019 – v.u., em 13/11/2019, do parecer e ementa do Relator – Dr. FÁBIO TEIXEIRA OZI – Revisora – Dra. CRISTIANA CORRÊA CONDE FALDINI Presidente Dr. GUILHERME MARTINS MALUFE.

2. A FORMA DO ANÚNCIO

O art. 44 CED estabelece as regras quanto à forma do anúncio, dispondo que há necessidade de se mencionar o *nome* completo do advogado e o *número* da inscrição na OAB (elementos obrigatórios), sendo possível fazer referência a títulos acadêmicos e distinções honoríficas relacionadas à vida profissional, instituições jurídicas, qualificações profissionais, especializações, desde que verdadeiras, além das áreas de atuação, endereços, horário do expediente e meios de comunicação *e-mail, site*, página eletrônica, *QR code*, logotipo, fotografia do escritório, idiomas que o cliente poderá ser atendido (elementos facultativos), vedada a inclusão de fotografias pessoais ou de terceiros nos cartões de visita, menção a qualquer cargo, emprego ou função ocupado (atual ou pretérito) em qualquer órgão ou instituição, salvo o de professor universitário. Proíbe-se, ainda, veiculação de publicidade de advogado pelo rádio, televisão e cinema, bem como, a denominação fantasia e a respectiva divulgação por qualquer meio em conjunto com a advocacia (elementos proibitivos), como se vê da ementa abaixo:

"CARTÃO DE VISITAS – APRESENTAÇÃO COM OUTRAS PROFISSÕES – IMPOSSIBILIDADE. Em cartão de visitas, é vedada a identificação simultânea da profissão de advogado com outra profissão, salvo a de professor universitário, sob pena de violação aos artigos 40 e 44 do Código de Ética e Disciplina, senão configurar, no caso concreto, outra infração mais grave como captação indevida de clientela e mercantilização da profissão. Proc. E-5.307/2019 – v.u., em 13/11/2019, do parecer e ementa do Relator – Dr. ALEXANDRE IZUBARA M. BARBOSA – Revisor – Dr. FÁBIO TEIXEIRA OZI, Presidente Dr. GUILHERME MARTINS MALUFE".

Note-se que a publicidade deve ser entendida apenas como ideia de identificação do seu local de trabalho, horário de expediente, áreas de atuação, podendo fazer referência a títulos e qualificações profissionais (conferidos por Universidades ou Instituições de ensino superior reconhecidas, p. ex., especialista, mestre e doutor) e especialização técnico-científica (são os ramos do Direito, p. ex., Direito Penal, Civil, Trabalho etc.), como se observa do art. 44, § 1º. Assim é o atual entendimento do TEDSP, *verbis*:

"Na condição de especialidade do Direito, é permitida a indicação, na publicidade profissional do advogado, a especialização de mediador *ex vi* art. 44, § 1º, do Código de Ética e Disciplina da Ordem dos Advogados do Brasil, segundo o qual, o advogado poderá mencionar *"os títulos acadêmicos do advogado e as distinções honoríficas relacionadas à vida profissional, bem como as instituições jurídicas de que faça parte, **e as especialidades a que se dedicar**, o endereço, e-mail, site, página eletrônica, QR code, logotipo e a fotografia do escritório, o horário de atendimento e os idiomas em que o cliente poderá ser atendido"*. Em qualquer hipótese, a publicidade deverá ser meramente informativa, discreta e sóbria, nos termos do art. 39, do Código de Ética e Disciplina da Ordem dos Advogados do Brasil, vedado o intuito de captação de clientela ou a mercantilização da profissão, sob pena de configuração de infração ética-disciplinar. Divulgar, com discrição e sobriedade, a especialidade em mediações é permitido. Não se admite, no entanto, a divulgação conjunta de serviços advocatícios com serviços de mediador. Indicação em cartões de visita, sites etc. com os dizeres "Advogado e Mediador" contraria o disposto no art. 40 do CED. Proc. E-5.287/2019 – v.m., em 12/02/2020, do parecer e ementa do Rel. Dr. EDUARDO DE OLIVEIRA LIMA, com declaração de voto do Julgador Dr. DÉCIO MILNITZKY, Rev. Dr. EDGAR FRANCISCO NORI – Presidente Dr. GUILHERME MARTINS MALUFE".

Um simples modelo de cartão de visita observando as regras do CED é o que segue abaixo:

> *Responsabilidade Civil – Família – Sucessões*
> *Imobiliário – Consumidor – Contratos –*
> *Processo Administrativo Disciplinar*
>
> **Lincoln Biela de Souza Vale Junior**
> **Advogado – OAB/SP 176.913**
>
> biela.bielajr@gmail.com
> whatsapp: (11) 99376-3080
>
> @bielajr

2.1. Mala direta

Nos termos do art. 40, VI, do CED, *não é permitido o uso de mala direta*, pois, atenta contra a *discrição* e *moderação*, neste sentido é o que dispõe o art. 3º, alínea *d* e, § 2º do Regulamento Geral. Os boletins informativos sobre matéria cultural de interesse dos advogados podem ser fornecidos desde que sua circulação fique adstrita a clientes e a interessados do meio jurídico, conforme dispõe o art. 45 do CED.

De acordo com o Anexo Único do Provimento n. 205/2021, O envio de cartas e comunicações a uma coletividade ("mala direta") é expressamente vedado. Somente é possível o envio de cartas e comunicações se destinadas a clientes e pessoas de relacionamento pessoal ou que os solicitem ou os autorizem previamente, desde que não tenham caráter mercantilista, que não representem captação de clientes e que não impliquem oferecimento de serviços. No tocante aos grupos de WhatsApp, o Anexo Único, deixa expressamente clara a permissão, desde que se trate de grupo de pessoas **determinadas**, das relações do advogado ou do escritório de advocacia e seu conteúdo respeite as normas do Código de Ética e Disciplina e do dito provimento. Todavia, no tocante a lista de transmissão, entendemos que o TEDSP já se posicionava corretamente como se vê da ementa abaixo, *verbis*:

> **UTILIZAÇÃO DE LISTAS DE TRANSMISSÃO DISPONIBILIZADAS PELO APLICATIVO DE COMUNICAÇÃO WHATSAPP – PUBLICIDADE – ANÚNCIO ACERCA DE NOVAS AÇÕES A CLIENTES E NÃO CLIENTES – INFRAÇÃO ÉTICA.** A utilização de listas de transmissão disponibilizadas pelo aplicativo de comunicação WhatsApp, para encaminhamento de mensagens a grupo de pessoas, sejam clientes ou não clientes do advogado remetente, com o escopo de apresentar ou propor novas demandas, como uma espécie virtual de mala direta, implica violação dos preceitos éticos que regem a atividade da advocacia. Proc. E-5.189/2019 – v.u., em 27/03/2019, do parecer e ementa do Rel. Dr. RICARDO BERNARDI, Rev. Dra. CRISTIANA CORRÊA CONDE FALDINI – Presidente Dr. GUILHERME MARTINS MALUFE.

2.2. Fotografias, desenhos, vídeos e áudios

O anúncio não deve conter fotografias **incompatíveis** com a sobriedade da advocacia ou que ensejem a mercantilização da profissão ou captação de clientela. Portanto, fotos compatíveis podem, como se vê do art. 5º, § 2º do Provimento n. 205/2021:

> § 2º É permitida a utilização de logomarca e imagens, inclusive fotos dos(as) advogados(as) e do escritório, assim como a identidade visual nos meios de comunicação profissional, sendo vedada a utilização de logomarca e símbolos oficiais da Ordem dos Advogados do Brasil.

Portanto, ilustrações, cores, figuras, desenhos, logotipos, marcas ou símbolos incompatíveis com a sobriedade da advocacia, são proibidos.

Vale ressaltar, também, que o Código de Ética e Disciplina proíbe a inclusão de fotografias pessoais ou de terceiros nos cartões de visita do advogado (CED, art. 44, § 2º).

Todavia, o Provimento permite a divulgação de imagem, vídeo ou áudio contendo atuação profissional, inclusive em audiências e sustentações orais, em processos judiciais ou administrativos, não alcançados por segredo de justiça, serão respeitados o sigilo e a dignidade profissional e vedada a referência ou menção a decisões judiciais e resultados de qualquer natureza obtidos em procedimentos que patrocina ou participa de alguma forma, ressalvada a hipótese de manifestação espontânea em caso coberto pela mídia.

Nesse contexto, consideremos o caso hipotético onde o Dr. Tício que é procurador do município Cabedelo/PB e atua, fora da carga horária demandada pela função, como advogado na sociedade de advogados ZYB, especializado em Direito Tributário. Dr. Tício já foi professor na universidade estadual da Paraíba, tendo deixado a docência há 3 (três) anos, quando tomou posse como procurador municipal.

Atualmente, Dr. Tício deseja imprimir cartões de visitas para divulgação profissional de seu endereço e telefones, bem como, pretende adesivar seu carro com seu nome e da sociedade e o respectivo telefone para contato. Assim, dirigiu-se a uma gráfica e elaborou o seguinte modelo: no centro do cartão, consta o nome e o número de inscrição dele na OAB. Logo abaixo, o endereço e os telefones do escritório. No canto superior direito, há uma pequena fotografia do advogado, com vestimenta adequada. Na parte inferior do cartão, estão as seguintes inscrições "procurador do município de Cabedelo", "advogado – Sociedade de Advogados ZYB" e "ex-professor da UEPB". A impressão será feita em papel branco com proporções usuais e grafia discreta na cor preta.

Diante do acima exposto, é possível concluirmos que a pretendida publicidade no cartão de visita não é adequada às regras referentes à publicidade profissional, pois, são vedados: o emprego de fotografia pessoal e a referência ao cargo de procurador municipal, bem como, inscrições em veículos (CED, art. 40, III e 44, § 2º)[123], sendo essa a orientação do TEDSP, conforme ementa abaixo:

> **PUBLICIDADE – ADESIVO EM VEÍCULOS DO ESCRITÓRIO IDENTIFICANDO O ADVOGADO OU SOCIEDADE DE ADVOGADOS – IMPOSSIBILIDADE LEGAL E ÉTICA.** Impossibilidade ética ocorre na utilização de adesivos com o nome do escritório/telefone nos veículos de utilização do escritório de advocacia tanto na porta lateral quanto nos vidros, por afrontar os princípios da moderação e discrição. Neste caso o público alvo deste tipo de publicidade móvel é indeterminado adentrando no vasto campo da captação de clientela e concorrência desleal e de modo a afrontar o disposto no Estatuto da Advocacia e as regras contidas no Provimento n. 94/2000 do Conselho Federal da OAB. O artigo 40, inciso, III, do Código de Ética veda expressamente a publicidade em veículos. **Proc. E-5.206/2019 – v.u., em 26/06/2019, do parecer e ementa do Rel. Dr. SYLAS KOK RIBEIRO, Rev. Dr. SÉRGIO KEHDI FAGUNDES – Presidente Dr. GUILHERME MARTINS MALUFE.**

2.3. Referências a valores dos serviços

É importante lembrar que a divulgação dos serviços de advogados – publicidade – deve sempre observar os princípios da moderação e da discrição, ligados diretamente ao princípio da não mercantilização da profissão. Desta forma, é vedada a referência a valores dos serviços, ou oferecimento dos serviços por meio de aplicativo, face a conotação mercantilista da prática, nos termos do art. 5º do CED e art. 3º, I, do Provimento n. 205/2021.

---

(123) já os demais elementos poderão ser mantidos, nos termos do art. 44, *caput* e, § 1º do CED.

"OFERECIMENTO DE SERVIÇOS JURÍDICOS POR APLICATIVO – VIÉS CONCORRENCIAL E MERCANTILISTA – IMPOSSIBILIDADE – CAPTAÇÃO DE CLIENTELA E MERCANTILIZAÇÃO DA ADVOCACIA. É lícita a publicidade do advogado em redes sociais, inclusive o patrocínio de páginas e publicações, desde que observados os princípios e normas que regem a publicidade dos advogados em geral (artigos 39 e 47 Código de Ética e Disciplina e Provimento n. 94/2000, do Conselho Federal da Ordem dos Advogados do Brasil). Porém, um aplicativo de plataforma digital que, em tese, ofereça os serviços advocatícios em caráter concorrencial e com finalidade mercantilista, oferecendo serviços em plataformas juntamente com outras profissões, precificando seus serviços, foge à discrição e sobriedade necessários, caracterizando ainda a mercantilização da advocacia, o que não é permitido. Proc. E-5.275/2019 – v.u., em 18/09/2019, do parecer e ementa do Relator – Dr. EDUARDO AUGUSTO ALCKMIN JACOB, Revisor – Dr. EDGAR FRANCISCO NORI, Presidente Dr. GUILHERME MARTINS MALUFE".

Portanto, a comum prática de divulgação dos serviços seja por meio de placa ou por anúncio em jornais ou panfletos, mencionando isenção do pagamento de consulta ou de cálculos, por exemplo, é vedado pelo Código de Ética Profissional, bem como, pelo art. 3º, I do Provimento n. 205/2021, *verbis*:

Art. 3º A publicidade profissional deve ter caráter meramente informativo e primar pela discrição e sobriedade, não podendo configurar captação de clientela ou mercantilização da profissão, sendo vedadas as seguintes condutas:

I – referência, direta ou indireta, a valores de honorários, forma de pagamento, gratuidade ou descontos e reduções de preços como forma de captação de clientes.

2.4. *O Provimento n. 205/2021*

Em 15 de julho de 2021 foi publicado pelo Conselho Federal da OAB o novo regramento da publicidade na advocacia que deixa claro inicialmente que o marketing jurídico é permitido, desde que as informações veiculadas sejam objetivas e verdadeiras e compatíveis com os preceitos éticos previstos no EOAB, CED e do referido provimento.

O § 1º do art. 1º do Provimento n. 205/2021 pontifica que a responsabilidade por informações do marketing jurídico é de exclusiva responsabilidade da pessoa física identificada na peça publicitária e, no caso de pessoa jurídica a responsabilidade será dos sócios administradores.

Para pôr fim às celeumas a respeito dos conceitos específicos de Marketing e Publicidade, o novel Provimento n. 205/2021 trouxe no texto do seu art. 2º tais conceitos.

Dessa forma, considerando que o marketing jurídico é a especialização do marketing destinada aos profissionais da área jurídica, consistente na utilização de estratégias planejadas para alcançar objetivos do exercício da advocacia e que o marketing de conteúdos jurídicos é a estratégia de marketing que se utiliza da criação e da divulgação de conteúdos jurídicos, disponibilizados por meio de ferramentas de comunicação, voltada para informar o público e para a consolidação profissional do(a) advogado(a) ou escritório de advocacia, nos termos do art. 2º, I e II, do Provimento n. 205/2021.

Nessa toada, no tocante ao marketing de conteúdo jurídico, a publicidade ativa e passiva, mediante anúncios pagos ou não, poderão ser utilizadas, desde não esteja incutida a mercantilização, captação de clientela ou emprego excessivo de recursos financeiros. Mas o que é publicidade ativa e passiva?

Publicidade ativa é aquela divulgação capaz de atingir número indeterminado de pessoas, mesmo que elas não tenham buscado informações acerca do anunciante ou dos temas anunciados. Já a publicidade passiva é aquela divulgação capaz de atingir somente público certo que tenha buscado informações acerca do anunciante ou dos temas anunciados, bem como por aqueles que concordem previamente com o recebimento do anúncio.

Vale ressaltar que é proibida a veiculação da publicidade por meio de rádio, cinema e televisão; o uso de outdoors, painéis luminosos ou formas assemelhadas de publicidade; as inscrições em muros, paredes, veículos, elevadores ou em qualquer espaço público; a divulgação de serviços de advocacia juntamente com a de outras atividades ou a indicação de vínculos entre uns e outros; o uso da mala direta, distribuição de panfletos, distribuição de brindes, cartões de visita, material impresso e digital, apresentações dos serviços ou afins de maneira indiscriminada em locais públicos, presenciais ou virtuais e fornecimento de dados de contato como telefone e endereço na imprensa escrita, falada, televisiva e na internet, sendo permitido quanto aos dados de contato apenas a referência ao e-mail[124] e ampliado pelo Provimento n. 205/2021, art. 4º, § 3º que considerou equiparado ao e-mail para fins de marketing e publicidade de conteúdo jurídico todos os dados de contato e meios de comunicação do escritório ou advogado(a), inclusive os endereços dos sites, das redes sociais e os aplicativos de mensagens instantâneas Whatsapp e Telegram, por exemplo, o que em minha opinião é contraditório com a proibição de número de telefone), podendo também constar o logotipo, desde que em caráter informativo, respeitados os critérios de sobriedade e discrição.

Como se vê, o que se admite nos termos do Provimento n. 205/21 é uma publicidade sóbria, discreta e informativa da divulgação que, sem ostentação e promoção pessoal, torna público o perfil profissional e as informações atinentes ao exercício profissional do advogado, sem que incite diretamente litígio judicial, administrativo ou contratação de serviços.

---

(124) CED, art. 40, V.

Admite-se, na publicidade de conteúdos jurídicos, a identificação profissional com qualificação e títulos, desde que verdadeiros e comprováveis quando solicitados pela Ordem dos Advogados do Brasil, bem como com a indicação da sociedade da qual faz parte. Também é permitida a divulgação de imagem, vídeo ou áudio contendo atuação profissional, inclusive em audiências e sustentações orais, em processos judiciais ou administrativos, porém, não alcançados por segredo de justiça, devendo ser respeitados o sigilo e a dignidade profissional e vedada a referência ou menção a decisões judiciais e resultados de qualquer natureza obtidos em procedimentos que patrocina ou participa de alguma forma, ressalvada a hipótese de manifestação espontânea em caso coberto pela mídia.

Note-se, porém, que na esteira do art. 1º quanto a veracidade das informações, o Provimento proíbe no marketing de conteúdo jurídico o uso de meios ou ferramentas que influam de forma fraudulenta no seu impulsionamento ou alcance, conforme reza o art. 4º, § 5º.

O Provimento n. 205/2021 deixa claro a permissão para a divulgação de imagem nas redes sociais, p. ex., no Instagram de atuação do causídico na sustentação oral como já vimos por diversas vezes antes da respectiva regulamentação, porém, tal divulgação deve preservar o sigilo profissional, não podendo o advogado divulgar nomes, número de processo e, obviamente, o resultado sob pena de autopromoção e captação de clientela que para os fins do respectivo provimento é a utilização de mecanismos de marketing que, de forma ativa, independentemente do resultado obtido, se destinam a angariar clientes pela indução à contratação dos serviços ou estímulo do litígio.

A publicidade, de acordo com o novo Provimento, é conceituada como meio pelo qual se tornam públicas as informações a respeito de pessoas, ideias, serviços ou produtos, utilizando os meios de comunicação disponíveis, desde que não vedados pelo Código de Ética e Disciplina da Advocacia. Já a publicidade profissional foi conceituada como meio utilizado para tornar pública as informações atinentes ao exercício profissional, bem como os dados do perfil da pessoa física ou jurídica inscrita na Ordem dos Advogados do Brasil, utilizando os meios de comunicação disponíveis, desde que não vedados pelo Código de Ética e Disciplina da Advocacia. Assim, a publicidade de conteúdo jurídicos, também conceituado pelo Provimento, é a divulgação destinada a levar ao conhecimento do público conteúdos jurídicos;

Nesse sentido, restou permitida na publicidade profissional, a utilização de logomarca e imagens, inclusive fotos dos advogados e do escritório, assim como a identidade visual nos meios de comunicação profissional, sendo vedada a utilização de logomarca e símbolos oficiais da Ordem dos Advogados do Brasil, conforme art. 5º, § 6º do Provimento, bem como, a proibição referente ao pagamento, patrocínio ou efetivação de qualquer outra despesa para viabilizar aparição em rankings, prêmios ou qualquer tipo de recebimento de honrarias em eventos ou publicações, em qualquer mídia, que vise destacar ou eleger profissionais como detentores de destaque.

Há permissão da participação do advogado ou da advogada em vídeos ao vivo ou gravados, na internet ou nas redes sociais, assim como em debates e palestras virtuais, desde que observadas as regras dos arts. 42 e 43 do CED, sendo vedada a utilização de casos concretos ou apresentação de resultados.

Entretanto, é importante pontificar que a OSTENTAÇÃO é proibida. Assim, é vedada na publicidade ativa, qualquer informação relativa às dimensões, qualidades ou estrutura física do escritório, assim como a menção à promessa de resultados ou a utilização de casos concretos para oferta de atuação profissional. Tal proibição fica evidenciada no parágrafo único do art. 6º do Provimento n. 205/21 ao dispor que "Fica vedada em qualquer publicidade a ostentação de bens relativos ao exercício ou não da profissão, como uso de veículos, viagens, hospedagens e bens de consumo, bem como a menção à promessa de resultados ou a utilização de casos concretos para oferta de atuação profissional". Dessa forma, recomenda-se que o advogado em seu perfil profissional de rede social, poste com discrição, pois caso venha ostentar e esse tema ainda vai gerar muita confusão, posto que restou proibida a publicidade profissional de bens relativos ao exercício ou não da profissão, como carros, motos, lanchas, viagens, hospedagens e bens de consumo. O ideal é ter um perfil profissional e outro pessoal, desde que no seu perfil pessoal não remeta ao profissional, pois aí estar-se-ia utilizando deste para fazer o que aquele está proibido.

Vale observar que, o art. 2º, VIII, do Provimento n. 205/21, define o que é captação de clientela em matéria de publicidade da advocacia, ou seja, é a utilização de mecanismos de marketing que, de forma ativa, independentemente do resultado obtido, se destinam a angariar clientes pela indução à contratação dos serviços ou estímulo do litígio, sem prejuízo do estabelecido no Código de Ética e Disciplina e regramentos próprios.

Por fim, restou proibido, o que já era antes, vincular os serviços advocatícios com outras atividades ou divulgação conjunta de tais atividades ainda que complementares ou afins, salvo a de magistério. Contudo, diante dos novos rumos do exercício da advocacia, o entendimento é de que não caracteriza infração ético-disciplinar o exercício da advocacia em locais compartilhados (*coworking*), sendo vedada a divulgação da atividade de advocacia em conjunto com qualquer outra atividade ou empresa que compartilhem o mesmo espaço, ressalvada a possibilidade de afixação de placa indicativa no espaço físico em que se desenvolve a advocacia e a veiculação da informação de que a atividade profissional é desenvolvida em local de *coworking*.

Haverá a criação do Comitê Regulador do Marketing Jurídico, que será um órgão consultivo, cujo objetivo será pacificar e unificar a interpretação dos temas pertinentes perante os Tribunais de Ética e Disciplina e Comissões de Fiscalização das Seccionais, o qual poderá propor ao Órgão Especial, com base nas disposições do Código de Ética e Disciplina e pelas demais disposições previstas no provimento, sugestões de interpretação dos dispositivos sobre publicidade e informação.

Tal Comitê será vinculado à Diretoria do Conselho Federal[125], que nomeará seus membros, com mandato concomitante ao da gestão, e será composto por:

I – 05 (cinco) Conselheiros(as) Federais, um(a) de cada região do país, indicados(as) pela Diretoria do CFOAB;

II – 01 (um) representante do Colégio de Presidentes de Seccionais.

III – 01 (um) representante indicado pelo Colégio de Presidentes dos Tribunais de Ética e Disciplina;

IV – 01 (um) representante indicado pela Coordenação Nacional de Fiscalização da Atividade Profissional da Advocacia; e

V – 01 (um) representante indicado pelo Colégio de Presidentes das Comissões da Jovem Advocacia.

Vale nesse momento reproduzirmos o Anexo único do Provimento n. 205/2021, o que com o passar dos termos terá novos verbetes incluídos, os quais nortearão a matéria.

Anexo Único

Anuários	**Somente é** possível a participação em publicações que **indiquem, de forma clara e precisa, qual a metodologia e os critérios de pesquisa ou de análise que justifiquem a inclusão de determinado escritório de advocacia ou advogado(a) na publicação**, ou ainda que indiquem que se trata de mera compilação de escritórios ou advogados(as). **É vedado o pagamento, patrocínio** ou efetivação de qualquer outra despesa para viabilizar anúncios ou aparição em publicações como contrapartida de premiação ou ranqueamento.
Aplicativos para responder consultas jurídicas	**Não é admitida** a utilização de aplicativos **de forma indiscriminada** para responder automaticamente consultas jurídicas a não clientes por suprimir a imagem, o poder decisório e as responsabilidades do profissional, representando mercantilização dos serviços jurídicos.

---

(125) Provimento n. 205/2021, art. 8º.

Aquisição de palavra-chave a exemplo do Google Ads	**Permitida** a utilização de **ferramentas de aquisição de palavra-chave** quando responsivo a uma busca iniciada pelo potencial cliente e desde que as palavras selecionadas estejam em consonância com ditames éticos. **Proibido o uso de anúncios ostensivos em plataformas de vídeo.**
Cartão de visitas	**Deve conter** nome ou nome social do(a) advogado(a) e o número da inscrição na OAB e o nome da sociedade, se integrante de sociedade. Pode conter número de telefone, endereço físico/eletrônico, QR Code que permita acesso aos dados/site. Pode ser físico e eletrônico.
Chatbot	**Permitida a utilização para o fim de facilitar a comunicação** ou melhorar a prestação de serviços jurídicos, não podendo afastar a pessoalidade da prestação do serviço jurídico, nem suprimir a imagem, o poder decisório e as responsabilidades do profissional. É possível, por exemplo, a utilização no site para responder as primeiras dúvidas de um potencial cliente ou para encaminhar as primeiras informações sobre a atuação do escritório. Ou ainda, como uma solução para coletar dados, informações ou documentos.
Correspondências e comunicados (mala direta)	O envio de cartas e comunicações a uma coletividade (**"mala direta"**) **é expressamente vedado**. Somente é possível o envio de cartas e comunicações se destinadas a clientes e pessoas de relacionamento pessoal ou que os solicitem ou os autorizem previamente, **desde que** não tenham caráter mercantilista, que não representem captação de clientes e que não impliquem oferecimento de serviços.
Criação de conteúdo, palestras, artigos	Deve ser orientada pelo caráter técnico informativo, **sem divulgação de resultados concretos obtidos, clientes, valores ou gratuidade**.
Ferramentas Tecnológicas	**Podem ser utilizadas com a finalidade de** auxiliar os(as) advogados(as) a serem mais eficientes em suas atividades profissionais, sem suprimir a imagem, o poder decisório e as responsabilidades do profissional.
Grupos de "whatsApp"	Permitida a divulgação por meio de grupos de "whatsApp", **desde que se trate de grupo de pessoas determinadas, das relações do(a) advogado(a) ou do escritório de advocacia** e seu conteúdo respeite as normas do Código de Ética e Disciplina e do presente provimento.
Lives nas redes sociais e Youtube	É permitida a realização de *lives* nas redes sociais e vídeos no Youtube, desde que seu conteúdo respeite as normas do Código de Ética e Disciplina e do presente provimento.
Patrocínio e impulsionamento nas redes sociais	Permitido, **desde que não** se trate de publicidade contendo **oferta de serviços jurídicos**.

Petições, papéis, pastas e materiais de escritório	Pode conter nome e nome social do(a) advogado(a) e da sociedade, endereço físico/eletrônico, número de telefone e logotipo.
Placa de identificação do escritório	Pode ser afixada no escritório ou na residência do(a) advogado(a), **não sendo permitido que seja luminosa tal qual a que se costuma ver em farmácias e lojas de conveniência**. Suas dimensões não são preestabelecidas, bastando que haja proporcionalidade em relação às dimensões da fachada do escritório ou residência, sempre respeitando os critérios de discrição e moderação.
Redes Sociais	**É permitida a presença nas redes sociais, desde que** seu conteúdo respeite as normas do Código de Ética e Disciplina e do presente provimento.

Art. 40. Na aplicação das sanções disciplinares são consideradas, para fins de atenuação, as seguintes circunstâncias, entre outras:

2.5. *Programas de televisão, rádio ou internet*

O advogado *pode participar* de programas de televisão atuando dentro dos limites do dispositivo legal (CED, art. 43), ou seja, deve visar objetivos exclusivamente ilustrativos, educacionais e instrutivos para esclarecimento dos destinatários. *Mas, deve evitar* pronunciamentos sobre métodos de trabalhos usados por seus colegas de profissão, evitar insinuações que induzam a promoção pessoal ou profissional, bem como debate de caráter sensacionalista, conforme reza o parágrafo único do citado artigo.

> "**PARTICIPAÇÃO HABITUAL DE ADVOGADO EM PROGRAMA DE RÁDIO – INADMISSIBILIDADE – CONFIGURADA CONCORRÊNCIA DESLEAL E CAPTAÇÃO DE CLIENTELA.** É vedado ao advogado participar **com habitualidade** em programa de televisão ou rádio. Possibilidade na forma eventual com objetivos exclusivamente ilustrativos, educacionais e instrutivos, sem propósito de promoção pessoal ou profissional, vedados pronunciamentos sobre métodos de trabalho usados por colega de profissão, conforme dispõe o artigo 43 do CED. A presença habitual de advogados em programas de rádio, ainda que imbuídos dos melhores propósitos, até prova em contrário, tal agir, de forma implícita ou explícita, representará aos demais advogados que não tiveram a mesma oportunidade, despropositada promoção pessoal, desaguando na concorrência desleal, captação de causas e clientes, maculando os preceitos éticos e estatutários vigentes. Precedentes: E-3480/07; E-4.151/12; E-4.059/11 e E-3.942/10. Proc. E-4.910/2017 – v.u., em 21/09/2017, do parecer e ementa da Rel. Dra. MARCIA DUTRA LOPES MATRONE, Rev. Dr. LUIZ ANTONIO GAMBELLI – Presidente Dr. PEDRO PAULO WENDEL GASPARINI."

As entrevistas devem ser de caráter esporádico, e não habitual, sem propósito de promoção pessoal ou profissional, direcionadas ao esclarecimento de matérias de interesse geral e de temas jurídicos, pois a participação do advogado é muito importante, porém com fim educacional e instrutivo nos termos do art. 43 do CED.

É permitida a participação do advogado ou da advogada em vídeos ao vivo ou gravados, na internet ou nas redes sociais, assim como em debates e palestras virtuais, desde que observadas as regras dos arts. 42 e 43 do CED, sendo vedada a utilização de casos concretos ou apresentação de resultados, conforme dispõe o art. 5º, § 3º, do Provimento n. 205/2021.

3. Proibições gerais quanto à publicidade

O advogado *deve*, também, *abster-se de* debater e responder com habitualidade consulta sobre matéria jurídica ou causa sob seu patrocínio ou patrocínio de colega, nos meios de comunicação social, com o objetivo de promover-se profissionalmente, pois, agindo desta forma implicitamente estaria captando clientes e concorrendo deslealmente com os demais colegas da classe.

> "Rádio e televisão. Participação periódica em programas. Assuntos jurídicos. Vedação no Código de Ética. Ao advogado não é dado participar de programas diários, semanais ou periódicos de qualquer forma, gratuita ou remunerada, para comentários sobre temas de direito como protagonista, sob pena de estar praticando publicidade imoderada, mercantilização, captação e concorrência desleal, expressamente vedadas no código de ética. O advogado poderá participar esporadicamente em programas jornalísticos, no rádio ou na televisão, para assuntos profissionais, genéricos, sem comentários a causas suas ou de colegas ou até mesmo como apresentador, porém jamais como protagonista. (TED/SP proc. E-3.480/2007 – v.u., em 20.09.2007, do parecer e ementa do Rel. Dr. Carlos José Santos da Silva, Rev. Dr. Guilherme Florindo Figueiredo, Presidente Dr. Carlos Roberto Mateucci)".

Deve, abster-se, também, de abordar tema de modo a comprometer a dignidade da profissão e da OAB, bem como de divulgar lista de clientes[126] e demandas e insinuar-se para reportagens e declarações públicas nos termos do CED, art. 42.

---

(126) "Internet. Escritório de advogado. Criação de link. Lista de clientes. Em princípio não existe violação ética ao advogado que faz anúncio discreto e moderado, através da Internet, desde que em consonância com os arts. 28 e 31 do CED, 58, V, do EAOAB e Resolução n. 2/1992 deste Sodalício. É vedada, no entanto, aos advogados e às sociedades de advogados, a divulgação de informações ou serviços suscetíveis de implicar, direta ou indiretamente, captação de causa ou de clientes, como a criação de "link" do escritório com lista de clientes para consultas de futuros clientes. Remessa para as Turmas Disciplinares e providências do art. 48 do CED. (TED/SP Proc. E-1.976/99 – v.u. em 16.09.1999 do parecer e voto do Rel. Dr. Luiz Carlos Branco, Rev. Dr. João Teixeira Grande, Presidente Dr. Robinson Baroni).

O Código de Ética traça os princípios norteadores da publicidade na advocacia que basicamente dizem respeito à informação, discrição e sobriedade, bem como, proíbe-se qualquer prática que possa configurar a captação de clientela ou mercantilização da advocacia. Assim, anúncios em sacolas de supermercado ou patrocínio de times de futebol com estampa de logotipo do escritório no uniforme do time são práticas inadmissíveis e vedadas pelo CED, como se vê abaixo:

PUBLICIDADE – ANÚNCIOS EM SACOS DE PÃES, SACOLAS DE SUPERMERCADO – VEDAÇÃO ÉTICA – ANÚNCIOS EM JORNAL LOCAL – POSSIBILIDADE DESDE QUE RESPEITADOS OS REGRAMENTOS DOS CED, RESOLUÇÃO N. 02/2000 DA PRIMEIRA TURMA E PROVIMENTO N. 94/2000 DO CONSELHO FEDERAL DA OAB. Não há dúvida que o Código de Ética e Disciplina permite a publicidade dos serviços profissionais do advogado, desde que respeitados rigidamente os limites impostos pelos Código de Ética e Disciplina (artigos 5º, 7º e 28 a 34), Resolução n. 02/92 do Tribunal de Ética e Disciplina e Provimento n. 94/2000 do Conselho Federal da OAB. O anúncio deve, portanto, obedecer aos critérios de moderação, discrição e sobriedade da profissão e ter caráter meramente informativo, sem qualquer tipo de conotação mercantilista. No entanto, a propaganda em saco de pães e sacolas de supermercado, por evidência, tem cunho exclusivamente mercantilista para captação indevida de clientela da padaria e do supermercado e, principalmente, denigre a dignidade da advocacia que é incompatível com a mercantilização, sendo absolutamente vedada. Proc. E-4.474/2015 – v.u., em 19/03/2015, do parecer e ementa da Rel. Dra. CÉLIA MARIA NICOLAU RODRIGUES – Rev. Dr. FÁBIO GUIMARÃES CORRÊA MEYER – Presidente Dr. CARLOS JOSÉ SANTOS DA SILVA.

PUBLICIDADE – PATROCÍNIO DE TIME DE FUTEBOL MEDIANTE ESTAMPA DE LOGOMARCA NA CAMISA DA EQUIPE – INADMISSIBILIDADE. O patrocínio de time de futebol por sociedade de advogados, mediante estampa de logomarca em camisa da equipe, transparece imodicidade. É meio equivalente a anúncio público em local de evento esportivo, muitas vezes reproduzido em televisão, com o fim precípuo de captação de clientela. É meio promocional típico de atividade mercantil, expressamente vedado pelo art. 4º, 'l' do Provimento n. 94/2000 e do art. 5º do CED. A conduta não é mera publicidade, mas estratégia de marketing de patrocínio esportivo, sem a discrição e sobriedade próprias da atividade advocatícia, com elevado potencial de angariar clientela por motivos eminentemente passionais. Vedação ética. Proc. E-4.621/2016 – v.u., em 26/04/2016, do parecer e ementa do Rel. Dr. EDUARDO PEREZ SALUSSE – Rev. Dr. GUILHERME MARTINS MALUFE – Presidente Dr. PEDRO PAULO WENDEL GASPARINI.

Nessa toada, o Código de Ética e Disciplina elenca as principais vedações que afrontam tais princípios, tais como o uso de *outdoors*, painéis luminosos[127],

---

(127) Nos termos do art. 40, parágrafo único, do CED é permitida a utilização de placas, painéis luminosos e inscrições nas fachadas de escritórios de advocacia, desde que seja exclusivamente

publicidade em muros, paredes, veículos, bancos de praças, fornecimento de dados de contato como endereço e telefone (é permitida a referência a *e-mail*), além de responder com habitualidade consultas sobre matéria jurídica nos meios de comunicação social, insinuar-se para reportagens, divulgar ou deixar que sejam divulgadas listas de clientes e demandas, dentre tantas outras situações ensejadoras propaganda e não de publicidade na advocacia. Em complemento a tais proibições, o Provimento n. 205/2021, em seu artigo 3º, acrescenta mais cinco condutas vedadas, vejamos:

> Art. 3º A publicidade profissional deve ter caráter meramente informativo e primar pela discrição e sobriedade, não podendo configurar captação de clientela ou mercantilização da profissão, sendo vedadas as seguintes condutas:
>
> I – referência, direta ou indireta, a valores de honorários, forma de pagamento, gratuidade ou descontos e reduções de preços como forma de captação de clientes;
>
> II – divulgação de informações que possam induzir a erro ou causar dano a clientes, a outros(as) advogados(as) ou à sociedade;
>
> III – anúncio de especialidades para as quais não possua título certificado ou notória especialização, nos termos do parágrafo único do art. 3º-A do Estatuto da Advocacia;
>
> IV – utilização de orações ou expressões persuasivas, de autoengrandecimento ou de comparação;
>
> V – distribuição de brindes, cartões de visita, material impresso e digital, apresentações dos serviços ou afins de maneira indiscriminada em locais públicos, presenciais ou virtuais, salvo em eventos de interesse jurídico.

Assim, ao proibir que a publicidade enseje a mercantilização da advocacia e a captação de clientela como se vê do art. 39 do CED, podemos afirmar, sem medo de errar que, a publicidade que ultrapassar esses limites com a finalidade de persuadir o cliente a confiar a causa ao advogado, viola o art. 34, IV, do EOAB, ensejando a sanção de censura após o devido processo legal no Tribunal de Ética da OAB.

Nessa linha, recentemente a Turma Deontológica do TEDSP, consultada a respeito de site que realiza a aproximação entre advogados e clientes, se pronunciou sobre a impossibilidade dos advogados utilizarem tal sistema, face a violação dos princípios da pessoalidade, confiança e por configurar captação de clientes, como se pode observar da ementa abaixo:

> **"SÍTIO ELETRÔNICO – PLATAFORMA MULTILATERAL DE APROXIMAÇÃO ENTRE ADVOGADOS E CLIENTES – IMPOSSIBILIDADE.** Consulta

---

para fins identificação, bem como, sejam respeitados os princípios norteadores da publicidade na advocacia.

que objetiva esclarecer se há violação a preceitos éticos na prática feita por sítios eletrônicos de disponibilizar mecanismos de aproximação entre clientes e advogados, viabilizando aos primeiros que formulem suas consultas on-line e aos últimos que escolham os casos que lhes interessem. As plataformas multilaterais são realidade no cenário econômico atual de avanço tecnológico, estando presente no dia a dia dos cidadãos. Contudo, sua utilização no âmbito da advocacia não se coaduna com preceitos éticos. Há captação de causas e de clientela, bem como afronta ao vínculo de confiança e pessoalidade na relação advogado-cliente, na utilização de plataformas on-line de aproximação entre clientes e advogados, as quais acabam por mercantilizar a profissão e por desrespeitar a honra, a dignidade e a nobreza da profissão. Proc. E-5.306/2019 – v.u., em 13/11/2019, do parecer e ementa da Relatora – Dra. CAMILA KUHL PINTARELI – Revisora – Dra. ANA LÉLIS DE OLIVEIRA GARBIM, Presidente Dr. GUILHERME MARTINS MALUFE".

A Turma Deontológica do TEDSP, já defendeu de que cabe aos dirigentes da OAB denunciar as infrações aos Tribunais Disciplinares e às Autoridade competentes, conforme o caso, nos termos do art. 71 da Lei n. 8.906/94, quando analisou a questão a respeito da captação de clientela decorrente da panfletagem, convênios e honorários aviltantes[128]. Inclusive já defendemos tal posição quando publicamos nosso artigo jurídico na Revista de Fato e de Direito da Universidade do Sul de Santa Catarina – A importância da fiscalização, inclusive virtual, da publicidade da advocacia pela OAB[129] – onde destacamos que tais dirigentes, ao tomarem posse dos respectivos cargos e firmarem o compromisso, passam a ser os olhos da Ordem e tanto isso é certo que o art. 49 do EOAB, dispõe que "os Presidentes dos Conselhos e das Subseções da OAB têm legitimidade para agir, judicial ou extrajudicialmente, contra qualquer pessoa que infringir as disposições ou fins desta Lei", no caso o EOAB e, consequentemente, o CED.

Nesse diapasão, considere a situação hipotética de um Presidente de Subseção ou um Conselheiro Seccional que mantém seu escritório de advocacia em determinada localidade próxima do fórum e o seu vizinho, também, advogado faz publicidade mercantilista na faixada de seu escritório, bem

---

[128] **PANFLETAGEM – CONVÊNIOS E HONORÁRIOS AVILTANTES – CAPTAÇÃO DE CLIENTELA – IMPOSSIBILIDADE – FALTA ÉTICA PROFISSIONAL.** O advogado que pratica a panfletagem e anuncia serviços a preços vil, age em desrespeito às regras do art. 34, IV, do EAOAB, c.c. os arts. 5º, 7º, 40, inciso VI, e 48, § 6º, todos do CED, passível da pena de censura do art. 36, incisos I e II, do EAOAB, convertida em advertência por meio de ofício reservado, se o caso. A publicidade deve ser moderada, segundo as regras normatizadas pelo CED, artigo 39 e ss., bem como pelo Provimento n. 94/2000 do CFOAB. Cabe aos dirigentes da OAB denunciar as infrações aos Tribunais Disciplinares e às Autoridade competentes, conforme o caso, nos termos do art. 71 da Lei 8.906/94. Proc. E-5.318/2019 – v.u., em 12/02/2020, do parecer e ementa do Rel. Dr. EDGAR FRANCISCO NORI, Rev. Dr. DÉCIO MILNITZKY – Presidente Dr. GUILHERME MARTINS MALUFE.

[129] Disponível em: <http://www.portaldeperiodicos.unisul.br/index.php/U_Fato_Direito/article/view/7756>.

como, panfletagem na rua do fórum e tais dirigentes nada fazem. O mesmo se aplica na vida virtual, onde tais dirigentes possuem inúmeros "amigos" na rede Facebook, p. ex., e diante de uma publicidade mercantilista de advogado na rede, nada fazem, se omitindo.

Ora, se tais membros, se omitem ao mandamento, deixando de cumprir seu dever legal, via de consequência, a entidade também se omitirá e acabará por não cumprir sua finalidade nas respectivas esferas. Dessa forma, entendemos que conselheiros e dirigentes da OAB tem o dever legal de agir ao constatar uma publicidade mercantilista, determinando a instauração de ofício do procedimento disciplinar, dando cumprimento efetivo ao juramento por eles efetuado, bem como dar cumprimento ao Código de Ética e Disciplina no tocante à publicidade mercantilista.

A fiscalização da publicidade dos advogados pelos Conselhos Seccionais, seja física ou virtualmente, é medida necessária para se frear as condutas reprováveis pela OAB e essa não pode abrir mão desse controle efetivo e ostensivo sobre a conduta ética dos advogados nesse campo, sob pena de não cumprir suas finalidades institucionais (EOAB, art. 44, I e II), ou seja, da OAB de cumprir sua própria lei e punindo disciplinarmente seus inscritos que violarem as normas de conduta profissional. Portanto, conselheiros, dirigentes e advogados que exerçam cargos e funções na OAB, são os olhos da entidade e devem cumprir seu mister nos termos do juramento (RG, art. 53 c/c art. 49 da EOAB), determinando a instauração de ofício quando se deparar com publicidade mercantilista de advogados ou sociedades de advogados, sob pena incorrer em uma espécie de "prevaricação" administrativa.

4. A RESOLUÇÃO N. 04/2020

Com o advento da Resolução do Conselho Federal n. 04/2020, foi acrescido ao Código de Ética e Disciplina o art. 47-A, *verbis*:

> CED, art. 47-A. Será admitida a celebração de termo de ajustamento de conduta no âmbito dos Conselhos Seccionais e do Conselho Federal **para fazer cessar a publicidade irregular praticada** por advogados e estagiários.
>
> Parágrafo único. O termo previsto nesse artigo será regulamentado mediante edição de provimento do Conselho Federal, que estabelecerá seus requisitos e condições.

O que foi regulamentado no Provimento n. 200/2020 do Conselho Pleno do Conselho Federal que dispõe a respeito da possibilidade de celebração de Termo de Ajustamento de Conduta – TAC – diante da publicidade irregular por considerá-la como infração de menor potencial ofensivo, seguindo a ideologia da Lei n. 9.099/95 quando ao JECRIM.

Em que pese, a justificativa encontrada no site do Conselho Federal[130], sob o argumento de desafogar os Tribunais de Ética e Disciplina, pois, "permite uma solução alternativa ao processamento de uma representação ético-disciplinar, que além de constrangedora, geralmente atinge a jovem advocacia, que precisa de orientação e não de punição", entendemos, *data maxima venia*, que não se trata de uma infração de maior incidência da jovem advocacia, mas sim de advogados e sociedades de advogados, pequenos, médios ou grandes, mas já consolidados que mercantilizam a advocacia afrontando o Código de Ética de Disciplina, basta percorrer os arredores de fóruns para constatar.

Vejamos, o exemplo:

Um grande escritório de advocacia, ao fazer uma publicidade irregular, anunciando na TV, em horário nobre, já atingiu sua finalidade, ou seja, alcançar um número incalculável de pessoas que assistiam a TV naquele horário. Assim, constatada tal irregularidade, poderão celebrar o TAC e nos termos do art. 4º do Provimento n. 200/2020, celebrado o termo, o advogado obrigar-se-á a cessar a conduta, abstendo-se de praticar a mesma conduta no prazo fixado, mas o X da questão mora justamente em fazer cessar os efeitos da infração!

Nesse sentido, quando a publicidade irregular atingir um número indeterminado de pessoas como no caso de publicidade pela TV, rádio, cinema, mala direta, outdoors, bancos de praças, placas em avenidas, fornecimento de telefone e endereço em veículos de comunicação social, dentre outras práticas, visando angariar e captar causas (vide, art. 34, IV, do EOAB), impossível fazer cessar os efeitos dessa infração e o advogado terá atingido seu objetivo, ou seja, aparecer, mercantilizar, angariar e captar a causas decorrentes desse ato. Portanto, mesmo que se obrigue no TAC a fazer cessar tal conduta e se abstenha de praticar a mesma conduta, seu objetivo foi atingido no sentido de angariar e captar causas.

---

[130] Disponível em: <https://www.oab.org.br/noticia/58506/oab-regulamenta-tac-para-casos-de-publicidade-irregular-e-de-infracoes-puniveis-com-censura?argumentoPesquisa=TAC>.

Capítulo X

Da Sociedade de Advogados

A sociedade de advogados é tratada especialmente nas seguintes normas jurídicas: EOAB, arts. 15 a 17, no Regulamento Geral, arts. 37 a 43 e Provimento n. 112/2006 que dispõe sobre o modo de constituição das sociedades de advogados, contrato social e registro.

Assim, os advogados podem constituir sociedade simples, unipessoal ou pluripessoal, de prestação de serviços de advocacia, a qual deve ser regularmente registrada no Conselho Seccional da OAB em cuja base territorial tiver sede. Saliente-se, que as atividades profissionais privativas dos advogados são exercidas individualmente, ainda que revertam à sociedade os honorários respectivos. Assim, podem ser praticados pela sociedade de advogados, com uso da razão social, os atos indispensáveis às suas finalidades, que não sejam privativos de advogado.

Uma questão nova e importante é que o impedimento ou a incompatibilidade em caráter temporário do advogado o que não o exclui da sociedade de advogados à qual pertença e deve ser averbado no registro da sociedade, observado o disposto nos arts. 27, 28, 29 e 30 do EOAB, porém, **fica proibida, em qualquer hipótese, a exploração do nome e de sua imagem a favor da sociedade.**

Outra novidade é de que a escolha do sócio-administrador da sociedade de advogados poderá recair sobre advogado que atue como servidor da administração direta, indireta e fundacional, desde que não esteja sujeito ao regime de dedicação exclusiva, não lhe sendo aplicável o disposto no inciso X do *caput* do art. 117 da Lei n. 8.112/90 que proíbe o servidor de participar de gerência ou administração de sociedade privada.

1. DA PERSONALIDADE JURÍDICA E DO REGISTRO

Embora vedada a mercantilização da advocacia[131], o EOAB permite que os advogados possam reunir-se em sociedade civil para a prática exclusiva de

---

(131) "Convênio ou plano de assistência jurídica. Oferecimento através de sociedade leiga. Aviltamento de honorários. Mala direta. Propaganda imoderada em conjunto com atividade diversa da advocacia. Vedação. Capitação de clientes ou causas configuradas. Comete infração ética e disciplinar o advogado que oferece convênio ou plano de assistência jurídica, não autorizados pela OAB, com redução dos valores estipulados pela Tabela de Honorários da Seccional, utilizando-se de propaganda imoderada, em conjunto com atividade diversa da advocacia, enviando folhetos pelo sistema de mala direta, praticando captação de clientes ou causas. Si-

serviço de advocacia, sendo possível adotar qualquer forma de administração social, permitida a existência de sócios gerentes, com indicação dos poderes atribuídos, conforme reza o art. 41 do Regulamento Geral. A Lei n. 13.247, de 12 de janeiro de 2016, alterou a redação dos arts. 15 a 17 do EOAB e trouxe como novidade a sociedade unipessoal de advocacia.

Deve, portanto, ser registrada no Conselho Seccional da OAB em cuja base territorial tiver sede (EOAB, art. 15, § 1º). Adquire personalidade jurídica, admitindo-se, ainda, a criação de filiais, desde que seja averbado no registro da sociedade e arquivado junto ao Conselho Seccional onde se instalar (EOAB, art. 15, § 5º), ficando os sócios obrigados a efetuar inscrição suplementar, inclusive o titular da sociedade unipessoal de advocacia.

Assim, considere a seguinte situação onde o advogado Tício integra a sociedade de advogados X, com sede no Conselho Seccional de SP, juntamente com três sócios. Todavia, as suas funções na aludida sociedade apenas ocupam parte de sua carga horária semanal disponível. Por isso, a fim de ocupar o tempo livre, o advogado estuda duas propostas: de um lado, pensa em criar, paralelamente, uma sociedade unipessoal de advocacia em São Paulo; de outro, estuda aceitar a oferta, proposta pela sociedade de advogados Y, sediada em Guarulhos/SP para integrar seus quadros.

Para responder a situação acima apresentada, temos que nenhum advogado pode integrar mais de uma sociedade de advogados, constituir mais de uma sociedade unipessoal de advocacia, ou integrar, simultaneamente, uma sociedade de advogados e uma sociedade unipessoal de advocacia, com sede ou filial na mesma área territorial do respectivo Conselho Seccional. Essa vedação se justifica com a regra de que os advogados integrantes de uma mesma sociedade não podem patrocinar clientes com interesses opostos. Desta forma, se não houvesse tal limitação para a participação societária, a possibilidade de duas sociedades patrocinarem clientes com interesses opostos, sendo os sócios os mesmos advogados, seria infinitamente maior (EOAB, art. 15, §§ 4º e 6º).

Em consonância com a nova realidade do mercado de trabalho, o § 12 do art. 15 do EOAB dispõe que a sociedade de advogados e a sociedade unipessoal de advocacia **podem ter como** sede, filial ou **local de trabalho** espaço de uso individual **ou compartilhado** com outros escritórios de advocacia ou empresas, desde que respeitadas as hipóteses de sigilo previstas nesta Lei e no Código de Ética e Disciplina.

Atente-se que a sociedade unipessoal de advocacia pode resultar da concentração por um advogado das quotas de uma sociedade de advogados, independentemente das razões que motivaram tal concentração[132]. Contudo,

---

tuação agravada pela utilização de sociedade leiga não registrável na OAB. Caso concreto. Remessa às Turmas Disciplinares e recomendação de envio de ofício ao advogado para que cesse de imediato as práticas irregulares (art. 48 do CED). (TED/SP Proc. E-2.078/00 – v.u. em 23.03.2000 do parecer e ementa do Rel. Dr. Ricardo Garrido Jr, Rev. Dr. João Teixeira Grande, Presidente Dr. Robison Baroni).

(132) EOAB, art. 15, § 7º.

conforme o PL n. 5.284/2020, "a sociedade de advogados e a sociedade unipessoal de advocacia deverão recolher seus tributos sobre a parcela da receita que efetivamente lhes couber, com a exclusão da receita que for transferida a outros advogados ou a sociedades que atuem em forma de parceria para o atendimento do cliente."

Como ressalta o professor Marin[133], é importante observar que existem limitações para o registro das sociedades de advogados. São elas:

a) apresentar forma ou características mercantis;

b) adotar denominação fantasia[134];

c) realizar atividades estranhas à advocacia;

d) incluir sócio não inscrito[135] como advogado ou totalmente proibido de advogar.

2. DA RAZÃO SOCIAL

A razão social deve ter, obrigatoriamente, o nome completo ou abreviado de, pelo menos, um advogado responsável pela sociedade, sendo admitido, desde que previsto no ato constitutivo, o nome do sócio falecido (EOAB, art. 16, § 1º e Regulamento Geral, art. 38). Já a denominação da sociedade unipessoal de advocacia deve ser obrigatoriamente formada pelo nome do

---

(133) *Op. cit.*, p. 36.

(134) "Sociedade de advogados. Denominação fantasia. Nome de genitora. Impossibilidade. Não são admitidas denominações de fantasia às sociedades de advocacia, ainda que a pretensão envolva o nome da genitora dos advogados associados (art. 16 do EAOAB). Tema estranho à Seção Deontológica. Não conhecimento". (TED/SP Proc. E-1.829/99 – V.U. em 18.03.1999 do parecer e voto do Rel. Dr. Biasi Ruggiero, Rev. Dr. Benedito Trama, Presidente Dr. Robison Baroni). Portanto, deve ter, obrigatoriamente, o nome de pelo menos um advogado responsável pela sociedade. A sociedade de advogados não pode adotar nome fantasia, pois isso desvirtuaria a sociedade, o que lhe imprimiria uma conotação mercantil.

(135) "Sociedade prestadora de serviços. Sócios advogado e contador. Vedação. A advocacia, como profissão legalmente regulamentada, é atividade privativa de advogado ou de sociedades de advogados, exclusivamente compostas por sócios advogados, inscritos na OAB, com seus atos ou contrato constitutivo previamente aprovado no Conselho Seccional (arts. 1º e 15 do EAOAB). É vedado ao advogado participar ou vincular-se a sociedade prestadora de serviços, para nela exercer, como sócio, qualquer atividade própria da advocacia, como o será a assessoria fiscal e tributária. Comete falta ética o advogado que se associa a contabilista ou contador, em sociedade civil de prestação de serviço, onde recebe 1% (um por cento) dos lucros e nela toma a tarefa de assessoramento fiscal e tributário. Tal situação, pela escassez e míngua de resultados (1%), significa aviltamento de honorários – até se fosse legítima a associação – configurando forma indireta de captação de clientes". (TEDSP Proc. E-2.497/01 – v.u. em 13.12.2001 do parecer e ementa do Rel. Dr. Ernesto Lopes Ramos; Rev. Dr. Osmar Conceição Jr; Presidente Dr. Robison Baroni).

seu titular, completo ou parcial, com a expressão – Sociedade Individual de Advocacia[136].

3. SOCIEDADE DE FATO

Trata-se de sociedade informal em que os advogados reúnem esforços para cobrir as despesas do local de trabalho, porém sem compartilhar os clientes ou as responsabilidades pertinentes. Desta forma, como bem pondera o professor Marin[137], os advogados podem se reunir num mesmo local, visando à divisão de despesas. O que não se admite, e é vedado pelo Estatuto, é que se divulgue tal sociedade informal como regularmente constituída.

> "Sociedade de advogados. Agrupamento de fato. Obrigatoriedade de registro na OAB. Direitos autorais. *Os advogados podem se reunir num mesmo local, visando à divisão de despesas, para a prestação de serviços jurídicos. Não podem, no entanto, se utilizar desse agrupamento de fato para insinuarem a existência de uma sociedade de advogados, que só pode ser reconhecida se registrada na OAB.* Sociedades de fato são irregulares porque incompatíveis com a imagem pública de idoneidade que o advogado deve inspirar, por transparecer propósitos enganosos à boa-fé de terceiros, levando-os a contratar advogados que supõem estarem organizados solidariamente para a defesa de seus interesses. Inteligência do art. 14, Parágrafo único, do EAOAB. Os trabalhos forenses apresentados em juízo não necessariamente constituem obras literárias ou científicas a serem protegidos pela lei de direitos autorais". (TEDSP Proc. E-2.958/2004 – v.u., em 20.05.2004, do parecer e ementa do Rel. Dr. Carlos José Santos da Silva; Rev. Dr. José Roberto Bottino; Presidente Dr. João Teixeira Grande).

A constituição de sociedade de advogados sem registro no Conselho Seccional importa infração ao art. 34, II do EOAB, sendo cabível a pena de censura aos advogados que a integrem.

Cumpre ressaltar que as regras do Código de Ética e Disciplina são aplicáveis às sociedades de advogados e a sociedade unipessoal de advocacia, no que couber. Portanto, as sociedades sujeitam-se às regras éticas da mesma forma que os advogados, como ocorreu no julgado abaixo referente à publicidade e a honorários.

> "Convênio ou plano de assistência jurídica. Oferecimento através de sociedade leiga. Aviltamento de honorários. Mala direta. Propaganda imoderada em conjunto com atividade diversa da advocacia. Vedação. Capitação de clientes ou causas configuradas. Comete infração ética e disciplinar o advogado que oferece convênio ou plano de assistência jurídica, não autorizados pela OAB, com redução dos valores estipulados pela Tabela de Honorários da Seccional,

---

(136) EOAB, art. 16, § 4º.
(137) MARIN, Marco. *Op. cit.*, p. 37.

utilizando-se de propaganda imoderada, em conjunto com atividade diversa da advocacia, enviando folhetos pelo sistema de mala direta, praticando captação de clientes ou causas. Situação agravada pela utilização de sociedade leiga não registrável na OAB. Caso concreto. Remessa às Turmas Disciplinares e recomendação de envio de ofício ao advogado para que cesse de imediato as práticas irregulares (art. 48 do CED). (TED/SP Proc. E-2.078/00 – v.u. em 23.03.2000 do parecer e ementa do Rel. Dr. Ricardo Garrido Jr, Rev. Dr. João Teixeira Grande, Presidente Dr. Robison Baroni).

4. ADVOGADO ASSOCIADO

É o profissional intermediário entre o sócio e o advogado empregado que poderá participar de uma ou mais sociedades de advogados[138], sem estabelecer qualquer vínculo de emprego com a sociedade, mas atuando em parceria com ela e com participação nos seus resultados, devendo o contrato ser averbado no registro da sociedade de advogados, nos termos do art. 39 e parágrafo único do Regulamento Geral. Vale ressaltar que não será admitida a averbação do contrato de associação que contenha, em conjunto, os elementos caracterizadores de relação de emprego previstos na CLT, conforme reza o § 11 do art. 15 do EOAB.

O advogado associado não integrará como sócio a sociedade de advogados, não participará dos lucros nem dos prejuízos da sociedade, mas participará dos honorários contratados por estar com os clientes, e/ou resultantes de sucumbência, referentes às causas e interesses que lhe forem confiados, conjunta ou isoladamente, na forma prevista no contrato de associação. Dessa forma, o contrato de associação estabelecerá livremente a forma de pagamento, que poderá basear-se em critério de proporcionalidade ou consistir em adiantamentos parciais, ou, ainda, honorários fixados por estimativa, para acerto final, ou por outra forma que as partes ajustarem[139].

A atuação profissional do advogado associado não estará restrita a clientes da sociedade com a qual mantenha vínculo associativo, podendo ele ter sua própria clientela, desde que não haja conflito de interesses com os clientes das sociedades de advogados com as quais mantenha contrato de associação.

Assim, conforme o art. 17-A do EOAB, introduzido pela Lei n. 14.365/2022, o advogado poderá associar-se a uma ou mais sociedades de advogados ou a sociedades unipessoais de advocacia, sem vínculo empregatício, para prestação de serviços e participação nos resultados, na forma do Regulamento Geral do Estatuto da Advocacia e da OAB e dos Provimentos do Conselho Federal da OAB".

---

(138) Provimento n. 169/2015, art. 5º.
(139) Provimento n. 169/2015, art. 7º.

Referida associação dar-se-á por meio de pactuação de contrato próprio, que poderá ser de caráter geral ou restringir-se a determinada causa ou trabalho e que deverá ser registrado no Conselho Seccional da OAB em cuja base territorial tiver sede a sociedade de advogados que dele tomar parte. No contrato de associação, o advogado sócio ou associado e a sociedade pactuarão as condições para o desempenho da atividade advocatícia e estipularão livremente os critérios para a partilha dos resultados dela decorrentes, devendo o contrato conter, no mínimo:

I – qualificação das partes, com referência expressa à inscrição no Conselho Seccional da OAB competente;

II – especificação e delimitação do serviço a ser prestado;

III – forma de repartição dos riscos e das receitas entre as partes, vedada a atribuição da totalidade dos riscos ou das receitas exclusivamente a uma delas;

IV – responsabilidade pelo fornecimento de condições materiais e pelo custeio das despesas necessárias à execução dos serviços;

V – prazo de duração do contrato.

Para que se caracterizar associado, são necessários dois requisitos: que seu nome esteja previsto no contrato constitutivo da sociedade com a denominação "associado" e que essa associação se apresente de forma contínua[140]. Não sendo o contrato averbado no Conselho, poderá caracterizar vínculo empregatício do "associado" e a sociedade de advogados se preenchidos os requisitos do art. 3º da CLT.

Cabe ao Conselho Federal da OAB a fiscalização, o acompanhamento e a definição de parâmetros e de diretrizes da relação jurídica mantida entre advogados e sociedades de advogados ou entre escritório de advogados sócios e advogado associado, inclusive no que se refere ao cumprimento dos requisitos norteadores da associação sem vínculo empregatício autorizada expressamente previsto no art. 15 do EOAB, conforme reza o § 10 do citado artigo.

Vale lembrar que embora "nenhum advogado pode integrar mais de uma sociedade de advogados, com sede ou filial na mesma área territorial do respectivo Conselho Seccional", essa regra não se aplica ao advogado associado nos termos do Provimento n. 169/2015, art. 5º, porém, os advogados sócios de uma mesma sociedade de advogados, sociedade unipessoal de advocacia, advogados associados não podem representar em juízo clientes de interesses postos conforme art. 15, §§ 4º e 6º do EOAB e art. 19 do CED, sob pena de cometer infração disciplinar.

---

(140) FIGUEIREDO, Laurady. *Op. cit.*, p. 69.

5. DA RESPONSABILIDADE

Neste momento, trazemos à lume uma importante decisão do STJ (REsp n. 532.377 e n. 757.867), a qual reconheceu que embora seja uma espécie de prestação de serviço, *o serviço advocatício não envolve relação de consumo*[141], sendo certo que há corrente contrária[142] a qual não nos filiamos por entendermos que *o Princípio da Não Mercantilização da advocacia é incompatível com a relação de consumo*.

Segundo o ministro César Asfor Rocha relator do REsp. 532.377[143], "ainda que o exercício da nobre profissão de advogado possa importar, eventualmente e em certo aspecto, espécie do gênero prestação de serviço, é ele regido por norma especial, que regula a relação entre cliente e advogado, além de dispor sobre os respectivos honorários, afastando a incidência de norma geral", asseverando, ainda, que "as prerrogativas e obrigações impostas aos advogados – como a necessidade de manter sua independência em qualquer circunstância e a vedação à captação de causas ou à utilização de agenciador evidenciam natureza incompatível com a atividade de consumo".

Nesse sentido, é a Súmula n. 2 do Conselho Federal da OAB, *verbis*:

> "2. O cliente de serviços de advocacia não se identifica com o consumidor do Código de Defesa do Consumidor – CDC. Os pressupostos filosóficos do CDC e do EAOAB são antípodas e a Lei n. 8.906/1994 esgota toda a matéria, descabendo a aplicação subsidiária do CDC".

---

(141) "Processual. Ação de arbitramento de honorários. Prestação de serviços advocatícios. Código de Defesa do Consumidor. Não aplicação. Cláusula abusiva. *Pacta Sunt Servanda*. Não incide o CDC nos contratos de prestação de serviços advocatícios. Portanto, não se pode considerar, simplesmente, abusiva a cláusula contratual que prevê honorários advocatícios em percentual superior ao usual. Prevalece a regra do *pacta sunt servanda*" (STJ, REsp. 757.867-RS, j. 21.09.2006).
(142) "Prestação de serviços advocatícios. Código de Defesa do Consumidor. Aplicabilidade.
I – Aplica-se o Código de Defesa do Consumidor aos serviços prestados por profissionais liberais, com as ressalvas nele contidas.
II – Caracterizada a sucumbência recíproca devem ser os ônus distribuídos conforme determina o art. 21 do CPC.
III – Recursos especiais não conhecidos." (STJ, REsp. 364.168-SE, j. 20.04.2004 com voto vencido dos Ministros Menezes Direito e Castro Filho).
(143) "Processo civil. Ação de conhecimento proposta de detentor de título executivo. Admissibilidade. Prestação de serviços advocatícios. Inaplicabilidade do Código de Defesa do Consumidor. O detentor de título executivo extrajudicial tem interesse para cobrá-lo pela via ordinária, o que enseja até situação menos gravosa para o devedor, pois dispensada a penhora, além de sua defesa poder ser exercida com maior amplitude. Não há relação de consumo nos serviços prestados por advogados, seja por incidência de norma específica, no caso a Lei n. 8.906/1994, seja por não ser atividade fornecida no mercado de consumo. As prerrogativas e obrigações impostas aos advogados – como, *v. g.*, a necessidade de manter sua independência em qualquer circunstância e a vedação à captação de causas ou à utilização de agenciador (arts. 31, § 1º e 34/III e IV, da Lei n. 8.906/1994) – evidenciam natureza incompatível com a atividade de consumo. Recurso não conhecido".

Assim pontifica o sempre lembrado professor Paulo Lôbo[144], que "a responsabilidade civil dos sócios pelos danos que a sociedade coletivamente, ou cada sócio ou advogado empregado individualmente, causar, por ação ou omissão no exercício da advocacia, é solidária, subsidiária e ilimitada, independentemente do capital individual integralizado", sendo certo que os bens individuais respondem pela totalidade das obrigações e, nula qualquer cláusula do ato constitutivo que estabeleça limitação à responsabilidade dos sócios para tal fim. E, ainda, de acordo com o Provimento n. 147/2012, que o contrato social deve conter cláusula com previsão expressa de que, além da sociedade, o sócio ou associado responde subsidiária e ilimitadamente pelos danos causados aos clientes, por ação ou omissão, no exercício da advocacia.

6. MODELO DE CONTRATO DE SOCIEDADE DE ADVOGADOS

A Comissão de Sociedade de Advogados da OAB/SP reformulou os modelos de contratos para sociedades de advogados. Segundo a presidente da comissão, Clemencia Beatriz Wolthers, geralmente os advogados utilizam contratos mais comerciais para dar início à sociedade, o que não teria aplicação efetiva, uma vez que as sociedades de advogados possuem legislação, características, regulamento e provimentos próprios[145].

MINUTA DE CONTRATO DE SOCIEDADE DE ADVOGADOS[146]

CAPÍTULO I
RAZÃO SOCIAL E SEDE

Pelo presente instrumento particular, (*identificar cada um dos sócios indicando nome completo, nacionalidade, estado civil, endereço, advogado inscrito na OAB/SP sob o n. .... e no CPF sob n. ....*), constituem uma Sociedade de Advogados que se regerá pelas seguintes cláusulas e condições:

Cláusula 1ª – A razão social adotada é .... Sociedade de Advogados e rege-se pelo Estatuto da Advocacia e a OAB (Lei n. 8.906, de 04 de julho de 1994), seu Regulamento Geral, Código de Ética e Disciplina, Provimentos e Resoluções expedidos pelo Conselho Federal da Ordem dos Advogados do Brasil.

ATENÇÃO: A razão social deve conter o nome, completo ou abreviado, ou o patronímico dos sócios, ou pelo menos de um deles, responsáveis pela administração, seguido ou antecedido da expressão "Sociedade de Advogados". Não são permitidos nomes de fantasia, nem figurações que induzam a erro relativamente à identidade dos sócios.

---

(144) *Op. cit.*, p. 134.
(145) MIGALHAS. *OABs disponibilizam contratos para sociedade de advogados*, 9 set. 2013. Disponível em: <http://www.migalhas.com.br/Quentes/17,MI185952,31047-OABs+disponibilizam+contratos+para+sociedade+de+advogados>. Acesso em: 30 mar. 2015.
(146) Modelo aprovado em Reunião da COMSA da OABSP em 8 de agosto de 2013.

Parágrafo 1º. No caso de falecimento de sócio(s) que tenha(am) dado nome à sociedade, a razão social poderá ser mantida, conforme decidir(em) o(s) sócio(s) remanescente(s).

Parágrafo 2º. A sociedade tem sede na cidade de ...., Estado ...., à Rua ...., n. ...., CEP.............., fone................, e-mail.....................

Parágrafo 3º. Poderão ser abertas filiais, respeitadas as normas da Ordem dos Advogados do Brasil.

CAPÍTULO II
DO OBJETO SOCIAL

Cláusula 2ª – A Sociedade tem por objeto disciplinar a colaboração recíproca dos sócios no trabalho profissional, bem como o expediente e os resultados patrimoniais auferidos na prestação dos serviços de advocacia.

Parágrafo único. Os serviços privativos da advocacia, conforme disciplinado no Estatuto da Advocacia e da OAB, serão exercidos individualmente pelos sócios ainda que os respectivos honorários revertam ao patrimônio da Sociedade.

CAPÍTULO III
DO CAPITAL SOCIAL

Cláusula 3ª – O capital social é de R$........... (...), dividido em ..... quotas no valor de R$................. (...) cada uma, totalmente subscritas e integralizadas, assim distribuído entre os sócios:

a) Ao sócio .... cabem .... (...) quotas, perfazendo a quantia de R$ .... (...);

b) Ao sócio .... cabem .... (...) quotas, perfazendo a quantia de R$ .... (...);

CAPÍTULO IV
DA RESPONSABILIDADE DOS SÓCIOS

Cláusula 4ª – A responsabilidade dos sócios é limitada ao montante do capital social.

Parágrafo 1º. Além da Sociedade, o sócio ou o associado responde subsidiária e ilimitadamente pelos danos causados aos clientes, por ação ou omissão, no exercício da advocacia, sem prejuízo da responsabilidade disciplinar em que possa incorrer.

Parágrafo 2º. Os responsáveis por atos ou omissões que causem prejuízos à Sociedade e/ou a terceiros, deverão cobrir as perdas sofridas pelos demais sócios de forma integral.

Parágrafo 3º. As obrigações não oriundas de danos causados aos clientes, por ação ou omissão, no exercício da advocacia, devem receber o tratamento previsto no Código Civil.

CAPÍTULO V
DA REPRESENTAÇÃO E DA ADMINISTRAÇÃO DA SOCIEDADE

Cláusula 5ª – A administração dos negócios sociais cabe ao(s) sócio(s).......... que usará(ão) o título de Sócio(s)-Administrador(es), praticando os atos conforme adiante estabelecido.

Parágrafo 1º. Para os seguintes atos, a sociedade estará representada pela assinatura do(s) Sócio(s)-Administrador(es) ou, ainda, de Procurador constituído em nome da Sociedade.

I – representação perante terceiros, inclusive repartições públicas em geral e instituições financeiras, bem como representação em juízo ou fora dele, ativa e passivamente;

II – contratação, despedida e punição de empregados, liberação e movimentação de FGTS e outros fundos, benefícios, ônus de qualquer natureza, quitações e rescisões trabalhistas, representação perante entidades sindicais, previdenciárias, Ministério do Trabalho e órgãos da administração pública;

III – emissão de faturas, vedado o saque de duplicatas ou qualquer outro título de crédito de natureza mercantil;

IV – prática dos atos ordinários de administração dos negócios sociais.

Parágrafo 2º. Para os seguintes atos, a Sociedade estará representada pelo(s) Sócio(s)-Administrador(es):

a) constituição de Procurador(es) *ad negotia* com poderes determinados e tempo certo de mandato;

b) delegação de funções próprias da administração a profissionais contratados para esse fim;

c) alienação, oneração, cessão e transferência de bens móveis, imóveis e direitos a eles relativos, podendo fixar e aceitar preços, prazos e formas de pagamento, receber e dar quitação, transigir, entre outros.

Parágrafo 3º. Para todos os demais atos ordinários e extraordinários de administração societária não elencados nos, §§ 1º e 2º desta Cláusula, a Sociedade estará representada pela(s) assinatura(s) do(s) Sócio(s)-Administrador(es) ou um Procurador constituído em nome da Sociedade. Entre tais atos, exemplificam-se:

a) outorga, aceitação e assinatura de contratos ou prática de atos jurídicos em geral obrigando ou não a Sociedade;

b) abertura e encerramento de contas bancárias, emissão, endosso e recebimento de cheques e ordens de pagamento;

c) aceite de títulos cambiários e comerciais em geral, resultantes de obrigações da Sociedade;

d) constituição de Procurador(es) *ad judicia*;

e) recebimento de créditos e respectiva quitação.

Parágrafo 4º. É absolutamente vedado, sendo nulo e ineficaz em relação à Sociedade, o uso da razão social para quaisquer fins e objetivos estranhos às atividades e interesses sociais, notadamente prestação de avais, fianças e outros, mesmo que em benefício dos sócios.

Parágrafo 5º. Aos sócios poderá ser atribuído *pro labore* mensal fixado de comum acordo, que será levado à conta das despesas gerais da Sociedade.

CAPÍTULO VI
DO EXERCÍCIO SOCIAL, BALANÇO E RESULTADO SOCIAIS

Cláusula 6ª – O exercício social coincide com o ano civil. Ao final de cada exercício levantar-se-á o balanço geral da Sociedade para apuração dos resultados e dos prejuízos, os quais serão atribuídos aos sócios, na proporção das suas quotas ou pela forma que estabelecerem, após a dedução dos encargos eventualmente incidentes, na forma da legislação fiscal.

Parágrafo único. A Sociedade poderá apresentar balanços mensais e distribuir os resultados a cada mês, ou nos períodos que os sócios deliberarem.

CAPÍTULO VII
DA DURAÇÃO DA SOCIEDADE, MORTE, RETIRADA DE SÓCIO E OUTROS EVENTOS, DISSOLUÇÃO, LIQUIDAÇÃO E EXTINÇÃO

Cláusula 7ª – O prazo de duração da sociedade é por tempo indeterminado.

Cláusula 8ª – A morte, incapacidade, insolvência, exclusão, cancelamento da inscrição profissional, dissidência ou retirada implica obrigatoriamente na resolução da Sociedade em relação àquele sócio em que recair o acontecimento.

Parágrafo 1º. Desfeita a sociedade em relação a um sócio pela ocorrência de qualquer fato previsto nesta cláusula, as quotas a ele pertencentes serão remanejadas entre os demais ou reduzido o capital na proporção da participação do mesmo no contrato social, conforme deliberação do*(s)* sócio*(s)*.

Parágrafo 2º. Nos casos em que houver redução do número de sócios à unipessoalidade, a pluralidade deverá ser reconstituída por iniciativa do sócio remanescente, no prazo de até 180 (cento e oitenta) dias da data do registro do fato na OAB, para a Sociedade não ser dissolvida.

Parágrafo 3º. Não sendo o caso de reconstituição da pluralidade de sócios, o remanescente providenciará imediatamente a liquidação da Sociedade, extinguindo-a, sob pena de cometer infração disciplinar por manter sociedade profissional fora das normas e preceitos da OAB.

Parágrafo 4º. Se o desfazimento da Sociedade for decidido pelo consenso unânime dos sócios, processar-se-ão os trâmites da dissolução social, sendo liquidante o sócio ou terceiro que for indicado de comum acordo ou pelo detentor da maioria do capital social.

CAPÍTULO VIII
EXCLUSÃO DE SÓCIO

Cláusula 9ª – A exclusão de sócio pode ser deliberada pela maioria do capital social, mediante alteração contratual.

Parágrafo 1º. Excluído o sócio por qualquer motivo previsto em lei ou por deliberação da maioria do capital social, proceder-se-á conforme disposto na Cláusula 10ª.

Parágrafo 2º. O pedido de registro e arquivamento da respectiva alteração deverá estar instruído com a prova de que o sócio excluído foi pessoal e previamente comunicado ou, se não for possível, por notificação de Oficial de Registro de Títulos e Documentos, ou carta com AR.

CAPÍTULO IX
REEMBOLSO DAS QUOTAS

Cláusula 10ª – Em qualquer das hipóteses da Cláusula 8ª será levantado um balanço especial na data da ocorrência do evento, para apuração e pagamento dos haveres ao sócio retirante ou aos herdeiros do sócio falecido, de acordo com o referido balanço.

Parágrafo único. Uma vez apurados, os haveres deverão ser pagos aos respectivos credores de uma só vez ou em parcelas conforme decidir*(em)* o*(s)* sócio*(s)*.

CAPÍTULO X
DA CESSÃO E TRANSFERÊNCIA DE QUOTAS

Cláusula 11ª – Ao sócio é reservado o direito de preferência na aquisição de quotas do capital social.

Parágrafo 1º. O sócio que desejar ceder ou transferir suas quotas, total ou parcialmente, notificará o*(s)* outro*(s)* por escrito, especificando a quantidade, valor e forma de pagamento, bem como o nome do eventual interessado seguido do respectivo número de inscrição na OAB.

Parágrafo 2º. No prazo de até 30 (trinta) dias da efetivação da notificação, o*(s)* sócio*(s)* remanescente*(s)* deverá*(ão)* manifestar expressamente o desejo de exercer o direito de preferência ou se tem*(têm)* restrição ao ingresso do eventual interessado.

Parágrafo 3º. Exercido o direito de preferência, far-se-á a cessão das quotas por intermédio da alteração do contrato social, aprovada pela maioria do capital social.

Parágrafo 4º. Não exercida a preferência e não havendo oposição ao ingresso do indicado, o ofertante poderá alienar as quotas nas mesmas condições oferecidas.

Parágrafo 5º. Havendo oposição ao nome do interessado o ofertante poderá optar pela retirada, observando-se a Cláusula 8ª e a Cláusula 10ª.

CAPÍTULO XI
FORO CONTRATUAL, DIVERGÊNCIAS E DISPUTAS ENTRE SÓCIOS

Cláusula 12ª – Todas e quaisquer controvérsias oriundas ou relacionadas a este Contrato serão resolvidas por arbitragem, administrada pela Câmara de Mediação, Conciliação e Arbitragem da Comissão das Sociedades de Advogados da OAB-SP, de acordo com seu Regulamento. Fica eleito o Foro da Comarca de .... para qualquer medida cautelar ou de urgência que se fizer necessária enquanto não for instaurado o Tribunal Arbitral.

CAPÍTULO XII
DISPOSIÇÕES GERAIS

Cláusula 13ª – As deliberações sociais serão sempre adotadas por maioria do capital social, valendo cada quota um voto, inclusive para alterações do contrato social.

Parágrafo único. Para a eficácia das alterações contratuais bastarão tantas assinaturas quantas forem necessárias para consubstanciar a maioria exigida, desde que acompanhada da prova de que os demais sócios foram comunicados.

Cláusula 14ª – Todos os honorários recebidos pelos sócios reverterão em benefício da Sociedade compondo os resultados sociais.

Parágrafo único. Os sócios decidirão de comum acordo, os casos em que poderão advogar particularmente sem que os honorários recebidos revertam a favor da Sociedade.

Cláusula 15ª – Os sócios declaram que não exercem nenhum cargo ou ofício público que origine impedimento ou incompatibilidade indicado no Estatuto da OAB; que não participam de outra sociedade de advogados no âmbito desta Seccional; que não são a ela associados e que não estão incursos em nenhum dos crimes previstos em lei impedindo-os de participar de sociedades.

ATENÇÃO: No caso de existir impedimento, acrescentar o seguinte parágrafo único:

Parágrafo único. Em face do impedimento previsto no artigo....., inciso ...., do Estatuto da OAB, decorrente do exercício da função de *[informar o cargo exercido]* e, enquanto perdurar o impedimento, o(s) sócio(s) *[nome(s) do(s) sócio(s)]* não advogará*(ão)* nem participará *(ão)* dos honorários recebidos pela Sociedade por resultados de ações ou serviços contra as pessoas de direito público em geral, bem como nos processos judiciais ou extrajudiciais que tenham relação direta ou indireta com as funções de seu cargo e do poder público a que serve*(m)*.

Assim ajustadas, as partes assinam o presente instrumento, em .... vias, na presença de duas testemunhas.

São Paulo, ...de......................de........

(Nome completo e assinatura de **todos** os sócios)

Testemunhas (nome, RG e CPF, endereço e CEP).

CAPÍTULO XI

RESPONSABILIDADE CIVIL DO ADVOGADO

1. DA PRESTAÇÃO DE SERVIÇO

O serviço advocatício é uma espécie de prestação de serviço, uma vez que envolve, também, o contrato de mandato, razão pela qual, regulamentado pela Lei Especial n. 8.906/1994 – Estatuto da Advocacia, temos que tal serviço não envolve relação de consumo prevista na Lei Geral n. 8.078/1990 – Código de Defesa do Consumidor.

Neste sentido, Rui Stoco[147] assevera que a questão relativa à responsabilidade civil do advogado, como autêntico operador do Direito, não se traduz em seara de suave colheitas nem encontra equacionamento harmonioso na doutrina e jurisprudência de nossos pretórios, pois o advogado é um prestador de serviços especial, peculiar e indispensável, que se diferencia de todos os outros em razão da atividade que exerce e da álea que a envolve e determina.

Há entendimento no STJ no sentido de que o Código de Defesa do Consumidor não incide na relação entre advogado e cliente (REsp ns. 532.377 e 757.867); entretanto, há entendimentos contrários que consideram a aplicabilidade do Código de Defesa do Consumidor[148], os quais não nos filiamos porque o exercício da advocacia é incompatível com qualquer procedimento de mercantilização.

2. DA OBRIGAÇÃO DE MEIO

A obrigação assumida pelo advogado no patrocínio da causa é de meio, e não de fim, devendo, portanto, praticar todos os atos inerentes ao seu ofício e promover todas as intervenções judiciais e administrativas que lhe foram cometidas por meio do mandato[149]. Neste sentido, é correto afirmarmos que

---

(147) STOCO, Rui. *Tratado de Responsabilidade Civil*. 8. ed. São Paulo: RT, 2011. p. 564.
(148) Código de defesa do consumidor – Incidência na relação entre advogado e cliente – Precedentes da corte – 1. Ressalvada a posição do Relator, a Turma já decidiu pela incidência do Código de Defesa do Consumidor na relação entre advogado e cliente. 2. Recurso Especial conhecido, mas desprovido. (STJ – RESP 200400869500 – (651278 RS) – 3ª T. – Rel. Min. Carlos Alberto Menezes Direito – DJU 17.12.2004 – p. 544).
(149) (TJRS – AC 700.227.725-94/2008 – 16ª C.Cív – Relª Desª Ana Maria Nedel Scalzilli – DJe 18.09.2008).

no contencioso a obrigação contratual assumida pelo advogado é de meio, não havendo, portanto, um compromisso no tocante a um resultado positivo para o cliente.

O Tribunal de Ética e Disciplina da Bahia nos ensinou sobre o assunto nos autos do

> **Processo Disciplinar n. 1140/01 – Ementa: "RESPONSABILIDADE CIVIL DO ADVOGADO. OBRIGAÇÃO DE MEIO".** A obrigação do advogado é de meio e não de resultado e sua responsabilidade depende da perquirição de culpa, não há que se falar em responsabilidade do profissional de direito, mormente quando sequer houve demonstração da existência dos alegados danos e do nexo de causalidade. Quando não há provas concretas nos autos a representação deve ser julgada improcedente, haja vista, que a simples notícia de ilícito ético-disciplinar ou de crime sem a observância do devido processo legal e das diligências necessárias que competem a representante, se torna impossível o reproche desse Tribunal por mera presunção de culpabilidade. Sala das Sessões, 17/10/2007. Relator: Dr. Carlos Eduardo Carvalho Monteiro – Presidente: Dr. João da Costa Pinto Dantas Neto.

Entretanto, a obrigação do advogado não é só peticionar em juízo, mas também esclarecer corretamente seu cliente do estado do processo, sendo certo que tal obrigação deriva do dever de informação clara e inequívoca quanto a eventuais riscos da sua pretensão e das consequências que poderão advir da demanda (CED, art. 9º). Assim, o descumprimento dessa obrigação importa no dever de indenizar os danos dali decorrentes[150].

Em se tratando de advocacia extrajudicial, ou seja, consultoria e assessoria jurídica, a obrigação é de resultado, por exemplo, a elaboração de um parecer ou a elaboração de um contrato social, sob pena de inadimplemento contratual.

Cumpre observar que o advogado sempre deverá zelar pela sua liberdade e independência em qualquer circunstância, sendo legítima a recusa do patrocínio de pretensão que contrarie sua orientação antes manifestada ou referente a lei ou direito que também lhe seja aplicável.

3. DA RESPONSABILIDADE CONTRATUAL SUBJETIVA

O Estatuto da Advocacia e da Ordem dos Advogados do Brasil dispõe que o advogado é responsável pelos atos que, no exercício profissional, praticar com dolo ou culpa (art. 32); portanto, estamos diante da responsabilidade subjetiva, o que se compatibiliza com o Código de Defesa do Consumidor

---

(150) TAPR – AC 0279657-0 – (233311) – Pato Branco – 18ª C.Cív. – Rel. Juiz Nilson Mizuta – DJPR 01.04.2005.

para aqueles que entendem ser aplicável às relações entre cliente e advogado, uma vez que a responsabilidade pessoal dos profissionais liberais será apurada mediante a verificação de culpa (art. 14, § 4º).

Assim, em se tratando de responsabilidade profissional em sede de demanda judicial, o advogado não tem o dever de sair vitorioso na causa, na medida em que não assume uma obrigação de resultado, mas, sim, uma obrigação de meio. Sua responsabilidade, pois, depende da perquirição de culpa profissional. Não se verificando a conduta desidiosa ou negligente alegada pelo autor, não há que se falar em responsabilidade do profissional do direito, sobretudo quando sequer houve a demonstração da existência dos alegados danos e do nexo de causalidade[151].

Segundo o magistério do Desembargador do TJRJ, Sérgio Cavalieri Filho[152],

"no que respeita à conveniência ou não de recorrer, entendemos que, sendo o advogado o primeiro juiz da conveniência de se ajuizar ou não a ação, deve sê-lo, também, da conveniência de recorrer, mormente tratando-se de recurso especial ou extraordinário, sujeitos a requisitos rigorosos e específicos. O advogado, principalmente quando zeloso do seu bom nome, não pode ser obrigado a interpor um recurso manifestamente incabível. Não deve, entretanto, deixar de recorrer no caso de indiscutível necessidade, ou contrariando a vontade do cliente. Neste último caso, se tem convicção jurídica contrária, o caminho será a renúncia".

Assevera Vaneska Donato de Araújo[153] que a jurisprudência se orienta neste sentido, ou seja, dispensando o advogado do dever de interposição de recurso quando foi "induzido por informações incorretas do cliente a promover ação temerária (2º TACSP, 2ª Câm., Ap. c/ revisão 520.828 Rel. Juiz Felipe Ferreira, j. 22.06.1998) ou se o recurso se apresentava como temerário e protelatório, caracterizador de litigância de má-fé (2º TACSP, 2ª Câm., Ap. 567.552-00/7, Rel. Juiz Felipe Ferreira, j. 10.04.2000)".

Para o Desembargador do TJSP Enio Santarelli Zuliani[154], a responsabilidade da sociedade de advogados é objetiva, o que não concordamos, pois segundo ele,

"o preceito do art. 14, § 4º, da Lei n. 8.078/1990 (responsabilidade subjetiva do profissional liberal), aplica-se ao advogado que trabalha

---

(151) TRT 22ª R. – RO 01671-2007-003-22-00-1 – Rel. Fausto Lustosa Neto – DJT/PI 16.02.2009.
(152) CAVALIERI FILHO, Sérgio. *Programa de Responsabilidade Civil*. 11. ed. São Paulo: Atlas, 2014. p. 468.
(153) ARAÚJO, Vaneska Donato de. *Direito Civil*: Responsabilidade Civil. São Paulo: RT, 2008. v. 5, p. 269.
(154) Responsabilidade civil do advogado. *Revista Síntese de Direito Civil e Processual Civil*, n. 21, p. 127, jan./fev. 2003.

individualmente. Quando o serviço jurídico é prestado por sociedades de advogados, a responsabilidade deixa de ser subjetiva (dependente de culpa) e regula-se pela objetiva, ou seja, independente da prova da culpa. Evidente que não se outorga procuração a uma sociedade de advogados; contudo, mesmo se emitindo mandato para determinados sócios, a sociedade de advogados responderá de forma objetiva e, depois, poderá exercer o direito de regresso em face do profissional culpado. No caso de o dano ser provocado por advogado empregado de uma empresa, a sociedade empregadora responderá e, da mesma forma, poderá exercer o direito de regresso ao culpado". No mesmo sentido é a posição de Carlos Roberto Gonçalves[155] ao afirmar que "a exceção ao princípio da responsabilidade objetiva consagrado no Código de Defesa do Consumidor aplica-se apenas ao próprio profissional liberal, não se estendendo às pessoas jurídicas que integre ou para as quais preste serviço".

4. DA LIDE TEMERÁRIA

Temerário segundo os léxicos é aquele que se arroja aos perigos sem pensar nas consequências que daí possam advir; que se diz ou faz sem fundamento justo.

A lei processual estabelece os deveres entre as partes em juízo, dentre eles temos: não formular pretensões nem alegar defesa, cientes de que são destituídas de fundamento; de natureza antecipatória ou final; não proceder de modo temerário em qualquer incidente ou ato do processo etc.

Note-se que a lei processual, quando se refere ao dever de cumprir com exatidão os provimentos mandamentais e não criar embaraços à efetivação de provimentos judiciais, que constituem ato atentatório ao exercício da jurisdição, exclui os advogados, já que o comportamento ético do advogado cabe apenas à OAB conhecer (CPC, art. 77, § 6º).

Neste sentido, em caso de lide temerária, o advogado será solidariamente responsável com seu cliente, desde que coligado com este para lesar a parte contrária, o que será apurado em ação própria (art. 32, parágrafo único do EOAB).

A norma do parágrafo único desse artigo é claríssima ao dispor que somente por meio de ação própria poder-se-á cogitar da condenação solidária do advogado com seu cliente, mediante comprovação de que ele, coligado com aquele, visara lesar a parte contrária[156].

---

(155) *Direito Civil Brasileiro*: Responsabilidade civil. 9. ed. São Paulo: Saraiva, 2014. v. 4, p. 283.
(156) TST – ROAR 6057/2006-909-09-00 – Rel. Min. Antônio José de Barros Levenhagen – DJe 20.03.2009 – p. 402.

4.1. Da tergiversação e patrocínio infiel

O Código Penal brasileiro prevê no art. 355 o crime de patrocínio infiel e no parágrafo único o crime de patrocínio simultâneo ou tergiversação, como se vê abaixo:

Patrocínio infiel

Art. 355. Trair, na qualidade de advogado ou procurador, o dever profissional, prejudicando interesse, cujo patrocínio, em juízo, lhe é confiado. Pena – detenção, de seis meses a três anos, e multa.

Patrocínio simultâneo ou tergiversação

Parágrafo único. Incorre na pena deste artigo o advogado ou procurador judicial que defende na mesma causa, simultânea ou sucessivamente, partes contrárias.

A conduta prevista caracteriza-se quando o advogado ou procurador (da Fazenda, do Estado, do Município), trair o dever profissional prejudicando interesse cujo patrocínio em juízo tenha lhe sido confiado. Nesse sentido, pontifica-se que o crime pode ser praticado por ação ou omissão, admitindo apenas a modalidade dolosa[157] e o prejuízo deve se fazer presente. O núcleo do tipo é trair, ou seja, ser desleal, enganar quem lhe confiou poderes para representação em juízo.

De outro lado, o parágrafo único tipifica o patrocínio simultâneo ou tergiversação, onde o advogado ou procurador judicial defende na mesma causa, simultânea ou sucessivamente, partes contrárias. Portanto, há duas figuras típicas: o patrocínio simultâneo, onde o sujeito ativo (advogado) defende, ao mesmo tempo, interesses opostos; e, o patrocínio sucessivo ou tergiversação, onde o sujeito ativo passa de um lado ou outro, assumindo o patrocínio da parte adversa. Nesse sentido o TEDSP já se pronunciou que o advogado que, em reclamação trabalhista na qual defende os interesses do reclamante, abandona a causa e, em incidente apenso, defende os interesses do sócio da reclamada em sede de Embargos de terceiro comete infração disciplinar, pois, configurada está a tergiversação, ante a ausência total de lealdade, honestidade e transparência do Representado perante seu cliente[158].

---

(157) Acórdão n. 900. EMENTA: Defesa simultânea para ambas as partes. Acordo em reclamação trabalhista. Patrocínio infiel. Ausência de dolo. Equívoco na interpretação da decisão judicial. Inquérito policial arquivado. Representação improcedente. Vistos, relatados e examinados estes autos do processo disciplinar n. 267/2010 – Araraquara, acordam, os membros da Oitava Turma Disciplinar do Tribunal de Ética e Disciplina, por unanimidade, nos termos do voto do Relator originário Carlos Alberto Marini, em julgar improcedente a representação e determinar o arquivamento dos autos. (TEDSP, Sala das sessões, 27 de abril de 2012. Rel. Dr. Caio Girardi Calderazzo – Presidente Dr. Edgar Francisco Nori).

(158) Acórdão n. 6117. Sala das Sessões, 25 de fevereiro de 2011. Rel. Dr. Antonio Celso Baeta Minhoto – Presidente de sala Dr. Celso Augusto Coccaro Filho.

Diferentemente do patrocínio infiel que, como crime material, exige a efetiva lesão ao interesse confiado ao patrocínio, no patrocínio simultâneo ou tergiversação, o crime se consuma quando o subjetivo ativo pratica qualquer ato processual relativo ao patrocínio simultâneo ou sucessivo de partes contrárias, portanto, é importante que o processo seja judicial e não é suficiente para a caracterização do delito o simples ato de receber a procuração *ad judicia*.

5. DA RESPONSABILIDADE PELA PERDA DE UMA CHANCE

A indenização por perda de uma chance decorre de uma provável ou possível vantagem que não adveio para a parte em decorrência de ato ilícito ou abuso de direito da parte contrária, devendo ser demonstrada, para a configuração da responsabilidade civil, uma mínima probabilidade de que a vantagem seria obtida, não fosse a prática do ato ilícito ou do abuso de direito[159].

Neste sentido, a perda de prazo para apelar, por comprovada desídia do advogado empregado de sindicato que defendia os interesses do associado em ação de mandado de segurança, não constitui automaticamente um dano material comum concretamente constatável, uma vez que jamais se saberá qual seria o pronunciamento do tribunal no julgamento do recurso se este tivesse sido tempestivamente interposto, caso em que a ação indenizatória só poderia, em tese, ter probabilidade de êxito se tivesse por causa de pedir a perda de uma chance, em que é admissível o arbitramento do valor da reparação levando-se em conta a perda, pelo cliente, da possibilidade de ter a sua causa reexaminada pelo órgão *ad quem*, não podendo esse valor corresponder ao benefício por ele ali perquirido (dano emergente) ou ao que efetivamente deixou de ganhar (lucro cessante)[160].

Carlos Roberto Gonçalves[161] lembra que a "mera possibilidade não é passível de indenização, pois a chance deve ser séria e real para ingressar no domínio do dano ressarcível" e adiante complementa que a quantificação do dano será feita por arbitramento conforme o art. 946 do Código Civil, em que o magistrado

> "deverá partir do resultado útil esperado e fazer incidir sobre ele o percentual de probabilidade de obtenção da vantagem esperada. Desse modo, se o juiz competente para a julgar a ação de indenização movida pelo cliente contra seu advogado desidioso entender, depois de uma análise cuidadosa das probabilidades de sucesso da ação em que este perdeu prazo para a interposição do recurso

---

(159) TJDFT – Proc. 2006 07 1 003375-8 – (366086) – Rel. Des. Natanael Caetano – DJe 20.07.2009 – p. 39.
(160) TJMA – AC 7221/2006 – (Ac. 66.718/2007) – 1ª C. Cív. – Rel. Des. Jamil de Miranda Gedeon Neto – DJMA 04.06.2007.
(161) *Op. cit.*, p. 285.

adequado, que a chance de obter o resultado útil esperado era, por exemplo, de 70%, fará incidir essa porcentagem sobre tal resultado. Assim, a indenização pela perda da chance será fixada em 70% do valor pretendido na ação tornada infrutífera em razão da negligência do advogado".

Ora é difícil antever, no âmbito da responsabilidade contratual do advogado, um vínculo claro entre a alegada negligência do profissional e a diminuição patrimonial do cliente, pois o que está em jogo, no processo judicial de conhecimento, são apenas chances e incertezas que devem ser aclaradas em juízo de cognição. Portanto, em caso de responsabilidade de profissionais da advocacia por condutas apontadas como negligentes, e diante do aspecto relativo à incerteza da vantagem não experimentada, as demandas que invocam a teoria da "perda de uma chance" devem ser solucionadas a partir de detida análise acerca das reais possibilidades de êxito do postulante, eventualmente perdidas em razão da desídia do causídico.

Assim, o fato de o advogado ter perdido o prazo para contestar ou interpor recurso – como no caso em apreço –, não enseja sua automática responsabilização civil com base na teoria da perda de uma chance, fazendo-se absolutamente necessária a ponderação acerca da probabilidade – que se supõe real – que a parte teria de se sagrar vitoriosa ou de ter a sua pretensão atendida[162].

Pontifica Sérgio Cavalieri Filho[163] que "a chance perdida reparável deverá caracterizar um prejuízo material ou imaterial resultante de fato consumado, não hipotético. A indenização, por sua vez, deverá ser da chance, da perda da possibilidade de alguém auferir alguma vantagem, e não dos ganhos perdidos".

Oportuno lembrarmos que este livro também é utilizado por candidatos ao Exame da OAB, razão pela qual tem-se admitida a teoria da perda de uma chance. Todavia, comungamos do mesmo pensamento que o jurista Rui Stoco[164] a respeito de tal teoria, como já visto alhures, por entendermos que não há o requisito da certeza do dano, se caracterizando, como dano hipotético, *verbis*:

> "Para nós, tal exsurge como inaceitável.
>
> Não há como admitir que outrem substitua o juiz natural da causa para perscrutar o íntimo de sua convicção e fazer um juízo de valor a destempo sobre a "possibilidade" de qual seria sua decisão, caso a ação fosse julgada e chegasse a seu termo.
>
> Ora, admitir a possibilidade de o cliente obter reparação por perda de uma chance de ver a ação julgada conduzirá, obrigatoriamente, a uma decisão a ele favorável.

---

(162) STJ, REsp. n. 993936/RJ, Rel. Min. Luis Felipe Salomão, j. 27.03.2012.
(163) *Programa de Responsabilidade Civil*, 2014, p. 154-155.
(164) *Tratado de Responsabilidade Civil*, 2011, p. 581.

Será também admitir a existência de um dano não comprovado e que não se sabe se ocorreria.

Ademais de se caracterizar em verdadeira futurologia empírica, mas grave ainda é admitir que alguém possa ser responsabilizado por um resultado que não ocorreu e, portanto, por um dano hipotético e, em *ultima ratio*, não verificado ou demonstrado e sem concreção.

Por fim, a maior heresia será admitir que o profissional, em uma obrigação contratual de meios, seja responsabilizado pelo resultado. Seria, data vênia, a *summa contraditio*".

CAPÍTULO XII

INFRAÇÕES DISCIPLINARES

1. CONSIDERAÇÕES GERAIS

Observa Paulo Lôbo[165] que "diferentemente dos deveres éticos, que configuram conduta positiva ou comportamento desejado, encartados no Código de Ética, as infrações disciplinares caracterizam-se pela conduta negativa, pelo comportamento indesejado, que devem ser reprimidos", salienta, ainda que as infrações disciplinares são apenas as indicadas na Lei n. 8.906/94, estando vedadas as interpretações extensivas ou analógicas.

1.1. Exercer a profissão, quando impedido de fazê-lo, ou facilitar, por qualquer meio, o seu exercício aos não inscritos, proibidos ou impedidos

O inciso I do art. 34 do EOAB se refere tanto aos que estão impedidos de exercer a profissão, seja porque estão proibidos totalmente (incompatibilidade), seja porque estão proibidos parcialmente (impedimento), ou porque sofreram a sanção de suspensão. Aqui o verbo do tipo é exercer,

Também cometerá a infração o advogado que permitir ou facilitar de qualquer forma ao não inscrito ou ao impedido o exercício irregular da profissão. Trata-se do famoso jargão: Facilitação da advocacia.

Como se vê o sujeito ativo dessa infração só pode ser o advogado, cujo o núcleo do tipo é exercer, ou seja, praticar, desempenhar, cumprir as obrigações, quando impedido de fazê-lo. Seu elemento subjetivo é o dolo.

Por outro lado, o outro verbo do tipo é facilitar, o que de acordo com o Dicionário Aulete Digital, significa: 1. Tornar fácil ou mais fácil; auxiliar, eliminando os obstáculos; 2. Agir sem cautela, expor-se; 3. Pôr-se de acordo com, dispor-se, prestar-se. Admite, portanto, a modalidade dolosa ou culposa.

Vejamos os julgados do TEDSP sobre o assunto:

ACÓRDÃO N. 7956

EMENTA: ATUAÇÃO PROFISSIONAL – Advogado que permite atuação de estagiária, como se advogada fosse, facilita o exercício irregular da profissão, cometendo a falta ética prevista no inciso I, do art. 34, do EAOAB. Vistos, relatados e discutidos estes autos do Processo Disciplinar n. 03R0009922009 (573/2006), acordam os membros da Terceira Turma Disciplinar do Tribunal de Ética e Disciplina, por votação unânime, nos termos do voto do relator, em julgar procedente a repre-

---

(165) *Op. cit.*, 2013, p. 211.

sentação, e aplicar ao Representado a pena de censura, convertida em advertência, em ofício reservado, sem registro nos assentamentos do inscrito, por violação aos arts. 44 e 45 do Código de Ética e Disciplina, bem como, configurada a infração prevista no inciso I, do art. 34, do Estatuto, nos termos do art. 36, inciso I, parágrafo único do mesmo diploma legal. Sala das Sessões, 13 de dezembro de 2012. Rel. Dr. Felicio Helito Junior – Presidente de sala Dr. Paulo de Tarso Andrade Bastos.

ACÓRDÃO N. 602

EMENTA: EXERCÍCIO DA ADVOCACIA A DESPEITO DE SUSPENSÃO DISCIPLINAR. A infração ao inciso I, do art. 34, do EAOAB, é indiscutível quando se resta comprovado o exercício da profissão, a despeito de suspensão aplicada por este E. Tribunal. Pena de suspensão pelo prazo de 12 (doze) meses, com fulcro no art. 37, inciso II, da Lei n. 8.906/1994, o que se dá em virtude da reincidência em infração disciplinar. Vistos, relatados e discutidos estes autos de Processo Disciplinar n. 20R0004912012, acordam os membros da Vigésima Turma Disciplinar do TED, por unanimidade, nos termos do voto do Relator, em julgar procedente a representação e aplicar ao Representado a pena de suspensão do exercício profissional, pelo prazo de 12 (doze) meses, por configurada a infração prevista no inciso I, do art. 34, do Estatuto da Advocacia e a OAB, Lei n. 8.906/1994, nos termos do art. 37, inciso II e, § 1º, do mesmo diploma legal. Sala das Sessões, 9 de agosto de 2013. Rel. Dr. Eduardo Augusto Alckmin Jacob – Presidente Dr. Fabio Guedes Garcia da Silveira.

ACÓRDÃO N. 870

EMENTA: REPRESENTAÇÃO – FACILITAÇÃO, POR QUALQUER MEIO, DO EXERCÍCIO DA ADVOCACIA AOS NÃO INSCRITOS. ADVOGADO QUE ADMITE NO SEU AMBIENTE DE TRABALHO PROFISSIONAL QUE, BACHAREL EM DIREITO, SE APRESENTE COMO ADVOGADO E DE ATENDIMENTO PRÓPRIO DESTE, ÀQUELES QUE NECESSITAM DE ACESSO À JUSTIÇA COMETE A INFRAÇÃO DESCRITA NO INCISO I, DO ART. 34, DA LEI FEDERAL N. 8.906/1994. INFRAÇÃO DISCIPLINAR E ÉTICA CONFIGURADA. Vistos, relatados e discutidos estes autos do Processo Disciplinar n. 88/2008 (13R0011452011), acordam os membros da Décima Terceira Turma Disciplinar do Tribunal de Ética e Disciplina – Ribeirão Preto, por unanimidade, nos termos do voto do relator, em julgar procedente a Representação e aplicar a Representada à pena de censura convertida em advertência, em ofício reservado, sem registro nos assentamentos do inscrito, por configurada a infração prevista no inciso I, do art. 34, do Estatuto da Advocacia e a OAB, Lei n. 8.906/1994, nos termos do art. 36, inciso I, parágrafo único, do mesmo diploma legal. Sala das Sessões, 28 de setembro de 2012. Rel. Dr. Antonio Alberto Camargo Salvatti – Presidente Dr. Luiz Gastão de Oliveira Rocha.

1.2. *Manter sociedade profissional fora das normas e preceitos estabelecidos nesta Lei*

Tal conduta veda a manutenção de sociedade de advogados fora do modelo estabelecido pelo EOAB. Portanto, não são permitidas para fins de registro e funcionamento as sociedades de advogados que apresentem forma ou características mercantis, que adotem denominação fantasia, que realizem atividades estranhas à advocacia e que incluam sócio não inscrito nos quadros da OAB. Admite, portanto, a modalidade dolosa ou culposa.

Paulo Lôbo[166] observa muito bem que "não se inclui nesse tipo de infração a manutenção comum do escritório por mais de um advogado ou a parceria em atividades profissionais ou o patrocínio conjunto de causas, desde que fiquem caracterizadas a atuação e responsabilidade individual de cada advogado.

ACÓRDÃO N. 2188

EMENTA: SOCIEDADE IRREGULAR – ADVOGADO EM SOCIEDADE COM PESSOAS NÃO INSCRITAS NOS QUADROS DA ORDEM DOS ADVOGADOS DO BRASIL – PROCEDÊNCIA DA REPRESENTAÇÃO – POR INFRAÇÃO AOS ARTS. 5º, DA CED, INCISO II, DO ART. 34, E ART. 16, *CAPUT*, DO EAOAB – PENA DE CENSURA CONVERTIDA EM ADVERTÊNCIA. Violação ao disposto nos arts. 16 *caput* e 34, inciso II, do Estatuto da OAB e art. 5º do CED, procedência da Representação. Vistos, relatados e examinados estes autos do processo disciplinar de n. 07R0006242011 (08.024/38), acordam os membros da Sétima Turma do Tribunal de Ética e Disciplina da Ordem dos Advogados do Brasil, Secção de São Paulo, nos termos do voto do Relator, por unanimidade de votos. A Turma julgou procedente a Representação, por infração aos arts. 5º do CED, inciso II, do art. 34, e art. 16, *caput*, do Estatuto da OAB, aplicando ao Representado a pena de censura convertida em advertência, nos termos do art. 36, incisos I e II, parágrafo único do mesmo diploma legal. Sala das Sessões, 14 de setembro de 2011. Rel. Dr. José Eduardo Albuquerque Oliveira – Presidente de sala Dr. Mauro Russo.

ACÓRDÃO N. 8004

EMENTA: Criação de página eletrônica na internet caracterizando a prática das infrações de sociedade profissional fora das normas e captação de clientela, nos termos dos incisos II e IV, do art. 34, do Estatuto da Advocacia. Pena de censura, nos termos do inciso I, do art. 36, da Lei Federal n. 8.906/1994. Vistos, relatados e discutidos estes autos de Processo Disciplinar n. 02R0002322009 (5132/2008), acordam os membros da Segunda Turma Disciplinar do TED, por unanimidade, nos termos do voto do relator, em julgar procedente a representação e aplicar à representada a pena de censura, por configuradas as infrações previstas nos incisos II e IV, do art. 34, do Estatuto da Advocacia e a OAB, Lei n. 8.906/1994, nos termos do art. 36, inciso I, do mesmo diploma legal. Sala das sessões, 30 de maio de 2012. Rel. Dr. Marcelo Pereira – Presidente Dra. Maria Silvia Leite Silva de Lima.

ACÓRDÃO N. 211

EMENTA: DESCUMPRIMENTO REITERADO DE ORDEM EMANADA PELA COMISSÃO DAS SOCIEDADES DE ADVOGADOS PARA REGULARI-

---

[166] *Op. cit.*, 2013, p. 213.

ZAÇÃO DE SOCIEDADE PROFISSIONAL – NÃO RECOMPOSIÇÃO DA PLURALIDADE DE SÓCIOS NO PRAZO ESTABELECIDO – DESCUMPRIMENTO QUE IMPLICA NA IRREGULARIDADE DA SOCIEDADE PROFISSIONAL, MAS NÃO EM INFRAÇÃO ÉTICA – AUSÊNCIA DE PROVAS DO USO DA SOCIEDADE ENQUANTO IRREGULAR – INFRAÇÃO DISCIPLINAR NÃO CONFIGURADA – ARQUIVAMENTO. Vistos, relatados e discutidos estes autos de Processo Disciplinar n. 06R0005712010, acordam os membros da Sexta Turma Disciplinar do TED, por unanimidade, nos termos do voto do Relator, em desacolher a representação e determinar o arquivamento dos autos. Sala das Sessões, 6 de setembro de 2011. Rel. Dr. Rafael Cury Bicalho – Presidente Dr. Ricardo Peake Braga.

1.3. Valer-se de agenciador de causas, mediante participação dos honorários a receber

O verbo valer-se, é aqui empregado com o significado de utilizar-se de agenciador de causas, ou seja, aquele que atua como um *promoter*, ou seja, que irá promover a captação de causas negociando, intermediando, mediante a participação de honorários a receber, p. ex., paqueiros ou corretores de causas. Admite, portanto, a modalidade dolosa, ou seja, a intenção de utilizar de captador de causas mediante participação deste nos horários que o sujeito ativo do tipo – o advogado – venha a receber.

ACÓRDÃO N. 021/2012

EMENTA: Advogado que utiliza-se de entidade civil para angariar clientela mediante participação nos lucros. Proibição legal, infração ao art. 34, inciso II, III e IV do EOAB – Condenação à pena de censura por força do disposto no art. 36, I e II do EOAB. Vistos, relatados e examinados estes autos do processo Disciplinar 09r0003742011 (039/10), acordam os membros da NONA TURMA do TED, julgar pela procedência da representação com aplicação da pena de censura. Por Votação Unânime. Sala das sessões, 24 de fevereiro de 2012. Rel. Dr. Fábio Alexandre Tardelli – Presidente de sala Dr. Antonio Carlos Peres Arjona.

ACÓRDÃO N. 1277

EMENTA: Captação de clientela – Advogados que se valiam de agenciador de causas, intermediando clientes – Agenciador que se passava por advogado – Infração ética grave, eis que, avilta toda a classe, notadamente a sua grande maioria que arduamente e honestamente labuta no exercício sagrado da advocacia – Representação procedente em relação a dois representados por infração aos incisos III, IV, XXV e XXIX, do art. 34, do EOAB. Divergência do voto de improcedência da representação em relação a dois representados, propondo a estes o apenamento de censura nos termos do art. 34, inciso I (segunda figura) e IV e art. 34, incisos III e IV, da Lei n. 8.906/1994. Acolhimento e ratificação do voto de improcedência em relação ao restante advogado representado. Vistos, relatados e discutidos estes autos de Processo Disciplinar n. 10R0001432011, acordam os membros da Décima Turma Disciplinar do Tribunal de Ética e Disciplina, por maioria, nos termos do voto-vista, em julgar improcedente e determinar o arquivamento dos autos, face ao querelado (...) e em julgar procedente a representação e aplicar ao querelado (...) a pena de censura, por configuradas as infrações previstas nos incisos I (segunda figura) e IV, do art. 34, à querelada (...), a pena de censura, por configuradas as infrações previstas nos incisos III e IV, do art. 34, ao querelado (...), a pena de suspensão do exercício profissional, pelo prazo de 3 (três) meses, e ao querelado (...), a pena de suspensão do exercício profissional, pelo prazo de 6 (seis) meses, ambos por configuradas as infrações previstas nos incisos III, IV, XXV e XXIX, do art. 34, todas as infrações descritas, de acordo com o Estatuto da Advocacia e a OAB, Lei n. 8.906/1994. Com relação aos querelados (...) e (...), nos termos do art. 37, inciso I, do diploma legal já citado, ainda com recomendação de extração de cópias destes autos e consequente remessa ao Ministério Público, considerando a gravidade dos delitos praticados e ainda que seja instaurado, de "officio", procedimento disciplinar em relação ao advogado (...), nos termos do voto do relator do voto-vista, retificado. Sala das Sessões, 09 de novembro de 2012. Rel. (voto vista) Dr. Murillo Canellas – Presidente Dr. Ailton José Gimenez.

1.4. *Angariar ou captar causas, com ou sem a intervenção de terceiros*

Nenhuma forma de captação de clientela será admitida, p. ex., mala direta, advocacia em conjunto com outra atividade com fins de captação de causas etc.

O verbo do tipo angariar, significa atrair para um determinado fim; conseguir para si. Já captar, traz o significado de conseguir, obter para si; receber e aproveitar para o seu próprio uso ou benefício.

Assim, comete a infração descrita no tipo não só aquele capta causas, mas, também, o simples fato de angariar, atrair causas, por si só ou com a intervenção de terceiros. Portanto, trata-se de um tipo disciplinar misto. Todavia, se considerarmos que o advogado angariou e captou a causa, isso poderá ser levado em consideração quanto a aplicação da sanção cumulando-se com multa.

Diferentemente o inciso anterior, nesse caso não há necessidade de participação em honorários a receber no caso de angariação ou captação de causas com a intervenção de terceiros. Imagine o caso do advogado que se utiliza de irmão que trabalha em sindicato para a captação de causas trabalhistas; ou daquele que se utiliza da esposa que trabalha no Procon para a captação de causas de consumidores.

A captação de clientela, via de regra, se relaciona com a publicidade em desacordo com o código de ética, pois tal publicidade serve de ponto para a referida captação.

ACÓRDÃO N. 537

EMENTA: A mercantilização da advocacia e a captação de clientela são práticas rechaçadas pela ética profissional justamente para evitar a exposição do advogado à atividade fim, e, ainda, proteção à Classe profissional, ou seja, há a proteção difusa à advocacia. Os atos restam configurados com expressões em "inglês" lançadas nas petições do escritório e que remetem o leitor a ver uma firma e não um escritório de advocacia, e, ainda, quando no mesmo endereço funciona uma empresa que capta clientela para lides de massa por meio de contratos com associações de funcionários públicos. A violação enseja punição com a pena de censura face à violação aos arts. 5º e 7º, do CED e infração ao inciso IV, do art. 34, do EAOAB. Vistos, relatados e discutidos estes autos de Processo Disciplinar n. 20R0002182011, acordam os membros da Vigésima Turma Disciplinar do TED, por unanimidade, nos termos do voto do Relator, em julgar procedente a representação e aplicar ao Representado a pena de censura, por violação aos arts. 5º e 7º, do Código de Ética e Disciplina, e por configurada a infração prevista no inciso IV, do art. 34, do Estatuto da Advocacia e a OAB, Lei n. 8.906/1994, nos termos do art. 36, incisos I e II, do mesmo diploma legal. Determinaram por unanimidade, instauração de representação *ex officio* em face aos advogados (...), (...), (...), (...), (...), (...) e (...), visando apurar, a princípio e em tese, violação ao art. 7º, do Código de Ética e Disciplina e infrações aos incisos II e IV, do art. 34, do Estatuto da Advocacia e a OAB, Lei n. 8.906/94. Determinaram ainda, por unanimidade, instauração de representação *ex officio* em face aos advogados (...), (...), (...), (...) e (...), visando apurar, a princípio e em tese, violação ao art. 5º, do Código de Ética e Disciplina, e infrações aos incisos, II, III, IV e XXV, do art. 34, do Estatuto da Advocacia e a OAB, Lei n. 8.906/1994. Determinaram, finalmente, remessa de cópias reprográficas deste procedimento ao Ministério Público do Estado de São Paulo, para juntada nos autos do Inquérito Civil n. (...), para as providências cabíveis, nos termos do voto do Nobre Relator. Sala das Sessões, 10 de maio de 2013. Rel. Dr. Aarão Miranda da Silva – Presidente Dr. Fabio Guedes Garcia da Silveira.

ACÓRDÃO N. 189/2012

EMENTA: Angariação ou captação de causas – Representado que firma contrato de prestação de serviços advocatícios com empresa de contabilidade – Previsão Contratual de defesa dos direitos da empresa e de clientes dela, de forma generalizada – Captação de causas e clientes – Infração do art. 34, IX do EOAB – Aplicação da pena de Censura convertida em advertência em ofício reservado. Vistos, relatados e examinados estes autos do processo Disciplinar 09R0007352011, acordam os membros da NONA TURMA do TED, julgar pela procedência da representação, aplicando a pena de censura, convertida em advertência em ofício reservado. Por votação unânime. Sala das Sessões, 23 de novembro de 2012. Rel. Dr. José Marcio Martins – Presidente de sala Dr. Antonio Carlos Peres Arjona.

ACÓRDÃO N. 1159

EMENTA: PROCESSO DISCIPLINAR. REPRESENTAÇÃO. CAPTAÇÃO DE CAUSAS. REMESSA DE CORRESPONDÊNCIA. Viola o inciso IV, do art. 34, da Lei n. 8.906/1994, o advogado que envia correspondência a clientes, oferecendo seus serviços profissionais. Representado sem punição disciplinar anterior. Inteligência do art. 36, parágrafo único, do Estatuto da OAB. Representação procedente. Vistos, relatados e discutidos estes autos de Processo Disciplinar n. 141/2009, acordam os membros da Décima Turma Disciplinar do Tribunal de Ética e Disciplina, por unanimidade, em aplicar à querelada a pena de censura, convertida em advertência, em ofício reservado, sem registro nos assentamentos da inscrita, por configurada a infração prevista no inciso IV, do art. 34, do Estatuto da Advocacia e a OAB, Lei n. 8.906/1994, nos termos do art. 36, parágrafo único, do mesmo diploma legal, nos termos do voto do relator. Sala das Sessões, 25 de novembro de 2011. Rel. Dr. Marco Antonio de Oliveira Duarte – Presidente Dr. Ailton José Gimenez.

ACÓRDÃO N. 531

EMENTA: REPRESENTAÇÃO DISCIPLINAR — ANGARIAÇÃO DE CLIENTELA — NÃO PODE O ADVOGADO (A) DEIXAR DE CUMPRIR O CONTIDO NO CÓDIGO DE ÉTICA E DISCIPLINA DA OAB — INACEITÁVEL PROPAGANDA PROFISSIONAL FORA DO ETICAMENTE PERMITIDO. Deve o advogado(a) ao realizar sua propaganda profissional, fazê-la de forma discreta, sem mercantilismo, e ainda conter no texto seu nome, número de OAB, bem como constar apenas a área de atuação, e não o tipo de demanda a ser proposta. Vistos, relatados e discutidos estes autos de Processo Disciplinar no 18R0002332010, acordam os membros da Décima Oitava Turma Disciplinar do Tribunal de Ética e Disciplina da Ordem dos Advogados do Brasil, Seção São Paulo, por unanimidade, nos termos do voto do Relator, em julgar procedente a representação e aplicar à Representada a pena de censura, convertida em advertência, em ofício reservado, sem registro nos assentamentos da inscrita, por configurada a infração prevista no inciso IV, do art. 34, do Estatuto da Advocacia e a OAB, Lei Federal n. 8.906/1994, nos termos do art. 36, inciso I e parágrafo único, do mesmo diploma legal. Sala das Sessões, 31 de julho de 2015 (aa) João Carlos Pannocchia-Presidente Lincoln Biela de Souza Vale Junior-Relator *Ad Hoc*.

1.5. *Assinar qualquer escrito destinado a processo judicial ou para fim extrajudicial que não tenha feito, ou em que não tenha colaborado*

O núcleo do tipo é o verbo assinar, ou seja, escrever seu nome ou pôr sua marca em documento judicial ou extrajudicial para identificar-se ou responsabilizar-se por seu conteúdo.

Além de assinar, o tipo disciplinar aduz que não tenha feito, ou seja, redigido o documento ou não tenha colaborado, ajudado. Admite, portanto, a modalidade dolosa ou culposa.

O que se pretender coibir por meio dessa infração é prática da "venda de assinatura" e a facilitação por qualquer meio do exercício irregular da advocacia, p. ex., advogado que só assina contrato social de constituição de pessoa jurídica elaborado por contador. Presume-se a boa-fé e, na dúvida, decide-se em favor do réu, pois deve existir prova cabal de que o advogado não elaborou ou não cooperou para a elaboração do escrito. Eis a dificuldade de condenação do advogado com base nesse inciso.

ACÓRDÃO N. 781

EMENTA: ADVOGADO QUE ASSINOU, DE FAVOR, SEM PRESENCIAR, DEPOIMENTO DE RÉUS PRESOS. DECLARAÇÃO DESTES DE JÁ TER

ADVOGADO CONSTITUÍDO, CUJA PRESENÇA PEDIRAM E NÃO FORAM ATENDIDOS. DENÚNCIAS DOS PRESOS DE SOFRIMENTO DE SEVÍCIAS E TORTURA, QUANDO SOB CUSTÓDIA. INFRAÇÕES DO ART. 34, V (ASSINAR ESCRITO DESTINADO A PROCESSO, QUE NÃO TENHA FEITO OU COLABORADO) E 34, XXV (CONDUTA INCOMPATÍVEL COM A ADVOCACIA: ACOBERTAMENTO DE TORTURA). PRIMARIEDADE. DA SUSPENSÃO POR 90 DIAS. Vistos, relatados e discutidos estes autos de Processo Disciplinar n. 102/2006 (13R0010932011), acordam os membros da Décima Terceira Turma Disciplinar do Tribunal de Ética e Disciplina – Ribeirão Preto, por maioria, nos termos do voto divergente do relator Dr. Pio Antunes de Figueiredo Júnior, contra os termos do voto do relator Dr. Wagner Artiaga, em julgar procedente a representação, e aplicar ao representado a pena de suspensão do exercício profissional pelo prazo de 90 (noventa) dias, por configuradas as infrações previstas nos incisos V e XXV, do art. 34, do Estatuto da Advocacia e a OAB, Lei n. 8.906/1994, nos termos do art. 37, incisos I, § 1º, do mesmo diploma legal. Sala das Sessões, 2 de dezembro de 2011. Rel. Dr. Wagner Artiaga – Rel. (voto divergente) Dr. Pio Antunes de Figueiredo Júnior – Presidente Dr. Luiz Gastão de Oliveira Rocha.

1.6. Advogar contra literal disposição de lei, presumindo-se a boa-fé quando fundamentado na inconstitucionalidade, na injustiça da lei ou em pronunciamento judicial anterior

Paulo Lôbo[167] ensina que "a finalidade desse tipo de sanção é evitar que o advogado, com evidente intuito de obter proveito indevido do cliente ou terceiros, postule ou recomende solução jurídica que sabe ser proibida ou que não pode ser tutelada pela lei". O que nos leva a concluir com base no entendimento esposado pelo doutrinador, que o advogado nesse caso só poderá responder disciplinarmente em caso de dolo.

Portanto, o advogado deve agir com ciência e consciência, não lhe sendo admitido advogar contra literal dispositivo de lei, salvo fundado na inconstitucionalidade, na injustiça da lei ou em decisão judicial anterior.

1.7. Violar, sem justa causa, sigilo profissional

O verbo violar, enseja a desobedecer, norma, lei, regulamente, regimento. Trata-se de dever do advogado e nesse sentido o CED, dispõe como única hipótese em que será admitida a quebra do sigilo profissional, a justa causa, que é a grave ameaça do direito à vida e à honra ou situações que envolvam a defesa própria do advogado.

> Art. 37. O sigilo profissional cederá em face de circunstâncias excepcionais que configurem justa causa, como nos casos de grave ameaça ao direito à vida e à honra ou que envolvam defesa própria.

---

(167) *Op. cit.*, 2013, p. 215.

Deve o advogado observar, ainda, um prazo de "quarentena" referente ao sigilo e patrocínio de causa contra ex-cliente de pelo menos 2 (dois) anos, vejamos:

> **ACÓRDÃO N. 175/2011**
> **EMENTA:** EXERCÍCIO PROFISSIONAL – PATROCÍNIO DE AÇÃO CONTRA EX-CLIENTE – VEDAÇÃO ÉTICA – **ESPERA DE DOIS ANOS** – SIGILO PROFISSIONAL – O advogado deve aguardar o lapso de tempo de pelo menos dois anos, contados da conclusão do mandato, para advogar contra ex-cliente. Conduta que implica em infração ao disposto nos arts. 19 e 25 (atual arts. 35 a 38) do Código de Ética e Disciplina, incisos V, IX e XI do art. 34, do Estatuto da OAB. EXTINÇÃO DO PROCESSO – Advogado que não toma as providências necessárias para evitar a extinção. Falta de comprovação de que solicitou ao cliente as informações necessárias para evitar a extinção. Abandono da causa configurado. Infração ao disposto no art. 34, inciso XI, do Estatuto da OAB. Vistos, relatados e discutidos estes autos de Processo Disciplinar n. 427/2006, acordam os membros do Tribunal de Ética e Disciplina XI, por maioria de votos, contra o voto do Senhor Relator, para aplicar ao querelado a pena de censura e multa no valor de 01 (uma) anuidade, por violação aos arts. 19 e 25 do Código de Ética e Disciplina e configurada a infração prevista no inciso XI, do art. 34, nos termos do art. 36, inciso I e art. 39, ambos do EAOAB. Sala das Sessões, 16 de dezembro de 2011. Rel. Dr. Hamilton Fernando Ariano Borges – Rel. (voto divergente) Dr. José de La Coleta – Presidente Dr. Odinei Rogério Bianchin.

Atualmente, o tema do Sigilo Profissional está descrito no capítulo VII do nosso Código de Ética, arts. 35 a 38. Deverá o advogado, como juiz de seus atos, refletir profundamente antes de ajuizar qualquer ação contra ex-cliente. Todavia, se houver o mínimo risco de uso de qualquer dado revestido pelo sigilo profissional ou de qualquer vantagem, o advogado deverá recusar a causa. A obrigação de guardar o sigilo é perene (perpétua). O profissional também está impedido eticamente de advogar contra ex-cliente em causa que tenha relação fática ou conexão com aquelas que já tenha atuado.[168]

1.8. Estabelecer entendimento com a parte adversa sem autorização do cliente ou ciência do advogado contrário

O verbo do tipo é estabelecer, o que de acordo com os léxicos, significa: 1. pôr em vigor; criar, instituir, firmar; 2. criar, instalar, abrir; 3. fazer começar; instaurar.

Nesse caso, não importa o nível do entendimento, basta um contato não autorizado para configurar a infração, posto que o advogado deve ser leal ao cliente.

---

(168) 604ª Sessão, de 18 de maio de 2017. Precedentes E-4.755/2017. Proc. E-4.805/2017 – v.u., em 18.05.2017, do parecer e ementa do Rel. Dr. Sylas Kok Ribeiro, Rev. Dr. Zanon de Paula Barros – Presidente Dr. Pedro Paulo Wendel Gasparini.

A violação a esse tipo disciplinar configura, verdadeiramente, a quebra da confiança do advogado para com seu cliente.

ACÓRDÃO N. 6837

EMENTA: Advogado que estabelece entendimento com a parte adversa, faz acordo, sem ciência e o assentimento do advogado contrário, patrono constituído, comete infração ao inciso VIII do art. 34 da Lei n. 8.906/1994, e infração à letra e, do inciso VIII, parágrafo único, do art. 2º do Código de Ética e Disciplina, sendo aplicada a sanção de censura convertida em advertência, art. 36, incisos I e II, parágrafo único, todos da Lei n. 8.906/1994, em ofício reservado, sem registros nos assentamentos, pois presente atenuante, ausência de outros processos. Vistos, relatados e discutidos estes autos de Processo Disciplinar n. 04R0007282011, acordam os membros da Quarta Turma Disciplinar do TED, por unanimidade, nos termos do voto do Relator, em julgar procedente a representação e aplicar ao Representado a pena de censura convertida em advertência, em ofício reservado, sem registro nos assentamentos do inscrito, por violação ao inciso VIII, parágrafo único, alínea *e*, do art. 2º do Código de Ética e Disciplina e configurada a infração prevista no inciso VIII do art. 34 do Estatuto da Advocacia e a OAB, Lei n. 8.906/1994, nos termos do art. 36, incisos I e II, parágrafo único, do mesmo diploma legal. Sala das Sessões, 26 de abril de 2013. Rel. Dr. Mauro Delphim de Moraes – Presidente de sala Dr. Tadeu Mendes Mafra.

ACÓRDÃO N. 134

EMENTA: EXERCÍCIO PROFISSIONAL – ENTENDIMENTO COM A PARTE EX ADVERSA SEM CONSENTIMENTO DO SEU ADVOGADO – VEDAÇÃO. Constitui infração disciplinar o advogado estabelecer entendimentos com a parte *ex adversa* sem a ciência do seu advogado – Art. 34, inciso VIII, do EAOAB. Outrossim, trata-se de um dever do advogado não se entender diretamente com a parte contrária que tenha patrono constituído sem o consentimento deste – art. 2º, parágrafo único, inciso VIII, letra *e* do CED/OAB. É uma das regras deontológicas fundamentais que exige do profissional do direito, absoluto respeito, cuja ocorrência caracteriza pena de infração disciplinar prevista no art. 35, inciso I e 36, inciso I, do TED /OAB. Vistos, relatados e discutidos estes autos de Processo Disciplinar n. 18R0001952010, acordam os membros da Décima Oitava Turma Disciplinar, por unanimidade, nos termos do voto do Relator, em acolher a representação e aplicar ao Representado a pena de censura, por caracterizada a infração prevista no art. 34, inciso VIII, do Estatuto, nos termos do art. 35, inciso I e art. 36, inciso I, da Lei n. 8.906/1994. Sala das sessões, 29 de junho de 2012. Rel. Dr. Valter Felismino da Silva – Presidente de sala Dr. Paulo Cesar Dreer.

1.9. *Prejudicar, por culpa grave, interesse confiado ao seu patrocínio*

O núcleo do tipo disciplinar é prejudicar, ou seja, causar prejuízo.

Paulo Lôbo[169] explica que "para a responsabilidade ético-disciplinar a Lei n. 8.906/1994 exige a culpa grave (*lata culpa, magna negligentia*), assim

---

(169) *Op. cit.*, 2013, p. 218.

entendida uma negligência extraordinária, superior à média da diligência comum, ou seja, não usar a atenção mais vulgar, não entender o que entendem todos. A culpa grave aproxima-se do dolo (*dolus malus*), mas com ele não se confunde porque falta a intenção de prejudicar. Resulta da falta que o profissional mais desleixado ou medíocre não poderia cometer como p. ex., a perda do prazo para contestar, após receber o mandato judicial". Portanto, a infração só admite a modalidade culposa.

Note-se, para se configurar tal infração, não basta que a culpa seja grave, o núcleo disciplinar é prejudicar interesse confiado ao seu patrocínio decorrente de uma culpa grave e, vale ressaltar, que os relatores do TED quando do julgamento não se podem presumir o prejuízo, o que deve ser comprovado pelo representante.

ACÓRDÃO N. 201/2012

EMENTA: Para caracterizar a infração contida no Art. 34, inciso IX, do Estatuto da Ordem dos Advogados do Brasil, é necessária a demonstração de que a Representada prejudicou a Representante, por culpa grave, interesse confiado a seu patrocínio. É necessário a demonstração de culpa grave do advogado que venha causar prejuízo ao seu constituinte. Com efeito diz o inciso IX, do art. 34, do Estatuto da OAB: "Art. 34 – Constitui infração disciplinar: IX prejudicar, por culpa grave, interesse confiado a seu patrocínio". Como ensina Paulo Lobo, em sua Obra Comentários ao Estatuto da Advocacia e da OAB, 4ª Edição, Editora Saraiva, ao comentar esse dispositivo: "Contudo, para a responsabilidade ético-disciplinar o Estatuto exige a culpa grave (*lata culpa, magna negligentia*), assim entendida uma negligência extraordinária, superior à média da diligência comum, ou seja, não usar a atenção mais vulgar, não entender o que entendem todos." (Obra citada, p. 211) – Improcedência da Representação. Arquivamento. Vistos, relatados e examinados estes autos do processo Disciplinar 09R0009152011, acordam os membros da NONA TURMA do TED, julgar pela improcedência da representação, determinando o arquivamento. Por votação unânime. Sala das Sessões, 23 de novembro de 2012. Rel. Dr. Luiz Antonio Orsi – Presidente de sala Dr. Antonio Carlos Peres Arjona.

1.10. Acarretar, conscientemente, por ato próprio, a anulação ou a nulidade do processo em que funcione

Para que tal infração e a consequente sanção seja imputada ao advogado é necessário que o ato seja voluntário do advogado e que tenha causado prejuízo ao regular andamento do processo. O verbo do tipo disciplinar é acarretar, portanto, é causar, provocar. Já o elemento constitutivo do tipo é estar consciente de que seu ato acarretará a anulação ou nulidade do processo, portanto, o advogado tem que ter conhecimento das consequências de seu ato. Flávio Olímpio de Azevedo[170] assevera que "a transgressão do preceito ético

---

(170) *Comentários ao Estatuto da Advocacia,* 2013, p. 174.

ora comentado somente ocorrerá quando estiver presente o dolo específico e artifício processual, em casos de extrema gravidade e provado que o advogado contribuiu decisivamente para a ocorrência da nulidade". Portanto, não cabe na modalidade culposa e, na ausência de provas, o procedimento disciplinar dever ser arquivado como se vê do acórdão abaixo:

ACÓRDÃO N. 754

EMENTA: REPRESENTAÇÃO DISCIPLINAR – ARQUIVAMENTO – **AUSÊNCIA DE PROVAS DE COMETIMENTO DE INFRAÇÃO DISCIPLINAR DO ADVOGADO**. Não cabe punição disciplinar quando ausente nos autos provas concretas de sua infração ética. ARQUIVAMENTO DA REPRESENTAÇÃO. Vistos, relatados e discutidos estes autos de Processo Disciplinar n. 18R0002632012, acordam os membros da Décima Oitava Turma Disciplinar do Tribunal de Ética e Disciplina da Ordem dos Advogados do Brasil, Seção São Paulo, por unanimidade, nos termos do voto do Relator, em julgar improcedente a representação e determinar o arquivamento dos autos. (Sala das Sessões da 18ª Turma Disciplinar do TEDSP, 31 de março de 2017. Fábio Marcos Bernardes Trombetti – Presidente. Paulo César Dreer – Relator).

1.11. Abandonar a causa sem justo motivo ou antes de decorridos dez dias da comunicação da renúncia

O abandono configura a desídia do advogado, ou seja, a falta de cuidado, desleixo, irresponsabilidade, o que deve ser comprovado por quem o acusa. O que nos leva a concluir que o elemento subjetivo do tipo disciplinar é a culpa.

Após a renúncia, o advogado deve observar o prazo de 10 (dez) dias contados da ciência do cliente, ou seja, do recebimento da notificação, devendo permanecer nos autos e praticar os atos necessários.

ACÓRDÃO N. 788

EMENTA: **Representação. Acusação de abandono de causa em razão da demora da prestação jurisdicional. Extrato de andamento processual juntado pelo Representante que contradiz sua alegação**. Improcedência e arquivamento do procedimento disciplinar, com menção de queixa indevida. Vistos, relatados e discutidos estes autos de Processo Disciplinar n. 18R0002872011, acordam os membros da Décima Oitava Turma Disciplinar do Tribunal de Ética e Disciplina da Ordem dos Advogados do Brasil, Seção São Paulo, por unanimidade, nos termos do voto do Relator, em julgar improcedente a representação e determinar o arquivamento dos autos, com menção de Queixa Indevida. (Sala das Sessões, 30 de junho de 2017. (aa) Fábio Marcos Bernardes Trombetti – Presidente. Lincoln Biela de Souza Vale Junior – Relator).

ACÓRDÃO N. 403

EMENTA: **Abandono de causa. Ônus da prova incumbe a quem alega**. Não comprovado o abandono de causa pelo advogado, não é possível a aplicação da sanção. Vistos, relatados e discutidos estes autos de Processo Disciplinar n. 18R0001492011, acordam os membros da Décima Oitava Turma Disciplinar do Tribunal de Ética e Disciplina da Ordem dos Advogados do Brasil, Seção São Paulo, por unanimidade, nos termos do voto do Relator, em julgar improcedente a representação e determinar o arquivamento dos autos. Sala das Sessões, 19 de dezembro de 2014. (aa) João Carlos Pannocchia – Presidente Lincoln Biela de Souza Vale Junior – Relator.

ACÓRDÃO N. 394

EMENTA: Não comparecimento em audiência da qual foi intimado. Ausência de renúncia. Configuração do desamparo e abandono de causa. Condenação. Censura convertida em advertência, diante da primariedade. Vistos, relatados e discutidos estes autos de Processo Disciplinar n. 04R0004782010, acordam os membros da Décima Oitava Turma Disciplinar do Tribunal de Ética e Disciplina da Ordem dos Advogados do Brasil, Seção São Paulo, por unanimidade, nos termos do voto do Relator, em julgar procedente a representação e aplicar ao Representado a pena de censura, convertida em advertência, em ofício reservado, sem registro nos assentamentos do inscrito, por violação ao art. 12, do Código de Ética e Disciplina e configurada a infração prevista no inciso XI, do art. 34, do Estatuto da Advocacia e a OAB, Lei Federal n. 8.906/1994, nos termos do art. 36, incisos I e II, parágrafo único, do mesmo diploma legal. Diário Oficial Poder Judiciário – Ordem dos Advogados do Brasil Sala das Sessões, 19 de dezembro de 2014. (aa) João Carlos Pannocchia – Presidente Lincoln Biela de Souza Vale Junior – Relator.

ACÓRDÃO N. 0004

EMENTA: ABANDONO DE CAUSA POR ADVOGADO SEM COMUNICAR O JUÍZO OU O CLIENTE E SEM JUSTO MOTIVO, INDEPENDENTEMENTE DE NÃO TER RECEBIDO HONORÁRIOS ADVOCATÍCIOS. LEGITIMIDADE DO JUÍZO ONDE TRAMITAVA O FEITO EM REALIZAR A REPRESENTAÇÃO. REINCIDÊNCIA DE INFRAÇÕES DISCIPLINARES. PENA DE SUSPENSÃO POR 30 DIAS. Vistos, relatados e discutidos estes autos de processo disciplinar no 05R0001982010, acordam os membros da Vigésima Terceira Turma Disciplinar do TED, por unanimidade, nos termos do voto do Relator, em julgar procedente a representação e aplicar ao Representado a pena de suspensão do exercício profissional pelo prazo de 30 (trinta) dias, por configurada a infração prevista no inciso XI, do art. 34, do Estatuto da Advocacia e a OAB, Lei n. 8.906/1994, nos termos do art. 37, inciso II e, § 1º, do mesmo diploma legal. Sala das Sessões, 24 de setembro de 2013. Rel. Dr. Flávio Augusto Antunes – Presidente Dra. Heidi Von Atzingen.

ACÓRDÃO N. 512

EMENTA: Abandono de causa. O ônus da prova é do Representante, quando imputa ao Representado a infração ética por abandono da causa. Ausentes os documentos mínimos, a absolvição com improcedência se impõe. Vistos, relatados e discutidos estes autos de Processo Disciplinar n. 20R0004472011, acordam os membros da Vigésima Turma Disciplinar do TED, por unanimidade, nos termos do voto do Relator, em julgar improcedente a representação e determinar o arquivamento dos autos. Sala das Sessões, 7 de dezembro de 2012. Rel. Dr. Aarão Miranda da Silva – Presidente de sala Dr. Milton Durval Rossi Junior.

ACÓRDÃO N. 725

EMENTA: REPRESENTAÇÃO DISCIPLINAR APRESENTADA POR JUÍZO CRIMINAL – ALEGAÇÃO DE ABANDONO. **Advogado que alega que foi contratado para a defesa em primeira instância, porém não junta contrato escrito que comprova tal pacto. Abandono caracterizado.** Condenação. Suspensão em face da reincidência. Vistos, relatados e discutidos estes autos de Processo Disciplinar n. 18R0001882013, acordam os membros da Décima Oitava Turma Disciplinar do Tribunal de Ética e Disciplina da Ordem dos Advogados do Brasil, Seção São Paulo, por unanimidade, nos termos do voto do Relator, em julgar procedente a representação e aplicar ao Representado a pena de suspensão do exercício profissional, pelo prazo de 60 (sessenta) dias, por configurada a infração prevista no inciso XI, do art. 34, do Estatuto da Advocacia e da OAB, Lei Federal n. 8.906/1994, nos termos do art. 37, inciso II e, § 1º, do mesmo diploma legal. Sala das Sessões, 25 de novembro de 2016. (aa) Fábio Marcos Bernardes Trombetti – Presidente – Lincoln Biela de Souza Vale Junior – Relator.

1.12. *Recusar-se a prestar, sem justo motivo, assistência jurídica, quando nomeado em virtude de impossibilidade da Defensoria Pública*

Considere que você, advogado inscrito na OABSP, atue em diversos ramos do Direito. Um dos seus clientes possui causa em curso perante a Comarca de Tombos/MG e para lá você se dirigiu comparecendo à sede do Juízo para praticar ato em prol do seu constituinte. No local, você é surpreendido por designação do Juiz Titular da Comarca para representar Caio, pessoa de parcos recursos financeiros, diante da ausência de Defensor Público designado para prestar serviços no local, por falta de efetivo suficiente de profissionais.

No caso acima apresentado, é vedada a recusa injustificada de prestar assistência jurídica, quando nomeado em virtude de impossibilidade da Defensoria Pública, o que justifica sua função social.

Por outro lado, considere a seguinte situação onde o advogado A e B tenham sido foram nomeados, por determinado magistrado, para prestarem assistência jurídica a certo jurisdicionado, em razão da impossibilidade da Defensoria Pública. As questões jurídicas debatidas no processo relacionavam-se à interpretação dada a um dispositivo legal. O advogado A recusou-se ao patrocínio da causa, alegando que a norma discutida também lhe é aplicável, não sendo, por isso, possível que ele sustente em juízo a interpretação legal benéfica à parte assistida e prejudicial aos seus próprios interesses. O advogado B também se recusou ao patrocínio, pois já defendeu interpretação diversa da mesma norma em outro processo.

Nesse caso, os advogados A e B, estão diante da hipótese excludente da ilicitude da infração disciplinar, ou seja, o justo motivo, posto que o CED, art. 4, parágrafo único, assegura esse justo motivo quando dispõe que "é legítima a recusa, pelo advogado, do patrocínio de causa e de manifestação, no âmbito consultivo, de pretensão concernente a direito que também lhe seja aplicável ou contrarie orientação que tenha manifestado anteriormente".

ACÓRDÃO N. 200/2012

EMENTA: RECUSA À PRESTAÇÃO DE ASSISTÊNCIA JUDICIÁRIA – NÃO CUMPRIMENTO DE ATO PROCESSUAL MESMO APÓS INTIMADO PESSOALMENTE – Não comprovado justo motivo, o advogado não pode recusar-se a prestar assistência jurídica pelo convênio da Assistência Judiciária ao necessitado. Prova documental não impugnada de intimação pessoal do advogado para cumprimento de ato e de posterior substituição por outro profissional para cumprimento. Inteligência dos arts. 34, XII do E.OAB e 46 do CED/OAB – Pena de Censura, convertida em advertência em ofício reservado na forma do art. 36, I e seu parágrafo único do E.OAB. Vistos, relatados e examinados estes autos do processo Disciplinar 09R0000352011(375/2010), acordam os membros da NONA TURMA do TED, julgar pela procedência da representação, aplicando a pena de censura convertida em advertência em ofício reservado na forma do art. 36, I e seu parágrafo único do E.OAB. Por votação unânime. Sala das Sessões, 23 de novembro de 2012. Rel. Dr. Taddeo Gallo Júnior – Presidente de sala Dr. Antonio Carlos Peres Arjona.

ACÓRDÃO N. 469

EMENTA: INFRAÇÃO AO ART. 34, INCISO XII, DO EAOAB CONFIGURADA – ASSISTÊNCIA JURÍDICA. RECUSA IMOTIVADA DO ADVOGADO NOMEADO – APLICAÇÃO DA PENA DE CENSURA CONVERTIDA EM OFÍCIO RESERVADO (AUSÊNCIA DE PUNIÇÃO DISCIPLINAR ANTERIOR) NOS TERMOS DOS ARTS. 34, XII, E 36, I C.C. 36, PARÁGRAFO ÚNICO, DO EAOAB. Vistos, relatados e discutidos estes autos de Processo Disciplinar n. 06R0000752011, acordam os membros da Sexta Turma Disciplinar do TED, por unanimidade, nos termos do voto do Relator, em julgar procedente a representação e aplicar ao Representado a pena de censura convertida em advertência, em ofício reservado, sem registro nos assentamentos do inscrito, por configurada a infração prevista no inciso XII, do art. 34, do Estatuto da Advocacia e a OAB, Lei n. 8.906/1994, nos termos do art. 36, inciso I e parágrafo único, do mesmo diploma legal. Sala das Sessões, 7 de novembro de 2012. Rel. Dr. Dalton Spencer Morato Filho – Presidente de sala Dr. Roberto Garcia Lopes Pagliuso.

1.13. *Fazer publicar na imprensa, desnecessária e habitualmente, alegações forenses ou relativas a causas pendentes*

Explica Paulo Lôbo[171] que essa infração só se concretiza quando houver habitualidade ou quando não se configurar o interesse público. Há uma

---

(171) *Op. cit.*, 2013, p. 221.

forma de *merchandising* aético, que danifica a imagem pública da advocacia e que deve ser as devidas sanções disciplinares. Portanto, para que ocorra a infração, a publicação deve ser habitual e desnecessária com o intuito visível de captação de clientela, inclusive nas redes sociais visando a autopromoção.

1.14. Deturpar o teor de dispositivo de lei, de citação doutrinária ou de julgado, bem como de depoimentos, documentos e alegações da parte contrária, para confundir o adversário ou iludir o juiz da causa

Esse é o caso em que o advogado inventa doutrina ou jurisprudência para favorecer sua tese. Para que se caracterize a infração, deve existir o elemento intencional, caracterizado pelo intuito de confundir o adversário ou iludir o juiz da causa. Portanto, só admite a modalidade dolosa, posto que viola o princípio mais comezinho da advocacia, da veracidade e lealdade.

ACÓRDÃO N. 1209

EMENTA: PROCESSO DISCIPLINAR. RECURSO VISANDO LUDIBRIAR JULGADOR. DETURPAÇÃO DE TEOR DE JULGADO. DOLO. Profissional que intenta recurso, deturpando teor de julgado, fazendo alegações desconexas, além de declarar em defesa que a inicial encontrava-se inviabilizada face ao resultado de perícia médica. Autuação dolosa demonstrada, sendo de rigor a procedência do presente Procedimento Disciplinar a fim de apenar o Querelado a pena de Censura, com base no Art. 34, inciso XIV da Lei n. 8.906/1994. Face aos bons antecedentes do Querelado, converto a pena de Censura em Advertência, em ofício reservado e sem registro nos assentamentos, nos termos do Art. 40, inciso II da Lei retro. Vistos, relatados e discutidos estes autos de Processo Disciplinar n. 10R0001222011, acordam os membros da Décima Turma Disciplinar do Tribunal de Ética e Disciplina, por unanimidade em aplicar ao querelado a pena de censura, convertida em advertência, em ofício reservado, sem registro nos assentamentos do inscrito, por configurada a infração prevista nos inciso XIV, do art. 34, do Estatuto da Advocacia e a OAB, Lei n. 8.906/1994, nos termos do art. 36, inciso I, parágrafo único, combinado com o art. 40, inciso II, do mesmo diploma legal, nos termos do voto do relator. Sala das sessões, 29 de junho de 2012. Rel. Dr. Flavio Tamanini – Presidente Dr. Ailton José Gimenez.

ACÓRDÃO N. 6892

EMENTA: Deturpação de documento para iludir o Juiz. Inexistência diante de documento que possui no seu bojo informação objetiva, a ponto de impedir que o mesmo estorve o Juízo. Guia de custa acostada ao recurso de agravo de instrumento que não tem o condão de se passar como guia de preparo por ter sido recolhida com código diferente de que determina a legislação. Improcedência da Representação. Vistos, relatados e discutidos estes autos de Processo Disciplinar n. 04R0002822012, acordam os membros da Quarta Turma Disciplinar do TED, por unanimidade, nos termos do voto do Relator, em julgar improcedente e determinar o arquivamento dos autos. Sala das Sessões, 28 de junho de 2013. Rel. Dr. Carlos Renato Lonel Alva Santos – Presidente de sala Dr. Roberto Romagnani.

1.15. Fazer, em nome do constituinte, sem autorização escrita deste, imputação a terceiro de fato definido como crime

Basta para a tipificação que o advogado faça imputação de fato criminoso a terceiro, em nome do constituinte e sem a sua autorização por escrito. Por exemplo, o advogado que em peça contestatória de ação de divórcio afirma que o marido filmava e fotografava imagens de crianças no banheiro de escolinha. Só admite a modalidade dolosa.

ACÓRDÃO N. 1171

EMENTA: ADVOGADO QUE DURANTE ENTREVISTA PARA ESTAÇÃO DE RÁDIO LOCAL AFIRMOU QUE IRIA INGRESSAR COM QUEIXA CRIME E AÇÕES JUDICIAIS CONTRA TERCEIROS POR PRÁTICA DE DELITOS CONTRA A HONRA DE SEUS CLIENTES. Hipótese em que o advogado não declinou nomes na dita entrevista, não apontou quais fatos, praticados especificamente pelos querelantes, seriam tipificados como crime, tampouco intentou queixa-crime ou ações contra os mesmos. Ademais, havendo, a princípio, autorização de seus clientes para que falasse em nome deles, não está caracterizada a infração disciplinar preconizada no art. 34, XV, do Estatuto da OAB. Vistos, relatados e discutidos estes autos de Processo Disciplinar n. 10R0001032010, acordam os membros da Décima Turma Disciplinar do Tribunal de Ética e Disciplina, por unanimidade em arquivar os autos, face à improcedência, nos termos do voto do relator. Sala das sessões, 10 de fevereiro de 2012. Rel. Dra. Yeda Costa Fernandes da Silva – Presidente de sala Dr. Achilles Benedicto Sormani.

ACÓRDÃO N. 934

EMENTA: ADVOGADO E DEVER ÉTICO DE RESPEITO E POLIDEZ NO USO DA PALAVRA. PROIBIÇÃO DE IMPUTAÇÃO A TERCEIRO DE FATO DEFINIDO COMO CRIME, SEM AUTORIZAÇÃO EXPRESSA DO CONSTITUINTE. Advogado que em suas petições utiliza palavras e frases com excesso de adjetivação pejorativa e sem sentido *utilitas litis* contra autoridades constituídas, imputando a terceiros fatos definidos como crimes sem autorização expressa do constituinte, incide na infração disciplinar prevista no inciso XV, do art. 34, da Lei n. 8.906/1994 e viola os deveres profissionais previstos nos arts. 44 e 45, do Código de Ética Profissional, devendo receber a pena de censura convertida em advertência em ofício reservado e sem registro nos assentamentos, diante da presença de circunstância atenuante, conforme previsão do parágrafo único, do art. 36 c/c inciso II, do art. 40, ambos da Lei n. 8.906/1994. Vistos, relatados e examinados estes autos do processo disciplinar n. 08R0001512011 – Araraquara, acordam os membros da Oitava Turma Disciplinar do Tribunal de Ética e Disciplina, por unanimidade, nos termos do voto do Relator, em julgar procedente a representação e aplicar ao representado a pena de censura convertida em advertência em ofício reservado, sem registro nos assentamentos do inscrito, por violação aos arts. 44 e 45 (atuais 27 a 29 do NCED), do Código de Ética e Disciplina e configurada a infração prevista no inciso XV, do art. 34, do Estatuto da Advocacia e a OAB, Lei n. 8.906/1994, nos termos do art. 36, incisos I e II e parágrafo único, combinado com o art. 40, inciso II, do mesmo diploma legal. Sala das Sessões, 30 de novembro de 2012. Rel. Dr. Nilson Bélvio Camargo Pompeu – Presidente Dr. Edgar Francisco Nori.

ACÓRDÃO N. 1134

EMENTA: INFRAÇÃO DISCIPLINAR CONTIDA NO ART. 34, XV, DO EOAB. EXIGÊNCIA DE IMPUTAÇÃO DESAUTORIZADA DE FATO DEFINIDO COMO CRIME – ART. 244 DO CÓDIGO PENAL. DOLO. NECESSIDADE. A configuração do delito de abandono material (art. 244 do CP) exige a presença de dolo, não podendo ser confundido com mero inadimplemento no cumprimento da prestação alimentar. Para a caracterização da infração disciplinar, necessário que haja a imputação desautorizada de fato definido como crime. Não comete infração disciplinar o advogado que, em contestação, limita-se a transcrever os fatos repassados por seu cliente, em defesa deste e sem exagero, devidamente autorizado e o fato narrado não constitui crime. Absolvição decretada. Vistos, relatados e discutidos estes autos de Processo Disciplinar n. 10R0000712010, acordam os membros da Décima Turma Disciplinar do Tribunal de Ética e Disciplina, por unanimidade, em arquivar os autos, face à improcedência, nos termos do voto do relator. Sala das Sessões, 02 de setembro de 2011. Rel. Dr. Cristiano Biem Cunha Carvalho – Presidente Dr. Ailton José Gimenez.

1.16. Deixar de cumprir, no prazo estabelecido, determinação emanada do órgão ou autoridade da Ordem, em matéria da competência desta, depois de regularmente notificado

A determinação deve ser de caráter mandamental/ordem, como p. ex., a recusa de entrega da carteira da Ordem por advogado que tenha sido suspenso.

ACÓRDÃO N. 6066

EMENTA: DEIXAR DE CUMPRIR DETERMINAÇÃO EMENDA DO ÓRGÃO OU DA OAB. A conduta tipificada no inciso XVI, do art. 34, do EAOAB, em que se pune a falta de cumprimento emanada da OAB, deverá estar contida em notificação de caráter mandamental para obrigação de fazer, prevista em norma legal, com os seguintes requisitos: a) determinação de órgão ou autoridade da OAB; b) obrigação legal imputável ao advogado; c) notificação no prazo legal, que é sempre de 15 (quinze) dias para cumprimento, contados do último dia útil imediato ao da ciência. Vistos, relatados e discutidos estes autos de Processo Disciplinar n. 04R0026632009, acordam os membros da Quarta Turma Disciplinar do TED, por unanimidade, nos termos do voto do Relator, em desacolher a representação e determinar o arquivamento dos autos. Sala das Sessões, 17 de dezembro de 2010. Rel. Dr. Pedro Emílio May – Presidente de sala Dr. Tadeu Mendes Mafra.

Com o advento do Provimento n. 205/2021 que regulamenta a publicidade na advocacia, permitindo o marketing jurídico e a publicidade profissional, desde que as informações veiculadas sejam objetivas e verdadeiras, sendo de exclusiva responsabilidade das pessoas físicas identificadas e, quando envolver pessoa jurídica, dos sócios administradores da sociedade de advocacia que responderão pelos excessos perante a Ordem dos Advogados do Brasil. Dispõe, ainda, que tais pessoas, sempre que solicitado pelos órgãos competentes para a fiscalização da Ordem dos Advogados do Brasil, deverão comprovar a veracidade das informações veiculadas, sob pena de incidir na infração disciplinar prevista no art. 34, inciso XVI, do Estatuto da Advocacia e da OAB, entre outras eventualmente apuradas.

1.17. Prestar concurso a clientes ou a terceiros para realização de ato contrário à lei ou destinado a fraudá-la

Tal conduta atenta contra a dignidade da profissão, portanto, basta a participação do advogado na fraude ou ato ilícito. Assim, dispensar (prestar) concurso (ajuda, colaboração) a clientes ou terceiros para a realização de ato ilícito ou fraudulento, cometerá o advogado infração disciplinar. Só admite a modalidade dolosa. Cite-se como exemplo instruir a testemunha a mentir em juízo ou quando o advogado auxilia o cliente a falsificar documento ou quando elabora documento em folha assinada em branco.

ACÓRDÃO N. 596

EMENTA: ADVOGADOS. PRESTAR CONCURSO À CLIENTE PARA REALIZAÇÃO DE ATO DESTINADO A FRAUDAR A LEI. SIMULAÇÃO DE RECLAMAÇÃO TRABALHISTA. Não há provas da simulação de reclamação trabalhista para forjar acordo. Improcedente. Vistos, relatados e discutidos estes autos de Processo Disciplinar n. 20R0006022011, acordam os membros da Vigésima Turma Disciplinar do TED, por unanimidade, nos termos do voto do Relator, em julgar improcedente a representação e determinar o arquivamento dos autos. Determinaram ainda, por unanimidade, remessa de cópias reprográficas desta decisão ao Juízo oficiante, para medidas que julgar cabíveis. Sala das Sessões, 9 de agosto de 2013. Rel. Dr. Fernando Gandelman – Presidente Dr. Fabio Guedes Garcia da Silveira.

ACÓRDÃO N. 67

EMENTA: REPRESENTAÇÃO – ADVOGADO PRESTA AUXÍLIO A CLIENTE NA CONFECÇÃO DE DOCUMENTO QUE SABE FALSO PARA OBTER VANTAGEM ILÍCITA PARA SI E PARA O COAUTOR – Inteligência do art. 34, XVII, do EOAB. Representação Procedente. Pena de suspensão. O advogado como operador do direito não pode prestar concurso ao cliente ou a terceiro para realização de ato contrário à lei ou destinado a fraudá-la. Neste caso o Querelado juntamente com o coautor, seu cliente, utilizaram-se documento com a falsificação da assinatura do Juiz de Direito e do Escrevente do Cartório. Cometeram fraude, para "limpar" os seus nomes no SPC e no SERASA. Majoração da reprimenda em razão da reincidência. Vistos, relatados e examinados estes autos do Processo PD22R000257/2011 Assis/SP, acordam os membros da Vigésima Segunda Turma Disciplinar TED XXII da Ordem dos Advogados do Brasil, Seccional de São Paulo, por maioria de votos acolheram o voto do i. Relator que julgou procedente a representação e condenou o Representado por infração ao art. 34, inciso XVII, do EOAB, a pensa de suspensão de 6 (seis) meses, nos termos do art. 35, II, c.c. 37, I, II e, § 1º, do EOAB. Voto divergente do i. Relator Dr. Evandro Andruccioli Felix, que apresenta. Sala das sessões, 30 de março de 2012. Rel. Dr. Rubens Neres Santana – Rel. (voto divergente) Dr. Evandro Andruccioli Felix – Presidente Dr. Antonio Carlos Roselli.

1.18. Solicitar ou receber de constituinte qualquer importância para aplicação ilícita ou desonesta

Essa infração diz respeito à violação do princípio da probidade. O verbo do tipo disciplinar é misto, solicitar significa pedir e, receber é aceitar. Nesse sentido, assevera Paulo Lôbo[172] que "é suficiente para concretização do tipo que tenha havido solicitação nesse sentido, embora sem recebê-las", portanto, consuma-se a infração no momento em que o advogado solicita, recebe ou aceita qualquer importância para fins ilícitos ou desonesto. Cite-se, p. ex., a hipótese em que o advogado solicita do cliente valores para corromper Oficial de Justiça para que este não promova a citação ou a retarde; ou na hipótese em que o cliente entrega ao advogado (sem que este tenha solicitado) valores para corromper policial civil em investigação.

1.19. Receber valores, da parte contrária ou de terceiro, relacionados com o objeto do mandato, sem expressa autorização do constituinte

O tipo disciplinar é claro e diz respeito ao recebimento de valores relacionados ao mandato sem expressa autorização do cliente. Trata-se de verdadeira quebra da confiança. O verbo do tipo disciplinar é receber, ou seja, aceitar, sendo os demais elementos do tipo objetivo:

– aceitar sem expressa autorização de seu cliente;

– aceitar de quem? Da parte contrária ou de terceiro;

– aceitar valores (dinheiro) relacionados com o objeto do mandato.

Portanto, essa infração não se confunde com a do inciso VIII – estabelecer entendimento com a parte adversa sem autoriza do cliente ou ciência do advogado da parte contrária.

Trata-se de um *plus* à vedação de entendimento não autorizado que, segundo Paulo Lôbo[173] a infração existe mesmo que o advogado não tenha intenção de prejudicar seu cliente, ou que aja com intuito de beneficiá-lo.

---

(172) *Op. cit.*, 2013, p. 224.
(173) *Ibidem*, p. 225.

1.20. Locupletar-se, por qualquer forma, à custa do cliente ou da parte adversa, por si ou interposta pessoa

Locupletar-se significa enriquecer-se, é o benefício ou enriquecimento indevido do advogado. Portanto, só o elemento subjetivo do tipo disciplinar é o dolo específico. Paulo Lôbo[174] e Flavio Olímpio de Azevedo[175] citam várias hipóteses de locupletamento do advogado que

- obtém proveito desproporcional com os serviços prestados;
- quando cobra honorários abusivos, p. ex., 50% de honorários referente o resultado pecuniário de uma reclamação trabalhista;
- quando se apropria ou transfere para si, abusando do mandato, bens ou valores que seriam do cliente ou a ele destinados;
- quando recebe honorários para ingressar com a ação e não a promove sem dar explicações ao cliente.

1.21. Recusar-se, injustificadamente, a prestar contas ao cliente de quantias recebidas dele ou de terceiros por conta dele

O advogado deve atuar com lisura e transparência ao tratar de valores recebidos do cliente, portanto, é obrigado a prestar contas dos valores recebidos do cliente ou em favor deste.

Para exemplificar a questão, imagine a seguinte situação: O advogado A foi contratado por alguns herdeiros de Tício para representá-los em inventário judicial. Após dez anos, dá-se o trânsito em julgado da sentença que julgou a partilha, ocasião em que os clientes solicitam do advogado que apresentasse as contas dos valores que deles recebeu durante o período, referentes a custas e outras despesas processuais. Todavia, por não desejar perder tempo com a elaboração do documento, o advogado, que até então possuía conduta profissional irretocável, deixa de oferecer as contas requeridas.

Dessa forma, os gastos na condução do processo devem ser comprovados. Portanto, o advogado tem o dever legal e moral de prestar contas, entregando ao cliente as quantias que em nome dele recebeu, sob pena de incorrer no crime de apropriação indébita que se consuma quando o advogado se recusa a repassar o valor para o cliente.

Nesse sentido, o objetivo da prestação de contas é liquidar o relacionamento jurídico existente entre o cliente e o advogado no aspecto econômico.

Muitas vezes, as infrações dos incisos XX e XXI caminham juntas, como se vê das seguintes ementas do TEDSP:

---

[174] *Op. cit.*, 2013, p. 225.
[175] *Comentários ao Estatuto da Advocacia*, 2013, p. 196.

ACÓRDÃO N. 589

EMENTA: LOCUPLETAMENTO E FALTA DE PRESTAÇÃO DE CONTAS, INFRAÇÕES AOS INCISOS XX E XXI, DO ART. 34, DO EAOAB. COMETE AS INFRAÇÕES O ADVOGADO QUE DEIXA DE REPASSAR FRAÇÃO QUE NÃO LHE COMPETE E DEIXA DE PRESTAR CONTAS. Vistos, relatados e discutidos estes autos de Processo Disciplinar n. 20R0003572011, acordam os membros da Vigésima Turma Disciplinar do TED, por maioria de votos, nos termos do voto do Relator, em julgar procedente a representação e aplicar ao Representado a pena de suspensão do exercício profissional, pelo prazo de 60 (sessenta) dias, prorrogável até a efetiva prestação de contas, cumulada com multa no valor de 1 (uma) anuidade, por configuradas as infrações previstas nos incisos XX e XXI, do art. 34, do Estatuto da Advocacia e a OAB, Lei n. 8.906/1994, nos termos do art. 37, incisos I e II, §§ 1º e 2º, combinado com o art. 39, do mesmo diploma legal. Vencidos os votos dos 2º, 3º e 6º vogais, que divergiram tão somente quanto à aplicação de multa no valor de 1 (uma) anuidade. Sala das Sessões, 9 de agosto de 2013. Rel. Dr. Fernando Gandelman – Presidente Dr. Fabio Guedes Garcia da Silveira.

ACÓRDÃO N. 6884

EMENTA: HONORÁRIOS ADVOCATÍCIOS – RECEBIMENTO PRÉVIO – CONTRAPRESTAÇÃO INEXISTENTE – INÉRCIA – **AUSÊNCIA DE PRESTAÇÃO DE CONTAS** – REPRESENTAÇÃO PROCEDENTE. Advogado que recebe honorários, mas deixa de prestar os serviços e não presta contas ao cliente nem devolve os valores recebidos, incide nos tipos do art. 34, incisos XX e XXI, da Lei n. 8.906/1994. Vistos, relatados e discutidos estes autos de Processo Disciplinar n. 04R0005882011, acordam os membros da Quarta Turma Disciplinar do TED, por unanimidade, nos termos do voto do Relator, em julgar procedente a representação e aplicar ao Representado a pena de suspensão do exercício profissional, pelo prazo de 30 (trinta) dias, prorrogável até a efetiva prestação de contas, por violação ao art. 9º, do Código de Ética e Disciplina e configuradas as infrações previstas nos incisos XX e XXI, do art. 34, do Estatuto da Advocacia e a OAB, Lei n. 8.906/1994, nos termos do art. 37, inciso I, §§ 1º e 2º e 40, inciso II, do mesmo diploma legal. Sala das Sessões, 28 de junho de 2013. Rel. Dr. José Ricardo Biazzo Simon – Presidente de sala Dr. Wilame Carvalho Sillas.

ACÓRDÃO N. 462

EMENTA: Advogado (a) que deixa de prestar contas à cliente injustificadamente, retendo valores exclusivos do cliente, alegando compensação com honorários advocatícios não integralizados. Impossibilidade. Infração ética caracterizada e prevista no inciso XXI, do art. 34, do EAOAB. Pena de suspensão do exercício profissional, em todo o território nacional, por 30 (trinta) dias, bem como satisfazer integralmente a dívida, com correção monetária – art. 37, inciso I, §§ 1º e 2º, do EAOAB. Vistos, relatados e discutidos estes autos de Processo Disciplinar n. 20R0001802011, acordam os membros da Vigésima Turma Disciplinar do TED, por unanimidade, nos termos do voto do Relator, em julgar procedente a representação e aplicar à Representada a pena de suspensão do exercício profissional, pelo prazo de 30 (trinta) dias, prorrogável até a efetiva prestação de contas, por configurada a infração prevista no inciso XXI, do art. 34, do Estatuto da Advocacia e a OAB, Lei n. 8.906/1994, nos termos do art. 37, inciso I, §§ 1º e 2º, do mesmo diploma legal. Sala das Sessões, 19 de outubro de 2012. Rel. Dr. Marcelo Ferreira Vilar dos Santos – Presidente de sala Dr. Flavio Torresi Marcos.

1.22. *Reter, abusivamente, ou extraviar autos recebidos com vista ou em confiança*

Primeiramente, deve-se distinguir a retenção abusiva do extravio de autos. Vejamos:

> A retenção abusiva está relacionada à intenção de tirar proveito, ou seja, uma conduta positiva dolosa de causar prejuízo. Há, ainda, o crime previsto no art. 356 do Código Penal, que se configura pelo não atendimento de intimação da autoridade judicial para restituir os autos.

ACÓRDÃO N. 786

EMENTA: Representação por ofício de juízo. Retenção abusiva. Ausência de má-fé por parte do advogado da parte autora do processo que fez carga dos autos. Ausência de prejuízo para as partes. Improcedência e arquivamento do procedimento disciplinar. Vistos, relatados e discutidos estes autos de Processo Disciplinar n. 18R0001832010, acordam os membros da Décima Oitava Turma Disciplinar do Tribunal de Ética e Disciplina da Ordem dos Advogados do Brasil, Seção São Paulo, por unanimidade, nos termos do voto do Relator, em julgar improcedente a representação e determinar o arquivamento dos autos. Sala das Sessões, 30 de junho de 2017. (aa) Fábio Marcos Bernardes Trombetti – Presidente. Lincoln Biela de Souza Vale Junior – Relator.

ACÓRDÃO N. 416

EMENTA: Retenção de autos. Problema de saúde. Devolução dos autos antes do cumprimento do mandado de busca e apreensão. Ausência de má-fé e prejuízo. Improcedência da representação. Vistos, relatados e discutidos estes autos de Processo Disciplinar n. 18R0001362013, acordam os membros da Décima Oitava Turma Disciplinar do Tribunal de Ética e Disciplina da Ordem dos Advogados do Brasil, Seção São Paulo, por unanimidade, nos termos do voto do Relator, em julgar improcedente a representação e determinar o arquivamento dos autos. Sala das Sessões, 19 de dezembro de 2014. (aa) João Carlos Pannocchia – Presidente Lincoln Biela de Souza Vale Junior – Relator.

ACÓRDÃO N. 6796

EMENTA: RETENÇÃO ABUSIVA DE AUTOS – NÃO CONFIGURAÇÃO – Ainda que os autos tenham permanecido por certo lapso de tempo com a Representada, não houve demonstração de retenção abusiva com o propósito de tirar proveito processual ou mesmo prejudicar os interesses da parte contrária. Representação que se julga improcedente. Vistos, relatados e discutidos estes autos de Processo Disciplinar n. 04R0003222011, acordam os membros da Quarta Turma Disciplinar do TED, por unanimidade, nos termos do voto do Relator, em julgar improcedente e determinar o arquivamento dos autos. Sala das Sessões, 14 de dezembro de 2012. Rel. Dr. Marcello Della Mônica Silva – Presidente de sala Dr. Roberto Romagnani.

ACÓRDÃO N. 6843

EMENTA: RETENÇÃO ABUSIVA DE AUTOS. Advogada que permanece com o processo por 1 (um) ano e 4 (quatro) meses. Abusividade decorrente do longo lapso temporal. Prejuízo evidente à parte contrária e ao bom funcionamento da máquina judiciária. Desprestígio para a classe dos advogados. Infração ao art. 34, inciso XXII, do EAOAB e ao art. 2º, parágrafo único, incisos II e V, do CED. Aplicação, com fundamento no art. 37, inciso I, do EAOAB, da pena de suspensão do exercício profissional, pelo prazo de 30 (trinta) dias. Vistos, relatados e discutidos estes autos de Processo Disciplinar n. 04R0002442012, acordam os membros da Quarta Turma Disciplinar do TED, por unanimidade, nos termos do voto do Relator, em julgar procedente a representação e aplicar à Representada a pena de suspensão do exercício profissional, pelo prazo de 30 (trinta) dias, por violação ao art. 2º, parágrafo único, incisos II e V, do Código de Ética e Disciplina e configurada a infração prevista no inciso XXII, do art. 34, do Estatuto da Advocacia e a OAB, Lei n. 8.906/1994, nos termos do art. 37, inciso I e, § 1º, do mesmo diploma legal. Sala das Sessões, 26 de abril de 2013. Rel. Dr. Leopoldo Eduardo Loureiro – Presidente de sala Dr. Augustinho Aparecido de Oliveira.

Com relação ao extravio de autos, esse está relacionado com a culpa (negligência ou imprudência), vejamos:

ACÓRDÃO N. 6678

EMENTA: Extravio de autos retirados em carga. Localização em cartório de Vara contígua depois da instauração do procedimento disciplinar. Mau funcionamento da máquina judiciária. Improcedência da representação. Arquivamento. Vistos, relatados e discutidos estes autos de Processo Disciplinar n. 04R0003822011, acordam os membros da Quarta Turma Disciplinar do TED, por unanimidade, nos termos do voto do Relator, em julgar improcedente e determinar o arquivamento dos autos. Sala das Sessões, 31 de agosto de 2012. Rel. Dr. Antonio Miguel Aith Neto – Presidente de sala Dr. Celso Augusto Coccaro Filho.

ACÓRDÃO N. 752

EMENTA: REPRESENTAÇÃO. EXTRAVIO DE PROCESSO DISCIPLINAR PELA PARTE. NÃO RESTITUIÇÃO APÓS DIVERSOS CONTATOS SE COMPROMETENDO A FAZÊ-LO. Vistos, relatados e discutidos estes autos do processo disciplinar n. 680/2007, na 31ª Sessão de Julgamento, acordam os membros da 3ª Seção da Décima Sétima Turma Disciplinar, por maioria, nos termos do voto retificado da relatora, decidiram pela aplicação da pena de suspensão pelo prazo de 60 (sessenta) dias, por infração ao art. 34, incisos XVI, XXII e XV do EAOB e art. 58 do CED. Sala das Sessões, 20 de julho 2012. Rel. Dra. Ana Maria Melo Negrão – Presidente Dr. Marco Antonio Ruzene.

1.23. Deixar de pagar as contribuições, multas e preços de serviços devidos à OAB, depois de regularmente notificado a fazê-lo

O Tribunal de Ética e Disciplinar da Bahia no Processo Disciplinar n. 7427/02 nos esclarece com a Ementa:

> "**DÉBITO ANUIDADE**". Pratica infração disciplinar, sujeitando-se à pena de suspensão, o advogado inscrito que, notificado para pagar anuidade não o faz, no prazo de 15 (quinze) dias. Representação procedente. Pena de suspensão trinta dias. Sala das Sessões, 1/08/2007. Relator: Dr. Gonçalo Porto de Souza Neto – Presidente: Dr. João da Costa Pinto Dantas Neto."

Em julgamento do STF, no RE 647.885 de Repercussão Geral n. 732, o Supremo entendeu ser inconstitucional a OAB suspender advogado inadimplente, declarando, portanto, inconstitucionais os arts. 34, XXIII, e 37, § 2º, da Lei n. 8.906/1994, onde restou fixada a seguinte tese: "É inconstitucional a suspensão realizada por conselho de fiscalização profissional do exercício laboral de seus inscritos por inadimplência de anuidades, pois a medida consiste em sanção política em matéria tributária." Plenário, Sessão Virtual de 17.4.2020 a 24.4.2020. Portanto, o advogado não pode mais sofrer a pena de suspensão por inadimplência, pois a OAB tem meios de cobrar o advogado como se verá abaixo, isso não quer dizer que o advogado ficará impune, já que o art. 36, III do EOAB, prevê a sanção de censura por violação ao Estatuto da OAB, quando para a infração não se tenha estabelecido sanção mais grave, além da possibilidade de cumulação com multa, conforme art. 39 do EOAB.

A OAB necessita da receita obtida por meio de cobrança de contribuição dos seus inscritos. Constituindo título executivo extrajudicial a certidão passada pela diretoria do Conselho competente que poderá utilizar-se do processo de execução para a satisfação do débito.

Muito embora a natureza da OAB seja *sui generis*, pensamos ser possível a aplicação por analogia o art. 8º da Lei n. 12.514/2011, o qual dispõe que "os Conselhos não executarão judicialmente dívidas referentes a anuidades inferiores a 4 (quatro) vezes o valor cobrado anualmente da pessoa física ou jurídica inadimplente". Sendo importante salientar que o STJ em interpretação a respeito do referido assunto entendeu que "não se condiciona o aparelhamento da execução, pelo órgão de classe, à cobrança de certo número mínimo de anuidades, mas sim à circunstância de que o valor pleiteado corresponda a cifra não inferior à soma de quatro anuidades.", de acordo com o voto do relator Ministro Sérgio Kukina no REsp n. 1.425.329.

Portanto, é dever legal do advogado de pagar as contribuições (anuidade), multas (sanção) e preços de serviços devidos à entidade. Todavia, o prazo prescricional para cobrança desses débitos é de 5 (cinco) anos. Tendo o Conselho Federal já sumulado o tema por seu Órgão Especial na Súmula n. 6, *verbis*:

"Prescrição de anuidades. I – O prazo prescricional para cobrança de anuidades devidas à OAB é de 5 (cinco) anos, nos termos do, § 5º do art. 206 do Código Civil. II – O termo *a quo* para a contagem do prazo prescricional é o primeiro dia útil posterior ao vencimento da cota única fixada pela Seccional no correspondente exercício".

Por fim, em 2021 o Conselho Federal por meio do Órgão Especial do Conselho Pleno decidiu revogar a Súmula n. 6 e editar a Súmula n. 11/2021 com o seguinte enunciado, *verbis*:

"I. Ante a sua natureza jurídica estritamente privada, **o prazo prescricional para cobrança de anuidades devidas à OAB é de 5 (cinco) anos**, nos termos do § 5º do art. 206 do Código Civil. II. Em que pese o entendimento da OAB de que a Lei n. 12.514/2014 não se aplica à OAB por causa da sua natureza *sui generis* diante dos "Conselhos de Classe" regulados na referida lei, **enquanto persistir a jurisprudência atual do Superior Tribunal de Justiça – STJ** de que o art. 8º da citada lei é aplicável às cobranças judiciais de anuidades da OAB, **somente serão executadas judicialmente pelas Seccionais da OAB as dívidas equivalentes a no mínimo 4 (quatro) vezes o valor anual devido pelo advogado inadimplente.** III. O termo a quo para a contagem do prazo prescricional é o primeiro dia útil posterior à data em que se completarem 4 (quatro) anuidades não pagas (equiparando-se o pagamento parcial ao não pagamento). IV. É revogada a Súmula n. 06/2014/OEP."

1.24. Incidir em erros reiterados que evidenciem inépcia profissional

A inépcia profissional diz respeito a erros grosseiros de forma sucessiva, como os erros de direito decorrentes da falta de atualização profissional. Portanto, **o erro deve ser** crasso, **grosseiro e reiterado** de modo que denote o despreparo para o exercício da advocacia. Elemento subjetivo do tipo disciplinar é a culpa.

ACÓRDÃO N. 8200

EMENTA: INÉPCIA PROFISSIONAL – Não atendimento de determinação exarada em acórdão, proferida no sentido de que o advogado deve frequentar cursos de reciclagem profissional, sob pena de instalar-se de ofício processo que vise sua suspensão até que preste novas provas de habilitação – Caracterização da infração prevista no art. 34, XXIV, do Estatuto da OAB – Pena de suspensão da atividade profissional pelo prazo de 30 (trinta) dias – Prorrogação até que preste novas provas de habilitação, como previsto no, § 3º, I e II, do art. 37 do Estatuto da OAB. Vistos, relatados e discutidos estes autos de processo disciplinar n. 02R0000682010, acordam os membros da Segunda Turma Disciplinar do TED, por unanimidade, nos termos do voto da Relatora, em julgar procedente a representação e aplicar ao Representado a pena de suspensão do exercício profissional pelo prazo de 30 (trinta) dias, prorrogável até novas provas de habilitação, por configurada a infração prevista no inciso XXIV, do art. 34, do Estatuto da Advocacia e a OAB, Lei n. 8.906/1994, nos termos do art. 37, incisos I, II e, § 3º, do mesmo diploma legal. Sala das Sessões, 27 de março de 2013. Rel. Dra. Maria Cristina Lapenta – Presidente Dra. Maria Silvia Leite Silva de Lima.

ACÓRDÃO N. 6161

EMENTA: Devemos cuidar para que não seja banalizada a infração de inépcia profissional, que, por força legal, exige "erros reiterados", ou seja, erros contumazes que indicam a não satisfação mínima dos requisitos para o profissional exercer a nobre profissão. Representação improcedente. Vistos, relatados e discutidos estes autos de Processo Disciplinar n. 04R0001342009 (Antigo 309/2009), acordam os membros da Quarta Turma Disciplinar do TED, por maioria de votos, nos termos do voto do Revisor, em desacolher a representação e determinar o arquivamento dos autos. Sala das Sessões, 29 de abril de 2011. Rev. Dr. Roberto Romagnani – Presidente de sala Dr. Celso Augusto Coccaro Filho.

ACÓRDÃO N. 378

EMENTA: REPRESENTAÇÃO – ARQUIVAMENTO – não caracteriza a infração prevista no art. 34, inciso XXIV, do EAOAB, a prática reiterada de erros num mesmo processo, pois, para se chegar a conclusão de inépcia profissional, é imprescindível a análise do trabalho técnico desenvolvido numa amostragem mais ampla. Vistos, relatados e discutidos estes autos de Processo Disciplinar n. 20R0000052011, acordam os membros da Vigésima Turma Disciplinar do TED, por unanimidade, nos termos do voto do Relator, em julgar improcedente a representação e determinar o arquivamento dos autos. Sala das sessões, 22 de junho de 2012. Rel. Dr. Ricardo Durante Lopes – Presidente Dr. Fabio Guedes Garcia da Silveira.

ACÓRDÃO N. 775

EMENTA: Representação por ofício de Juízo. Alegação de inépcia profissional e prejuízo ao cliente decorrente de culpa grave. Inépcia profissional afastada na instauração do processo disciplinar. Culpa grave não comprovada pelo juízo oficiante. Improcedência e arquivamento do procedimento disciplinar. Vistos, relatados e discutidos estes autos de Processo Disciplinar n. 18R0001212015, acordam os membros da Décima Oitava Turma Disciplinar do Tribunal de Ética e Disciplina da Ordem dos Advogados do Brasil, Seção São Paulo, por unanimidade, nos termos do voto do Relator, em julgar improcedente a representação e determinar o arquivamento dos autos. Sala das Sessões, 26 de maio de 2017. (aa) Fábio Marcos Bernardes Trombetti – Presidente. Lincoln Biela de Souza Vale Junior – Relator.

1.25. *Manter conduta incompatível com a advocacia*

Conduta incompatível possui conceito indeterminado. Vale atentar-se para o verbo do tipo disciplinar – manter –, o que significa conservar e permanecer com conduta que não compatível com a advocacia, o que em nosso entendimento a infração configurar-se-á diante de uma conduta incompatível constante, p. ex., em grupos de redes sociais mediante ataques e ofensas a colegas e instituições.

Pontifica Paulo Lôbo[176] que "a conduta incompatível é toda aquela que se reflete prejudicialmente na reputação e na dignidade da advocacia", salientando que tal "conduta é aferível objetivamente, porque se remete a Standards de comportamento padrão ou médio, considerados valiosos pela comunidade profissional, em determinada época".

O EOAB faz menção às situações mais corriqueiras, tipificando-as no parágrafo único do art. 34, *verbis:*

> Parágrafo único. Inclui-se na conduta incompatível:
>
> a) prática reiterada de jogo de azar, não autorizado por lei;
>
> b) incontinência[177] pública e escandalosa;
>
> c) embriaguez ou toxicomania habituais.

Vejamos os acórdãos do TEDSP sobre o assunto:

ACÓRDÃO N. 374

EMENTA: Representação. Conduta incompatível não caracterizada. Ausência conduta comissiva ou omissiva dolosa prejudicial à reputação e dignidade da advocacia. Improcedência. Vistos, relatados e discutidos estes autos de Processo Disciplinar n. 02R0006812010, acordam os membros da Décima Oitava Turma Disciplinar do Tribunal de Ética e Disciplina da Ordem dos Advogados do Brasil, Seção São Paulo, por unanimidade, nos termos do voto do Relator, em julgar improcedente a representação. Determinaram ainda, por maioria de votos, o arquivamento dos autos, ante a ausência de provas. Vencido o voto do Relator Originário, tão somente, quanto à menção de Queixa Indevida. Sala das Sessões, 28 de novembro de 2014. (aa) João Carlos Pannocchia – Presidente Lincoln Biela de Souza Vale Junior – Relator.

ACÓRDÃO N. 8138

EMENTA: CONDUTA INCOMPATÍVEL COM A ADVOCACIA – AUSÊNCIA DE IDONEIDADE MORAL. O advogado que falsifica assinatura de cliente em procuração, cujos poderes não lhe foram outorgados, comete infração ética, pois sua atitude é absolutamente incompatível com o exercício da advocacia, comprometendo sua idoneidade moral, impondo-se a sanção de suspensão do exercício da profissão. Vistos, relatados e discutidos estes autos de Processo Disciplinar n. 02R0005792010, acordam os membros da Segunda Turma Disciplinar do TED, por unanimidade, nos termos do voto da Relatora, em julgar proceden-

---

(176) *Op. cit.,* 2013, p. 234.
(177) Falta de controle, de moderação em atos, palavras, sentimentos etc.; descomedimento, imoderação; intemperança.

te a representação e aplicar à Representada a pena de suspensão do exercício profissional pelo prazo de 30 (trinta) dias, por violação ao art. 6º, do Código de Ética e Disciplina, e configuradas as infrações previstas nos incisos X e XXV, do art. 34, do Estatuto da Advocacia e a OAB, Lei n. 8.906/1994, nos termos do art. 37, inciso I e, § 1º, do mesmo diploma legal, com recomendação. Sala das sessões, 31 de outubro de 2012. Rel. Dra. Maria Cristina Lapenta – Presidente de sala Dr. Galdino José Bicudo Pereira.

ACÓRDÃO N. 6515

EMENTA: Utilização de documento falso para fundamentar cobrança indevida de valores do cliente. Conduta incompatível com a advocacia. Incidência do art. 34, inciso XXV, do EAOAB. Representação procedente, para aplicar a suspensão do exercício profissional por 60 (sessenta) dias, além de determinar o envio imediato de cópias do procedimento para o Ministério Público, a fim de ser apurada a prática de crime, nos termos do art. 71 da Lei n. 8.906/1994. Vistos, relatados e discutidos estes autos de Processo Disciplinar n. 04R0014682009 (Antigo 3708/2008), acordam os membros da Quarta Turma Disciplinar do TED, por unanimidade, nos termos do voto do Relator, em acolher a representação e aplicar ao Representado a pena de suspensão do exercício profissional, pelo prazo de 60 (sessenta) dias, por configurada a infração prevista no inciso XXV, do art. 34, do Estatuto da Advocacia e a OAB, Lei n. 8.906/1994, nos termos do art. 37, incisos I e II, § 1º, do mesmo diploma legal. Determinaram, ainda, oficiar ao Ministério Público com cópias deste procedimento, para as providências cabíveis. Sala das sessões, 02 de março de 2012. Rel. Dr. César Augusto Alckmin Jacob – Presidente de sala Dr. Roberto Romagnani.

ACÓRDÃO N. 758

EMENTA: REPRESENTAÇÃO DISCIPLINAR – ARQUIVAMENTO – AUSÊNCIA DE PROVAS DE PREJUÍZOS AO SEU CLIENTE E AO PODER JUDICIÁRIO – Não cabe punição disciplinar contra advogado quando ausente nos autos provas concretas de que a demora na devolução dos autos judiciais no prazo legal tenha gerado prejuízos ao seu cliente ou ao Poder Judiciário, bem como retenção abusiva. ARQUIVAMENTO DA REPRESENTAÇÃO. Vistos, relatados e discutidos estes autos de Processo Disciplinar n. 18R0004752012, acordam os membros da Décima Oitava Turma Disciplinar do Tribunal de Ética e Disciplina da Ordem dos Advogados do Brasil, Seção São Paulo, por unanimidade, nos termos do voto do Relator, em julgar improcedente a representação e determinar o arquivamento dos autos. Sala das Sessões, 31 de março de 2017. (aa) Fábio Marcos Bernardes Trombetti – Presidente – Paulo César Dreer – Relator.

1.26. *Fazer falsa prova de qualquer dos requisitos para inscrição na OAB*

Os requisitos para a inscrição estão previstos no art. 8º do EOAB, sendo o mais comumente violado o caso de apresentação de diploma falso. Portanto, a falsa prova pode ser caracterizada pela omissão de impedimentos ou incompatibilidades, falsificação de documentos, ou, ainda, prestação de falsas declarações perante a OAB, relativa aos requisitos exigidos para a inscrição.

1.27. Tornar-se moralmente inidôneo para o exercício da advocacia

Inidôneo é aquele que deixa de ter uma boa reputação. A inidoneidade pode ser suscitada por qualquer pessoa e, nesse sentido, entendemos e defendemos por uma interpretação analógica, extensiva[178] e ampla das Súmulas ns. 9, 10 e 11 do Conselho Federal, aplicáveis para os casos de inscrição para os advogados inscritos. Portanto, a mulher vítima de violência por parte do advogado, bem como, os casos de violência praticada por advogado contra criança, adolescente, idosos, deficientes físicos ou mentais e pessoas LGBTI, qualquer pessoa poderá suscitar a inidoneidade do advogado por tais atos que deverá apreciada pelo Conselho Seccional competente, independentemente da instância criminal.

O Tribunal de Ética de São Paulo, ainda não enfrentou situação como acima descrita, mas já julgou sobre a inidoneidade no seguinte sentido:

ACÓRDÃO N. 2345

EMENTA: Advogado que é condenado, com decisões transitadas em julgado devidamente comprovadas, na esfera criminal estadual, por dois estelionatos (tendo como vítimas pessoas simples e de poucos recursos) e delito contra a União, se torna moralmente inidôneo para o exercício da advocacia. Não bastasse isso, o querelado ostenta o elevadíssimo número de 49 (quarenta e nove) expedientes disciplinares, dos quais 02 (dois) resultaram em condenações definitivas de suspensão, o que configura conduta incompatível com a advocacia. Representação procedente em relação ao art. 34, incisos XXV e XXVII, do EOAB. Pena de suspensão de 12 (doze) meses, mais o pagamento de 10 (dez) anuidades, por conta da apreciação de todas as circunstâncias (atenuantes e agravantes), nos moldes do art. 40, *caput*, Parágrafo único, alíneas *a* e *b*, do EOAB. Proposta, ainda, de exclusão do representado, a qual deve ser julgada pelo Conselho Seccional. Vistos, relatados e discutidos estes autos de Processo Disciplinar n. 05R0067282009 (4440/2006), acordam os membros da Quinta Turma Disciplinar do TED, por unanimidade, nos termos do voto do Relator, em julgar procedente a representação e aplicar ao Representado a pena de suspensão do exercício profissional pelo prazo de 12 (doze) meses, cumulada com multa no valor de 10 (dez) anuidades, por configurada a infração prevista no inciso XXV, do art. 34, do Estatuto, nos termos do art. 37, incisos I, II e, § 1º, combinado com os arts. 39 e 40, *caput*, parágrafo único, alíneas *a* e *b*, do mesmo

---

(178) O Código de Processo Penal admite, expressamente, a interpretação extensiva, pouco importando se para beneficiar ou prejudicar o réu, o mesmo valendo no tocante à analogia. Pode-se, pois, concluir que, admitido o mais – que é a analogia –, cabe também a aplicação da interpretação analógica, que é o menos. *Interpretação* é o processo lógico para estabelecer o sentido e a vontade da lei. A interpretação extensiva é a ampliação do conteúdo da lei, efetivada pelo aplicador do direito, quando a norma disse menos do que deveria. Guilherme Nucci, Disponível em: <http://www.guilhermenucci.com.br/dicas/interpretacao-extensiva-interpretacao-analogica-e-analogia-no-processo-penal>. Acesso em: 29 mar. 2020.

diploma legal. Determinaram, ainda, a instauração de procedimento *ex officio*, para os fins do disposto no art. 38, inciso II, do Estatuto. Sala das Sessões, 31 de julho de 2012. Rel. *"ad hoc"* Dra. Renata Soltanovitch – Presidente de sala Dr. Francisco Dantas Correia Lima.

1.28. *Praticar crime infamante*

Crime infamante, como já foi visto, é aquele que causa uma repulsa por parte da classe profissional. É aquele que acarreta ao seu autor desonra, indignidade e má-fama, como p. ex., o crime de estelionato, de falsificação documental, apropriação indébita etc.. Como se vê dos acórdãos abaixo:

ACÓRDÃO N. 414

EMENTA: Crime Infamante. Corrupção ativa. Ausência de prova de autoria e materialidade. Improcedência da representação. Vistos, relatados e discutidos estes autos de Processo Disciplinar n. 18R0003332012, acordam os membros da Décima Oitava Turma Disciplinar do Tribunal de Ética e Disciplina da Ordem dos Advogados do Brasil, Seção São Paulo, por unanimidade, nos termos do voto do Relator, em julgar improcedente a representação e determinar o arquivamento dos autos. Sala das Sessões, 19 de dezembro de 2014. (aa) João Carlos Pannocchia – Presidente Lincoln Biela de Souza Vale Junior – Relator.

ACÓRDÃO N. 171

EMENTA: ADVOGADO CONDENADO EM AÇÃO PENAL. TRÁFICO DE SUBSTÂNCIA ENTORPECENTE. DECISÃO TRANSITADA EM JULGADO. CRIME INFAMANTE. INFRAÇÃO DISCIPLINAR GRAVÍSSIMA. EAOAB, ART. 34, INCISOS XXVII e XXVIII. PENA DE EXCLUSÃO. COMPETÊNCIA DO CONSELHO SECIONAL PARA JULGAMENTO. INSTRUÇÃO PELA TURMA DE ÉTICA E DISCIPLINA. A condenação do Advogado por crime de tráfico de entorpecentes, com decisão transitada em julgado, em face da altíssima reprovabilidade da conduta carreta, em tese, o cometimento das infrações disciplinares tipificadas nos incisos XXVII e XXVIII do art. 34 do EAOAB, porque caracteriza crime infamante e implica na perda da idoneidade para o exercício da Advocacia. A pena aplicável é a exclusão (EAOAB, art. 38, II); A competência para julgamento é do Conselho Secional pleno (EAOAB, art. 38, parágrafo único). A competência para a instrução do Processo Disciplinar é do Tribunal de Ética e Disciplina, através de suas Turmas (Regimento Interno da OAB-SP, art. 36, II). Vistos, relatados e examinados estes autos do Processo Disciplinar 21R0000942011, acordam os Membros da Vigésima Primeira Turma Disciplinar – TED XXI – da Ordem dos Advogados do Brasil, Seccional de São Paulo, por unanimidade, em promover a complementação da instrução do presente Feito, em face da nova tipificação reconhecida, e, após, remeter os autos ao Egrégio Conselho Secional para julgamento. Sala das sessões, 29 de junho de 2012. Rel. Dr. Fabiano Sanches Bigelli – Rel. (voto vista) Dr. Mario Sérgio Caputi de Silos – Presidente Dr. João Carlos Rizolli.

1.29. Praticar, o estagiário, ato excedente de sua habilitação

O estagiário está habilitado para praticar isoladamente os atos previstos no art. 29 do Regulamento Geral, ou seja, fazer carga, requerer certidão e assinar petição de juntada. Portanto, qualquer ato praticado pelo estagiário, isoladamente, que não se enquadre no rol do artigo mencionado, configurará infração disciplinar, punível com a sanção de censura.

ACÓRDÃO N. 6513

EMENTA: Estagiário que apresenta como advogado, praticando atos excedentes de sua habilitação. Infração tipificada no inciso XXIX, do art. 34, do EAOAB. Primaridade. Pena de censura convertida em advertência, sem registro nos assentamentos. Vistos, relatados e discutidos estes autos de Processo Disciplinar n. 04R0003192009 (Antigo 2518/2008), acordam os membros da Quarta Turma Disciplinar do TED, por maioria de votos, nos termos do voto do Relator, em acolher a representação e aplicar ao Representado a pena de censura convertida em advertência, em ofício reservado, sem registro nos assentamentos do inscrito, por configurada a infração prevista no inciso XXIX, do art. 34 do Estatuto da Advocacia e a OAB, Lei n. 8.906/1994, nos termos do art. 36, inciso I e parágrafo único, do mesmo diploma legal. Sala das sessões, 02 de março de 2012. Rel. Dr. Antonio Miguel Aith Neto – Presidente de sala Dr. Roberto Romagnani.

ACÓRDÃO N. 6862

EMENTA: Tanto pelos fatos e provas fixados quanto pelo entendimento do Conselho Federal da Ordem dos Advogados do Brasil, **inexiste responsabilidade do Estagiário por carga abusiva.** Ausência de previsão legal. Consoante determinado pelo Órgão Especial do Conselho Pleno do Conselho Federal da Ordem dos Advogados do Brasil e pela jurisprudência de mais de década do Conselho Federal da Ordem dos Advogados do Brasil, para caracterizar a retenção abusiva na esfera ético-disciplinar prevista no inciso XXII, do art. 34 da Lei n. 8.906/1994, é necessário que o mandado de busca e apreensão tenha sido (i) expedido, (ii) cumprido e (iii) o Advogado não tenha restituído no prazo nele estabelecido, além de (iv) má-fé, com desiderato de prejudicar terceiros. Todos os requisitos devem estar presentes conjuntamente. Dos fatos e das provas fixados no Caso "*In Concreto*" não se verificam os requisitos "(ii)", "(iii)" e "(iv)". Processo Disciplinar Administrativo Improcedente. Arquivamento. Vistos, relatados e discutidos estes autos de Processo Disciplinar n. 04R0002232011, acordam os membros da Quarta Turma Disciplinar do TED, por unanimidade, nos termos do voto do Relator, em julgar improcedente em face do Representado (...) e determinar o arquivamento dos autos. Determinaram ainda, a exclusão do polo passivo em face da Representada (...). Sala das Sessões, 24 de maio de 2013. Rel. Dr. André Milchteim – Presidente de sala Dr. Tadeu Mendes Mafra.

ACÓRDÃO N. 195/2012

EMENTA: Estagiário – Prática de atos que excedem a sua habilitação – Acompanhamento de lavratura de auto de prisão em flagrante – Alegação de existência de expressa autorização do advogado responsável não comprovada –Tipificação da infração descrita no art. 34, XXIX, do EAOB – Aplicação da pena de censura, convertida em ofício reservado e sem registro nos assentamentos da representada ante a ausência de punição disciplinar anterior. Vistos, relatados e examinados estes autos do processo Disciplinar 09R0001592012, acordam os membros da NONA TURMA do TED, julgar pela procedência da representação, aplicando a pena de censura, convertida em advertência em ofício reservado. Por votação unânime. Sala das Sessões, 23 de novembro de 2012. Rel. Dr. José Marcio Martins – Presidente de sala Dr. Antonio Carlos Peres Arjona.

ACÓRDÃO N. 1105

EMENTA: ESTAGIÁRIO. INIDONEIDADE MORAL. Importa inidoneidade moral a conduta comprovadamente ilegal e a prática reiterada imputável à estagiária com inscrição cancelada, que falsifica o documento de identidade profissional, fazendo-se passar por advogado. Irrelevante sua reabilitação criminal, porque as instâncias judicial e administrativa não se confundem, o que impede sua inscrição no quadro de advogados (Cf., § 2º do art. 20 do Regulamento Geral). Em caso de pedido de reinscrição, a requerente deverá requerer a sua reabilitação disciplinar perante o Conselho competente. Vistos, relatados e discutidos estes autos de Processo Disciplinar n. 206/09, acordam os membros da Décima Turma Disciplinar do Tribunal de Ética e Disciplina, por unanimidade em arquivar os autos, nos termos do voto do relator. Sala das Sessões, 27 de maio de 2011. Rel. Dr. Murillo Canellas – Presidente Dr. Ailton José Gimenez.

ACÓRDÃO N. 774

EMENTA: REPRESENTAÇÃO DE OFÍCIO DA JUSTIÇA DO TRABALHO. PREPOSTO E ESTAGIÁRIO INSCRITO NA OAB. PRÁTICA DE ATOS PRIVATIVOS DE ADVOGADO. *JUS POSTULANDI* **NA JUSTIÇA DO TRABALHO. REPRESENTAÇÃO IMPROCEDENTE.** ARQUIVAMENTO. Vistos, relatados e discutidos estes autos de Processo Disciplinar n. 18017R0000072015, acordam os membros da Décima Oitava Turma Disciplinar do Tribunal de Ética e Disciplina da Ordem dos Advogados do Brasil, Seção São Paulo, por unanimidade, nos termos do voto do Relator, em julgar improcedente a representação e determinar o arquivamento dos autos. Sala das Sessões, 26 de maio de 2017. (aa) Fábio Marcos Bernardes Trombetti – Presidente – Lincoln Biela de Souza Vale Junior – Relator.

CAPÍTULO XIII

Sanções Disciplinares

1. ESPÉCIES

a) Censura;

b) Suspensão;

c) Exclusão;

d) Multa.

Como técnica de estudo e memorização, resolvemos inverter as sanções partindo da mais grave para a mais branda, ou seja, da exclusão para a censura.

2. EXCLUSÃO

Para melhor compreender o assunto, imagine a seguinte situação hipotética onde ao requerer sua inscrição nos quadros da OAB, o advogado Tício assinou e apresentou declaração em que afirmava não exercer cargo incompatível com a advocacia. No entanto, exercia ele ainda o cargo de Escreve Judicial do TJSP. Tempos depois, já bem-sucedido como advogado, pediu exoneração do referido cargo. No entanto, um desafeto seu, tendo descoberto que Tício, ao ingressar nos quadros da OAB, ainda exerce o cargo de escrevente judicial, comunicou o fato à entidade, que abriu processo disciplinar para apuração da conduta do advogado, tendo ele sido punido por ter feito falsa prova de um dos requisitos para a inscrição na OAB.

Aplica-se a sanção de exclusão, de acordo com o art. 38 do Estatuto, no caso de aplicação de suspensão por três vezes; fazer falsa prova de qualquer dos requisitos para inscrição na OAB; tornar-se moralmente inidôneo[179] para o exercício da advocacia; praticar crime infamante[180].

---

(179) São comportamentos que contaminarão necessariamente a atividade do profissional em desprestígio da advocacia; ou a demissão do servidor a bem do serviço público (Paulo Lôbo, 2007, p. 99).
"Inscrição. Idoneidade moral. A demissão do serviço público ocasionada por apropriação de dinheiro pertencente ao erário caracteriza a inidoneidade prevista no art. 8, VI, do Estatuto, mesmo que tenha havido posterior devolução. Decisão da Seccional mantida. Inscrição indeferida". (Proc. 4.602/94/PC, Rel. Cléa Anna Maria Carpi da Rocha, j. 13.02.1995, v.u., DJ 16.02.1995, p. 2.741).
(180) Crime infamante é aquele que atinge a reputação de toda uma classe profissional, que causa repúdio na comunidade social.

Para memorizar, lembre-se da seguinte fórmula:

F – falsa prova;

I – inidoneidade moral;

C – crime infamante;

3s – três suspensões;

+ 2/3 – aprovação de 2/3 dos membros do Conselho.

FIC3s + 2/3 = EXCLUSÃO

Note-se que a inidoneidade moral, suscitada por qualquer pessoa, deve ser declarada mediante decisão que obtenha no mínimo dois terços dos votos de todos os membros do conselho competente, em procedimento que observe os termos do processo disciplinar. Desta forma, para a aplicação da sanção disciplinar de exclusão (pena máxima) é necessária a manifestação favorável de dois terços dos membros do Conselho Seccional competente.

O Órgão Especial do Conselho Federal editou a Súmula n. 7, de 6 de junho de 2016, que trata do processo de exclusão do advogado dos quadros da OAB, *verbis*:

"Processo de exclusão – instrução e julgamento. Compete exclusivamente ao Conselho Seccional a instrução e julgamento dos processos de exclusão, mediante a necessária manifestação favorável de dois terços dos seus membros (art. 38, parágrafo único, Lei n. 8.906/94)."

3. SUSPENSÃO

Infelizmente é comum a situação que de casos como o que abaixo descreveremos.

Determinado advogado, valendo-se dos poderes para receber, que lhe foram outorgados pelo autor de certa demanda, promove o levantamento da quantia depositada pelo réu e não presta contas ao seu cliente, apropriando-se dos valores recebidos.

A sanção de suspensão é aplicada nos casos de reincidência; prestar concurso a clientes ou a terceiros para realização de ato contrário à lei ou destinado a fraudá-la (art. 34, XVII); solicitar ou receber de constituinte qualquer importância para aplicação ilícita ou desonesta (art. 34, XVIII); receber valores, da parte contrária ou de terceiros, relacionados com o objeto do mandato, sem expressa autorização do constituinte (art. 34, XIX); locupletar-se, por qualquer forma, à custa do cliente ou da parte adversa, por si ou interposta pessoa (art. 34, XX); recusar-se, injustificadamente, a prestar contas ao cliente de quantias recebidas dele ou de terceiros por conta dele (art. 34, XXI); reter, abusivamente, ou extraviar autos recebidos com vista ou em confiança (art. 34, XXII); deixar de pagar as contribuições, multas e preços de serviços devidos à OAB, depois de regularmente notificado a fazê-lo (art. 34, XXIII)[181]; incidir em erros reiterados que evidenciem inépcia profissional (art. 34, XXIV); manter conduta incompatível[182] com a advocacia (art. 34, XXV).

Para memorizar, lembre-se da seguinte fórmula:

Reincidência;

F – Fraudar lei (art. 34, XVII);

R – Reter ou extraviar autos (art. 34, XXII);

I – Inépcia profissional (art. 34, XXIV);

C – Conduta incompatível (art. 34, XXV)

$ – Infrações que estejam relacionadas a valores, quantias, importâncias, enfim, dinheiro (art. 34, XVIII, XIX, XX, XXI e XXIII).

FRIC$ ou reincidência = SUSPENSÃO

A suspensão acarreta ao infrator a interdição do exercício profissional, em todo o território nacional, pelo prazo de trinta dias a doze meses, de acordo com os critérios de individualização. Sendo certo que nas hipóteses do advogado recusar-se, injustificadamente, a prestar contas (art. 34, XXI) ou deixar de pagar as contribuições, multas e preços devidos à OAB depois de notificado a pagar (art. 34, III), a suspensão perdurará até que satisfaça a obrigação, inclusive com correção monetária. No caso de inépcia profissional, ou seja, na prática de erros grosseiros de técnica jurídica ou de linguagem, a suspensão perdurará até que o advogado seja aprovado em exames de habilitação, envolvendo técnica jurídica e linguagem, nos termos do art. 37, § 3º, do EOAB.

Desta forma, o advogado suspenso ficará impossibilitado de praticar os atos privativos da advocacia, devendo substabelecer os poderes, sendo certo que os atos praticados pelo advogado suspenso são eivados de nulidade nos termos do EOAB, art. 4º.

"Advogado suspenso. Impossibilidade de praticar quaisquer atos privativos de advogado. Obrigação de substabelecer e de entregar sua carteira à OAB. Remu-

---

(181) Foi julgada inconstitucional pelo STF, no RE 647.885 de Repercussão Geral 732
(182) Inclui-se na conduta incompatível:
a) prática reiterada de jogo de azar, não autorizado por lei;
b) incontinência pública e escandalosa;
c) embriaguez ou toxicomania habituais.

neração de advogado suspenso pela mera indicação de causas, nas quais não pode atuar. Impossibilidade por fatos ou causas surgidas no curso da sanção administrativa. Possibilidade apenas de recebimento dos honorários devidos pelo trabalho feito antes da suspensão. Infração ética tanto do advogado suspenso como do advogado que o remunera pela indicação. Mercantilização da profissão e indevida captação de clientela. O advogado suspenso não pode praticar atos privativos de advogado, sob pena de nulidade dos atos e nova infração ética. Também não pode perceber honorários pelas causas que indicar a outro colega, legalmente habilitado. Ressalve-se o direito do advogado suspenso de perceber os honorários proporcionais pelos serviços prestados antes da suspensão e após finda a sanção. Comete infração ética o advogado que é indicado por colega suspenso para determinadas causas, mediante repasse a esse último de percentual dos honorários respectivos. Inteligência do art. 34, inciso I, do EOAB e dos arts. 5° e 7° do CED". (TED/SP Proc. E-3.018/2004 – v.u., em 19.08.2004, do parecer e ementa do Rel. Dr. Fábio Ramacciotti, Rev. Dr. Osmar de Paula Conceição Júnior, Presidente Dr. João Teixeira Grande).

3.1. *Da suspensão preventiva*

Dispõe o, § 3° do art. 70 do EOAB que o Tribunal de Ética e Disciplina do Conselho onde o acusado tenha inscrição principal pode suspendê-lo preventivamente, *em caso de repercussão prejudicial à dignidade da advocacia*, depois de ouvi-lo em sessão especial para a qual deve ser notificado a comparecer. Portanto, esta tem caráter cautelar.

Para tanto, é facultado ao representado ou ao seu defensor a apresentação de defesa, a produção de prova, bem como a sustentação oral, restritas, todavia, à questão do cabimento ou não da suspensão preventiva (CED, art. 63). Cabe recurso desta decisão, porém, apenas no efeito devolutivo (EOAB, art. 77).

Nesse caso, o processo disciplinar deve ser concluído no prazo máximo de noventa dias.

Trata-se de medida excepcional, vejamos:

ACÓRDÃO N. 807

EMENTA: SUSPENSÃO PREVENTIVA. MEDIDA DE NATUREZA CAUTELAR. PROVA PRECÁRIA NÃO PODE GERAR PUNIÇÃO. DESACOLHIMENTO. 1. A SUSPENSÃO PREVENTIVA, MEDIDA DE NATUREZA CAUTELAR E PROVISÓRIA, DEVE SER APLICADA SOMENTE EM CASOS EXCEPCIONAIS. 2. AO LADO DA PRESUNÇÃO DE INOCÊNCIA, O PRINCÍPIO DO *IN DUBIO PRO REO* PRESSUPÕE A ATRIBUIÇÃO DA CARGA PROBATÓRIA AO ACUSADOR, E FORTALECE A REGRA FUNDAMENTAL DO PROCESSO PENAL PÁTRIO DE NÃO CONDENAR O RÉU SEM QUE SUA RESPONSABILIDADE TENHA SIDO SUFICIENTEMENTE DEMONSTRADA. SE PARA CONDENAR É PRECISO CERTEZA, EXISTINDO ELEMENTOS DUVIDOSOS, INVIÁVEL A CONDENAÇÃO. 3. ABSOLVIÇÃO DECRETADA. Vistos, relatados e discutidos estes autos de Processo Disciplinar n. 13R0000502012, acordam os membros da Décima Terceira Turma Disciplinar do Tribunal de Ética e Disciplina – Ribeirão Preto, Preto, por unanimidade, nos termos do voto do relator, em julgar improcedente a Suspensão Preventiva, determinando o arquivamento dos autos. Sala das sessões, 27 de abril de 2012. Rel. Dr. Alexandre Pasquali Parise – Presidente Dr. Luiz Gastão de Oliveira Rocha.

4. CENSURA

Todo ilícito administrativo que não for passível de punição de exclusão ou suspensão, será, então, passível de censura, tais como, advocacia irregular; sociedade irregular; agenciar causas; angariar ou capturar causas; assinar escrito de que não participou; advocacia contra a lei; violação de sigilo profissional; entendimento, sem autorização, com a parte contrária; prejuízo a interesse patrocinado; nulidade consciente; abandono de causa; recusar-se à assistência jurídica; uso irregular da imprensa; deturpar transcrição; imputação desautorizada de crime; descumprir determinação da OAB; abuso da condição de estagiário, isto é, tudo aquilo previsto no EOAB, art. 34, I ao XVI e XXIX e art. 36, bem como violação à norma do Código de Ética.

A censura pode ser convertida em advertência, em ofício reservado, sem registro nos assentamentos do inscrito, quando presente circunstância atenuante[183]. Portanto, à censura não se dá publicidade da aplicação da sanção como no caso da suspensão e exclusão, posto que essas últimas geram a interdição a proibição temporária ou definitiva de exercer a advocacia, portanto, de interesse social saber quem pode ou não pode advogar.

Não há fórmula para memorizar as hipóteses de censura, todavia, vale reproduzir o art. 36, *verbis*:

Art. 36. A censura é aplicável nos casos de:

I – infrações definidas nos incisos I a XVI e XXIX do art. 34;

II – violação a preceito do Código de Ética e Disciplina;

III – violação a preceito desta Lei, quando para a infração não se tenha estabelecido sanção mais grave.

---

(183) I – falta cometida na defesa de prerrogativa profissional;

II – ausência de punição disciplinar anterior;

III – exercício assíduo e proficiente de mandato ou cargo em qualquer órgão da OAB;

IV – prestação de relevantes serviços à advocacia ou à causa pública.

Parágrafo único. Os antecedentes profissionais do inscrito, as atenuantes, o grau de culpa por ele revelada, as circunstâncias e as consequências da infração são considerados para o fim de decidir:

a) sobre a conveniência da aplicação cumulativa da multa e de outra sanção disciplinar;

b) sobre o tempo de suspensão e o valor da multa aplicáveis.

4.1. Termo de Ajustamento de Conduta – TAC

Importante atentar-se para o disposto no art. 58-A do Código de Ética e Disciplina, inserido pela Resolução n. 04/2020 do Conselho Federal da OAB, ao dispor que:

> "Art. 58-A. Nos casos de infração ético-disciplinar punível com censura, será admissível a celebração de termo de ajustamento de conduta, se o fato apurado não tiver gerado repercussão negativa à advocacia.
>
> Parágrafo único. O termo de ajustamento de conduta previsto neste artigo será regulamentado em provimento do Conselho Federal da OAB".

4.2. Provimento n. 200/2020 que regulamenta a celebração de TAC

Trata-se de uma novidade na seara disciplinar, possibilitando aos advogados que violam as normas de publicidade do CED, bem como, às infrações puníveis com a sanção de censura prevista no art. 36 do EOAB, a possibilidade de celebração de Termo de Ajustamento de Conduta – TAC – sendo passível de celebrá-lo, tanto aos processos disciplinares em andamento, quanto aos que estiverem em grau de recurso superior aos TEDs.

Nos termos do art. 2º do referido Provimento, somente será permitida a formalização do TAC se o inscrito, advogado ou estagiário, não tiver contra si condenação disciplinar transitada em julgado, salvo obviamente, se reabilitado. Além disso, não terá cabimento o TAC se ao advogado ou estagiário for imputada a prática de mais de uma infração ético-disciplinar ou que a conduta que caracteriza a violação simultânea de outros dispositivos do EOAB, p. ex., a violação das regras e publicidade e inciso XX do art. 34 do EOAB.

A preparação do TAC se dar de ofício ou a requerimento do interessado, devendo conter os requisitos do art. 3º do Provimento n. 200/2020:

I – qualificação do advogado ou do estagiário;

II – descrição da conduta imputada, com informação da data da ocorrência e do meio utilizado;

III – certidão de regular inscrição na OAB e certidão negativa ou positiva sobre a existência de punições anteriores transitadas em julgado;

IV – a capitulação da infração correspondente;

V – os termos do ajustamento de conduta a ser celebrado.

O advogado, notificado para manifestar seu interesse em aderir o TAC, deve fazê-lo no prazo de 15 dias e na hipótese de silenciar-se, presume-se a recusa em aderir.

No âmbito do Conselho Federal, o TAC será celebrado pelo relator do processo, com a posterior homologação da Turma da Segunda Câmara. Já no caso de competência do Conselho Seccional, o TAC será celebrado conforme o disposto em seu regimento. Sendo vedada a celebração de TAC por advogado ou estagiário já beneficiado com o instituto nos 03 (três) anos anteriores à conduta a ser apurada (Prov. n. 200/20, art. 4º, § 2º).

Seguindo a ideologia da Lei n. 9.099/95 referente ao JECRIM, segundo o art. 4º do Provimento n. 200/2020, a celebração do TAC implicará na suspensão condicional do procedimento ou processo ético-disciplinar instaurado, pelo prazo de 3 (três) anos, após o qual será arquivado definitivamente, sem anotações nos assentos profissionais.

Note-se que para a celebração do TAC, o advogado ou estagiário, se obrigará a cessar a conduta que objeto do TAC, a reparar o dano eventualmente causado, fazer cessar os efeitos da infração (quando for o caso) e a abster-se de praticar a mesma conduta no prazo estipulado no termo de ajustamento de conduta. E, uma vez descumprido os termos do ajustamento de conduta, esse perderá seus efeitos e o processo disciplinar retomará seu trâmite, não podendo ser alegada a prescrição em decorrência da suspensão condicional do processo, mas que ao final, se condenado o advogado, o será com a sanção de censura.

Com a devida vênia, o advogado que violar os termos do TAC, demonstra seu descaso com as normais ético-morais da OAB, visando apenas e tão somente o resultado que almeja, ou seja, o que lhe traga um resultado conveniente custe o que custar. Por tal razão, temos que a perda do benefício previsto no, § 3º do art. 4º do Provimento é muito brando! Dever-se-ia, instaurar-se um novo procedimento disciplinar por essa afronta.

Compete aos TED acompanhar o cumprimento dos TACs celebrados no âmbito dos Conselhos Seccionais e, ao Presidente da Turma da 2ª Câmara, no âmbito do Conselho Federal

5. MULTA

A multa é uma sanção disciplinar que se aplica cumulativamente com as sanções de censura ou suspensão, no caso de existência de circunstâncias agravantes, sendo que seu valor é variável entre um a dez vezes o valor da anuidade fixada pelo Conselho Seccional onde o infrator estiver inscrito (EOAB, art. 39).

6. DAS ATENUANTES

O art. 40 do EOAB prevê alguns critérios a serem observados quando da aplicação da sanção disciplinar para fins de atenuação da pena, são eles:

- Falta cometida na defesa de prerrogativa profissional;

- Primariedade;
- Exercício assíduo e proficiente de mandato ou cargo em qualquer órgão da OAB;
- Prestação de relevantes serviços à advocacia ou à causa pública.

Note-se que o parágrafo único complementa os incisos do art. 40. Desta feita, o legislador fornece ao julgador do processo administrativo disciplinar critérios que irão refletir na mensuração da sanção.

7. *DA REABILITAÇÃO E REVISÃO*

Se a infração se der somente no âmbito administrativo, é permitido ao condenado, seja qual for a sanção disciplinar, requerer 1 (um) ano após seu cumprimento, a reabilitação, em face de provas efetivas de bom comportamento, seguindo o processo de reabilitação trâmites assemelhados ao do processo disciplinar, porém com objetivos inversos, qual seja: a demonstração de que há condições morais para tanto.

Entretanto, conforme ressalva o parágrafo único do art. 41, quando a sanção disciplinar resultar da prática de crime, o pedido de reabilitação depende também da correspondente reabilitação criminal que nos termos do CP, art. 94 "poderá ser requerida, decorridos 2 (dois) anos do dia em que for extinta, de qualquer modo, a pena ou terminar sua execução, computando-se o período de prova da suspensão e o do livramento condicional, se não sobrevier revogação (...)". Neste último caso, não haverá necessidade de outras provas de bom comportamento no âmbito administrativo, porque todas já foram apreciadas no processo judicial criminal[184].

Assim, considerado o caso de Pedro, advogado regularmente inscrito nos quadros da OAB, após regular processo administrativo disciplinar, é apenado com a sanção de exclusão por ter sido condenado pela prática de crimes contra o patrimônio, tendo a decisão judicial transitada em julgado. Após cumprir a pena e tendo sido a mesma julgada extinta pelo Juízo competente, apresenta requerimento de retorno à OAB. Nesse caso, Pedro primeiro deverá promover a reabilitação criminal e depois a administrativa com a comprovação da idoneidade, nos termos do que dispõe o EOAB, art. 41 c/c o art. 11, §§ 3º e 8º.

O TED/OAB/SP quanto ao pedido de reabilitação assim se orienta:

ACÓRDÃO N. 472

EMENTA: REABILITAÇÃO PROFISSIONAL. ART. 41, DO EAOAB. UMA VEZ PREENCHIDOS OS REQUISITOS OBJETIVOS, DO LAPSO TEMPORAL E DO BOM COMPORTAMENTO, ESTE AUFERIDO PELA AUSÊNCIA DE OU-

---

(184) LÔBO, Paulo. *Op. cit.*, p. 241.

TRAS DENÚNCIAS OU PROCESSOS DISCIPLINARES DESDE AQUELE QUE ENSEJOU A PUNIÇÃO, A REABILITAÇÃO MERECE SER DEFERIDA. REABILITAÇÃO PROCEDENTE. Vistos, relatados e discutidos estes autos de Processo Disciplinar n. 2.090/1992, acordam os membros da Vigésima Turma Disciplinar do TED, nos termos do voto do Relator, em acolher o Pedido de Reabilitação interposto pelo Representado, por preencher os requisitos dispostos no art. 41, do Estatuto da Advocacia e a OAB, cancelando-se de seu prontuário a anotação da sanção proferida nestes autos. Sala das Sessões, 23 de novembro de 2012. Rel. Dr. Aarão Miranda da Silva – Presidente Dr. Fabio Guedes Garcia da Silveira.

ACÓRDÃO N. 8206

EMENTA: PEDIDO DE REABILITAÇÃO. É DO QUERELADO O ÔNUS DE PROVAR O BOM COMPORTAMENTO. AUSÊNCIA DE QUALQUER ELEMENTO A INSTRUIR O PEDIDO. INEXISTÊNCIA DE ELEMENTOS QUE PERMITAM O ACOLHIMENTO DO PEDIDO. Vistos, relatados e discutidos estes autos de Pedido de Reabilitação n. 4.134/1999, acordam os membros da Segunda Turma Disciplinar do TED, por unanimidade, nos termos do voto do Relator, em julgar improcedente o pedido. Sala das sessões, 24 de abril de 2013. Rel. e Presidente de sala Dr. Adjar Alan Sinotti.

Cabe, ainda, nos termos do art. 73, § 5º do EOAB, a revisão do processo disciplinar, por erro de julgamento ou por condenação baseada em falsa prova. Contudo, uma questão intrigante que se coloca em pauta é a que segue no tópico seguinte a respeito do advogado condenado por conduta infracional às normas de publicidade anteriormente proibidas e agora permitidas pelo novo Provimento n. 205/2021 da Publicidade na advocacia.

8. DA RETROATIVIDADE DA LEI SANCIONADORA MAIS BENÉFICA

Diante da novidade inserida pelo Provimento n. 205/21 a respeito da publicidade que permite, dentre outras questões a aquisição de palavra-chave por meio do Google Ads, bem como, a utilização de ferramentas tecnológicas, Chatbot, Lives nas redes sociais e Youtube, patrocínio e impulsionamento nas redes sociais, tudo nos termos do Anexo Único do Provimento n. 205/21, bem como, diante do Provimento n. 200/20 quanto a possibilidade de celebração de TAC para aqueles que praticaram infrações disciplinares punível com sanção de censura, pergunto-lhes: como ficam os advogados punidos por publicidade imoderada nesses casos? E dos advogados punidos com sanção de censura?

A Constituição Federal em seu art. 5º, XL aduz que a lei penal não retroagirá, salvo para beneficiar o réu. Já o Código Penal, dispõe em seu art. 2º, parágrafo único que "a lei posterior, que de qualquer modo favorecer o agente, aplica-se aos fatos anteriores, ainda que decididos por sentença condenatória transitada em julgado".

Trata-se de garantia fundamental, pois o advogado condenado anteriormente pela prática de publicidade irregular como acima citado perderá sua primariedade e, consequentemente, sobrevindo lei posterior que desconsidera tal conduta como ilícito, é medida de Justiça a lei nova (Provimento n. 205/21) retroagir para beneficiar o advogado condenado sob a égide da lei anterior (Provimento n. 94/2000), posto que pela lei nova seria absolvido. Por tal razão, a decisão condenatória deve ser declarada nula, incidindo a lei mais benéfica, no caso o Provimento n. 205/21.

No caso do art. 58-A, inserido ao CED pela Resolução n. 04/20 e o respectivo Provimento n. 200/20 com a possibilidade de celebração do TAC, é direito do advogado condenado por infração disciplinar de menor potencial ofensivo, ou seja, censura, ter a oportunidade de celebrar o TAC, posto que se trata de condição mais benéfica. Portanto, cumpre a OAB rever a dosimetria da sanção imposta, observando a legislação mais benéfica (Prov. n. 200/20) ao advogado condenado com a sanção de censura, sem prejuízo dos demais atos processuais[185].

É consabido, em Direito, que aplica-se a regra em vigor na época dos fatos, sendo exceções a ultratividade ou a retroatividade da lei. Em se tratando de normas que preveem penalidades (e não apenas no Direito Criminal), entretanto, têm lugar os princípios da ultratividade e da retroatividade da lei mais benéfica. Não obstante, é preciso verificar que *a novatio legis in mellius* somente será aplicada quando resultar, efetivamente, vantagem para o acusado[186].

Note-se que o princípio constitucional da retroatividade no âmbito do Direito Administrativo Sancionador, também, deve ser aplicado para rever a dosimetria punitiva. Nesse sentido, o STJ vem se posicionado sua jurisprudência no sentido da aplicabilidade da garantia constitucional da retroatividade da norma punitiva mais benéfica ao Direito Administrativo Sancionador, conforme julgado no RMS 37.031/SP, *verbis*:

> "As condutas atribuídas ao Recorrente, apuradas no PAD que culminou na imposição da pena de demissão, ocorreram entre 03.11.2000 e 29.04.2003, ainda sob a vigência da Lei Municipal n. 8.979/79. Por outro lado, a sanção foi aplicada em 04.03.2008 (fls. 40/41e), quando já vigente a Lei Municipal n. 13.530/03, a qual prevê causas atenuantes de pena, não observadas na punição. III – Tratando-se de diploma legal mais favorável ao acusado, de rigor a aplicação da Lei Municipal n. 13.530/03, porquanto o princípio da retroatividade da lei penal mais benéfica, insculpido no art. 5º, XL, da Constituição da República, alcança as leis que disciplinam o direito administrativo sancionador." (STJ, Recurso em MS n. 37.031/SP, 1ª Turma, Rel. Min. Regina Helena Costa, v.u., j. 08.02.2018)

---

(185) STJ, Recurso em MS n. 37.031/SP, 1ª Turma, Rel. Min. Regina Helena Costa, v.u., j. 08.02.2018.
(186) Interpretação por analogia com base no STJ, Recurso Ordinário em MS n. 12.539/TO, 6ª Turma, Rel. Min. Paulo Medina, v.u., j. 26.05.2004.

CAPÍTULO XIV

Processo Disciplinar

1. COMPETÊNCIA

A competência do TED é dupla: *orientar* e *aconselhar* sobre ética profissional, respondendo às consultas em tese, bem como, *julgar* os processos disciplinares (CED, art. 71 e EOAB, art. 70, § 1º)[187].

Mas não é só. O TED possui, ainda, outras competências, previstas no CED, art. 71, *verbis*:

I – julgar, em primeiro grau, os processos ético-disciplinares;

II – responder a consultas formuladas, em tese, sobre matéria ético-disciplinar;

III – exercer as competências que lhe sejam conferidas pelo Regimento Interno da Seccional ou por este Código para a instauração, instrução e julgamento de processos ético-disciplinares;

IV – suspender, preventivamente, o acusado, em caso de conduta suscetível de acarretar repercussão prejudicial à advocacia, nos termos do Estatuto da Advocacia e da Ordem dos Advogados do Brasil;

VI – atuar como órgão mediador ou conciliador nas questões que envolvam:

a) dúvidas e pendências entre advogados;

b) partilha de honorários contratados em conjunto ou decorrentes de substabelecimento, bem como os que resultem de sucumbência, nas mesmas hipóteses;

c) Controvérsias surgidas quando da dissolução de sociedade de advogados.

---

(187) O Tribunal de Ética e Disciplina da OAB/SP é dividido em Turmas:

Primeira Turma – Destina-se a responder a consultas que lhe forem formuladas e, também, zelar pela dignidade da profissão e procurar conciliar questões sobre ética, envolvendo advogados. Propugnará, ainda, pelo fiel cumprimento e observação do Código de Ética e Disciplina, representando, quando for o caso, e pedindo ao Presidente a instauração de procedimento disciplinar.

Da Segunda Turma Disciplinar em diante – Compete a essas Turmas instaurar procedimentos disciplinares, instruindo-os, e julgar os inscritos nos quadros da OAB, aplicando, quando for o caso, as penas previstas no art. 35 da Lei n. 8.906/1994, com exceção de "exclusão". Ficará a cargo também dessas Turmas apreciar e julgar pedidos de revisão, reabilitação e tornar efetiva a medida cautelar consistente em "suspensão preventiva".

O Órgão Especial do Cons. Federal editou a Súmula n. 1 a respeito de nulidade em matéria ético-disciplinar decorrente de órgão julgador, *verbis*:

> "NULIDADE. MATÉRIA ÉTICO-DISCIPLINAR. ÓRGÃO JULGADOR. Inexiste nulidade no julgamento de recurso em matéria ético-disciplinar realizado por órgão composto por advogado não Conselheiro, designado nos termos do Regimento Interno do Conselho Seccional."

1.1. Da jurisdição

A Jurisdição disciplinar não exclui a comum e, quando o fato constituir crime ou contravenção, deve ser comunicado às autoridades competentes (EOAB, art. 71).

2. DO PROCESSO DISCIPLINAR

2.1. Do poder de punir

O poder de punir disciplinarmente *compete exclusivamente ao Conselho Seccional*, salvo se a falta for cometida perante o Conselho Federal (EOAB, art. 70).

2.2. Do procedimento

Segue o Rito Especial estabelecido pelo CED, aplicando-se subsidiariamente ao processo disciplinar, as regras do *processo penal comum*, do Procedimento Administrativo e da legislação Processual Civil, nessa ordem (EOAB, art. 68). Portanto, ninguém (juiz, promotor, delegado etc.) a não ser o Conselho Seccional detém tal poder.

2.2.1. Da instauração

Pode ser de ofício ou mediante representação, perante o Conselho Seccional ou perante a Subseção, se esta dispuser de Conselho, *vedado o anonimato* nos termos do CED, art. 55. Contudo, carta anônima enviada ao TRT[188] ou, reclamação feita em ouvidoria do MP, e, posteriormente tais órgãos

---

(188) **Acórdão nº 461**

Ementa: representação instaurada com base em ofício enviado pelo e. TRT da 2ª região / esposa de um dos sócios da empresa, que insatisfeita com o trabalho da representada, efetua reclamação diretamente ao tribunal regional do trabalho, sob alegação de que a representada tenha cometido desídia, tergiversação e retenção de documentos, na atuação de reclamação trabalhista, em troca de recebimento de valores do reclamante e de seu advogado "ex adversum" / informações que foram obtidas por carta anônima / esposa do sócio que é pessoa estranha ao processo e, sem poderes para atuar em nome da empresa / representada que entrega documentos ao sócio da empresa, com devido comprovante / inexistência de reclamação, representação

encaminharem referidas cartas a OAB, o arquivamento é medida que se impõe face a ausência do requisito de admissibilidade do processo disciplinar por não constituir fonte idônea, conforme art. 55, § 2º c/c 56, IV do CED.

Nesse sentido, de acordo com as palavras do ex-presidente do Conselho Federal da OAB, Dr. Marcus Vinicius Furtado Coelho[189] "a Ordem não deve se manter inerte, como o fazem os órgãos jurisdicionais. Caso tome ciência de alguma infração ético-disciplinar, a Entidade pode instaurar, de ofício, o processo disciplinar, sem que algum interessado tenha se manifestado. Essa previsão é importante na medida em que nem sempre haverá um interessado a exigir reparação. A violação pode atingir apenas a ética profissional, sem resvalar nas esferas individuais de qualquer cidadão. A OAB, ao tomar ciência do fato, pode executar as medidas cabíveis, independentemente de provocação".

Diante do exposto a respeito da instauração do processo disciplinar de ofício pela OAB, é importante pontificar que a OAB ao tomar ciência de fato que configure, ainda que em tese, infração disciplinar, não tem a faculdade (pode) de executar as medidas cabíveis, mas sim DEVE tomar as providências necessárias. E, assim, o fará por meio de seus dirigentes e conselheiros que representam a entidade que têm legitimidade para agir, judicial ou extrajudicialmente, contra qualquer pessoa que infringir as disposições ou os fins do EOAB, CED e do Regulamento Geral[190], posto que referidos cargos são considerados serviço público relevante[191], razão pela qual não podem se furtar do juramento de defender e cumprir os princípios e finalidades da OAB[192], ou seja, promovendo a seleção, fiscalização e disciplina dos advogados, bem como, pugnar pela boa aplicação das leis[193], inclusive a sua.

As representações, quando formuladas por escrito ou reduzida a termo, deverão conter (CED, art. 57):

a) a identificação do representante, com qualificação civil e endereço;

---

ou de quaisquer questionamentos por parte dos sócios da empresa em face do trabalho realizado pela representada, seja ao e. TRT da 2ª região ou para OABSP carta anônima que é imprestável como meio de prova / infrações éticas não configuradas / representação improcedente. Vistos, relatados e discutidos estes autos de Processo Disciplinar n. 06R0004532010, acordam os membros da Sexta Turma Disciplinar do TED, por unanimidade, nos termos do voto do Relator, em julgar improcedente a representação e determinar o arquivamento dos autos. **Sala das Sessões, 7 de novembro de 2012. Rel. Dr. Rodolfo Aparecido da Silva Torres – Presidente Dr. Ricardo Peake Braga.**
(189) *Comentários ao Novo Código de Ética dos Advogados*, p. 71.
(190) Já defendemos esse entendimento em nosso artigo intitulado *"A importância da fiscalização, inclusive virtual, da publicidade na advocacia pela OAB. Revista UniSul de Fato e de Direito*, v. 9, n. 18, 2019.
(191) EOAB, art. 48.
(192) Regulamento Geral, art. 53.
(193) EOAB, arts. 44, I, II c/c 48 e 49.

b) a narração precisa dos fatos que a motivam;

c) documentos e a indicação das provas a serem produzidas e, se for o caso, a apresentação do rol de testemunhas até o máximo de cinco, a serem notificadas pelo Relator, mas cujos comparecimentos ficam a cargo do próprio representante, sendo admitida sua substituição, inclusive no próprio dia designado para o depoimento.

No tocante a notificação de testemunhas, é importante salientar que nem sempre o representado ou representante terão o contato daqueles que lhes podem servir de testemunhas. Assim, excepcionalmente, e por motivo justificado, poderão as partes requerer que a notificação seja efetivada pela OAB, que tem mais recursos para localizar as testemunhas com as quais as partes não tenham contato. Entretanto, pontifica Marcus Vinicius Furtado Coelho[194] esse requerimento de notificação de testemunhas pela OAB não deve ser utilizado para retardar o processo e acarretar a prescrição da pretensão, agindo de má-fé processual para notificar testemunha impossível de ser encontrada pela OAB.

É vedada a representação anônima. Tal vedação se justifica diante da possibilidade de abuso de direito por parte do representante em face do advogado representado, o que poderá dar ensejo a ação indenizatória por danos morais e patrimoniais do advogado contra quem abusou do direito de representação. Nesse sentido, é o posicionamento do TJRS, *verbis:*

> Apelação. Responsabilidade civil. Representação. Processo disciplinar. Órgão de classe. Dano moral. Ocorrência. A representação à Comissão de Ética e Disciplina da OABRS, com abuso de direito, autoriza indenização por dano moral. Preliminares de ilegitimidade passiva e inépcia da peça recursal afastadas. Apelação provida. (TJRS, Ap. n. 70004586616, 9ª Câmara Cível, Rel. Des. Luís Augusto Coelho Braga, j. 22.12.2004).

Assim, recebida a representação, o Presidente do Conselho Seccional ou da Subseção, designará um relator para presidir a instrução processual (art. 58 do CED). Os relatores dos processos em tramitação no Conselho Seccional têm competência para instrução, podendo ouvir depoimentos, requisitar documentos, determinar diligências e propor o arquivamento ou outra providência porventura cabível ao Presidente do órgão colegiado competente, conforme dispõe o art. 110 do Regulamento Geral.

É importante salientar que a representação contra membros do Conselho Federal e Presidentes dos Conselhos Seccionais é processada e julgada pelo Conselho Federal (art. 58, § 5º, do CED), sendo competente a Segunda Câmara. O Conselho Pleno do Conselho Federal será competente para as representações contra membros da diretoria do Conselho Federal, Membros

---

(194) *Op. cit.*, 77.

Honorários Vitalícios que são ex-presidentes do Cons. Federal e detentores da Medalha Rui Barbosa.

Nesse diapasão, Marcus Vinicius Furtado Coelho[195], saliente que o CED seguindo a inteligência da Constituição Federal, prevê o foro de prerrogativa de função, não se tratando, portanto, de privilégio, "mas sim de verdadeira garantia à sociedade, ao evitar que um dirigente de Ordem seja julgado pelos seus pares, prejudicando-se a imparcialidade e, algumas vezes, politizando um julgamento que deve ser voltado unicamente para a juridicidade". E quando a representação for contra dirigente de Subção é processada e julgada pelo Conselho Seccional.

Por fim, diferentemente do que ocorre com o princípio da publicidade, o processo disciplinar tramita em sigilo até o seu término, nos termos art. 72, § 2º, do EOAB.

2.2.2. Do arquivamento

Quando destituída dos pressupostos de admissibilidade, o relator poderá propor, ao Presidente do Conselho Seccional, da Subseção ou ao TED (havendo previsão regimental), o arquivamento da representação (art. 58, § 3º, do CED).

2.2.3. Dos prazos

Todos os prazos processuais necessários à manifestação de advogados, estagiários e terceiros, nos processos em geral da OAB, são de quinze dias, **computados somente os dias úteis e contados do primeiro dia útil seguinte**, seja da publicação da decisão na imprensa oficial, seja da data do recebimento da notificação, anotada pela Secretaria do órgão da OAB ou pelo agente dos Correios, conforme o EOAB, art. 69 c/c art. 139 do Regulamento Geral. Nos casos de comunicação por ofício reservado ou de notificação pessoal, considera-se dia do começo do prazo o primeiro dia útil imediato ao da juntada aos autos do respectivo aviso de recebimento (EOAB, art. 69, § 1º).

2.3. Da defesa prévia

O prazo é de 15 dias e deve ser acompanhada de todos os documentos, indicando provas a serem produzidas, bem como o rol de testemunhas – máximo de 5 (CED, art. 59, § 3º), a serem notificadas pelo Relator, ficando o comparecimento a cargo do representado.

---

(195) *Op. cit.*, p. 72.

2.4. Da notificação

Nos termos do art. 137-D do Regulamento Geral da Advocacia, notificação inicial para a apresentação de defesa prévia ou manifestação em processo administrativo perante a OAB deverá ser feita através de correspondência, com aviso de recebimento, enviada para o endereço profissional ou residencial constante do cadastro do Conselho Seccional. Deve o advogado manter sempre atualizado o seu endereço residencial e profissional no cadastro do Conselho Seccional, presumindo-se recebida a correspondência enviada para o endereço nele constante.

Frustrada a entrega da notificação por correspondência, será a mesma realizada através de edital, a ser publicado na imprensa oficial do Estado.

Em se tratando de processo disciplinar, a notificação inicial feita através de edital deverá respeitar o sigilo de que trata o art. 72, § 2º, da Lei n. 8.906/1994, dele não podendo constar qualquer referência de que se trate de matéria disciplinar, constando apenas o nome completo do advogado, nome social, o seu número de inscrição e a observação de que ele deverá comparecer à sede do Conselho Seccional ou da Subseção para tratar de assunto de seu interesse.

Assim, se o representado não for encontrado ou for revel, lhe será designado um *defensor dativo* pelo Presidente do Conselho ou da Subseção, § 2º do art. 59 do CED.

2.5. Razões finais

Concluída a instrução, o relator profere parecer preliminar (também chamado de parecer de enquadramento), a ser submetido ao TED dando o enquadramento legal aos fatos imputados ao representado e, em seguida, abre-se prazo comum de 15 (quinze) dias para apresentação de razões finais (CED, art. 59, §§ 7º e 8º).

2.6. Defesa oral

Após o recebimento do processo devidamente instruído, o Presidente do Tribunal designa relator para proferir o voto (CED, art. 60). Assim, após o prazo de 20 dias de seu recebimento, o processo será inserido na pauta da primeira sessão de julgamento (CED, art. 60, § 2º), sendo que nesta sessão o representado, após intimação pela Secretaria do Tribunal com 15 dias de antecedência poderá produzir a *defesa oral* (CED, art. 60, §§ 3º e 4º), após o voto do relator, pelo prazo de 15 minutos, primeiro o representante e depois o representado.

Uma questão interessante que discutimos em nosso Minimanual do Novo Código de Ética e Disciplina dos Advogados[196] é a de que se o representante no processo disciplinar não for advogado, ele deverá constituir um procurador?

A Súmula n. 343 do STJ dispõe que "é obrigatória a presença de advogado em todas as fases do processo administrativo disciplinar", que é o caso do processo disciplinar na OAB. Todavia, a Súmula Vinculante n. 5 do STF dispõe que "a falta de defesa técnica por advogado no processo administrativo disciplinar não ofende a Constituição". Nesse diapasão, não há motivo para não se permitir ao representante sem advogado o direito de sustentar oralmente, pois o art. 72 do EOAB lhe confere a legitimidade e nada aduz a respeito da capacidade postulatória.

Tanto isso é certo que o Conselho Federal pronunciou-se a respeito aduzindo que não existe em nossas normas de regência, a obrigatoriedade de constituição de advogado para patrocinar os interesses da parte em processo disciplinar, inclusive para interposição de recursos. Nos processos disciplinares da OAB não se exige que a parte constitua advogado, em nenhuma hipótese, tratando-se de faculdade. Assim, não é possível obstar o direito de a parte patrocinar pessoalmente seus interesses, criando obstáculos não previstos em lei[197].

2.7. Dos recursos

Cabe *recurso*[198] ao Conselho Federal de todas as decisões definitivas proferidas pelo Conselho Seccional, quando:

a) as decisões não tenham sido unânimes;

b) sendo unânimes, contrariem:

b.1) o Estatuto da OAB;

b.2) a decisão do Conselho Federal;

b.3) a decisão de outro Conselho Seccional;

b.4) o Regulamento Geral, o Código de Ética e os Provimentos.

Para o Conselho Seccional cabe recurso de todas as decisões proferidas por seu Presidente, pelo Tribunal de Ética e Disciplina, ou pela diretoria da

---

(196) *Op. cit.*, p. 84.
(197) RECURSO N. 49.0000.2017.002773-1/SCA. Recte: Presidente do Conselho Seccional da OAB/São Paulo – Gestão 2016/2019. Recdos: Corregedor-Geral da OAB e Mariano da Silva. Interessado: Conselho Seccional da OAB/São Paulo. Relator: Conselheiro Federal Alexandre Mantovani (MS). EMENTA N. 015/2017/SCA. RECURSO N. 49.0000.2017.002773-1/SCA. Recte: Presidente do Conselho Seccional da OAB/São Paulo – Gestão 2016/2019. Recdos: Corregedor-Geral da OAB e Mariano da Silva. Interessado: Conselho Seccional da OAB/São Paulo. Relator: Conselheiro Federal Alexandre Mantovani (MS). EMENTA N. 015/2017/SCA.
(198) EOAB, art. 75.

Subseção ou da Caixa de Assistência dos Advogados. Contra a decisão do Tribunal de Ética e Disciplina cabe recurso ao plenário ou órgão especial equivalente do Conselho Seccional[199].

Os recursos são dirigidos ao órgão julgador superior competente, embora interpostos perante a autoridade ou órgão que proferiu a decisão recorrida. O juízo de admissibilidade é do relator do órgão julgador a que se dirige o recurso, não podendo a autoridade ou órgão recorrido rejeitar o encaminhamento. Portanto, e de acordo com a Súmula Vinculante n. 5 do STF, não faz sentido não dar oportunidade ao representante que não é advogado de fazer a sua própria sustentação oral, sem que tenha advogado constituído. O mesmo se diga quanto a interposição de recursos ao Conselho Seccional e Federal, pois se na regra geral do processo disciplinar comum o servidor pode apresentar sua própria defesa sem ser representado por advogado, a interpretação a contrário sensu no processo disciplinar se aplica àquele que representa contra o advogado. Vale ressaltar, ainda, que nos termos do art. 1º do EOAB, a interposição de recursos pelo representante contra o advogado representado ao Conselho Seccional ou Federal não é ato privativo de advogado, razão pela qual, qualquer o não conhecimento de recurso por esse motivo viola o direito do cidadão de acesso e esgotamento da via administrativa, cabendo a impetração de Mandado de Segurança, por se tratar de direito líquido e certo pelos motivos acima expostos, haja vista ter o representante interesse na interposição do recurso.

Os embargos de declaração são dirigidos ao relator da decisão recorrida, que lhes pode negar seguimento, fundamentadamente, se os tiver por manifestamente protelatórios, intempestivos ou carentes dos pressupostos legais para interposição. Se admitido os embargos de declaração, o relator os colocará em mesa para julgamento, independentemente de inclusão em pauta ou publicação, na primeira sessão seguinte, salvo justificado impedimento.

Vale pontificar que não existe o recurso de agravo em sede de processo disciplinar na OAB, nos termos da Súmula n. 4 do Órgão Especial do Conselho Federal, *verbis*:

> "Agravo. Falta de previsão legal. Não cabimento no âmbito dos processos administrativos da Ordem dos Advogados do Brasil. Os recursos são apenas os previstos no art. 75 do Estatuto e no art. 85 do Regulamento Geral."

2.7.1. Do efeito dos recursos

Todos os recursos têm efeito *suspensivo*, exceto quando:

a) tratarem de eleições (art. 63 e ss. do Estatuto);

b) de suspensão preventiva decidida pelo TED;

c) de cancelamento da inscrição obtida com falsa prova.

---

(199) RG, art. 144.

2.8. Da litigância de má-fé

A conduta dos interessados, no processo disciplinar, que se revele temerária ou caracterize a intenção de alterar a verdade dos fatos, assim como, a interposição de recursos com intuito manifestamente protelatório, contrariando os princípios do Código de Ética, sujeitará os responsáveis à correspondente sanção. Assim, dispõe o CED, uma conduta ética no processo disciplinar da OAB, nos termos do seu art. 66.

Marcus Vinicius Furtando Coelho[200] e com ele concordados que "a boa-fé processual é indispensável ao devido processo legal", asseverando que aquele age de forma temerária, altera a verdade dos fatos e interpõe recurso com intuito manifestamente protelatórios, a exemplo dos Embargos protelatórios[201], litiga de má-fé, onde tal conduta deverá ser apurada em novo processo, autônomo em relação àquele em que se litigou de forma temerária. Por fim, realmente configurada a litigância de má-fé em processo autônomo, caberá a sanção de suspensão ao consideramos que houve condenação naquele processo disciplinar em que se litigou de forma temerária, dada a hipótese de reincidência na prática de infração ética nos termos do art. 37, II, do EOAB, o que poderá ser cumulado com uma multa de 1 a 10 vezes o valor da anuidade, conforme o art. 39 do EOAB.

No pior dos cenários, caso o representado já conte com outras suspensões, a sanção de exclusão é aplicável quando o infrator tenha sido suspenso anteriormente por 3 (três) vezes, nesse caso mediante a manifestação favorável de 2/3 dos membros do Conselho Seccional (EOAB, art. 38, I).

3. DA PRESCRIÇÃO E DECADÊNCIA DA PRETENSÃO PUNITIVA

Considere a seguinte situação onde o advogado Carlos praticou infração disciplinar, oficialmente constatada em 9 de fevereiro de 2011. Em 11 de abril de 2014, foi instaurado processo disciplinar para apuração da infração, e Carlos foi notificado em 15 de novembro do mesmo ano. Em 20 de fevereiro de 2016, o processo ficou pendente de julgamento, que só veio a ocorrer em 1º de março de 2019.

Prescreve em 5 anos, contados da constatação oficial do fato, a pretensão à punibilidade das infrações disciplinares (EOAB, art. 43). Contudo, ela interrompe-se pela instauração de processo disciplinar ou pela notificação válida feita diretamente ao representado; e pela decisão condenatória recorrível de qualquer órgão julgador da OAB.

Aplica-se, também, a prescrição a todo processo disciplinar paralisado por mais de 3 anos, pendente de despacho ou julgamento nos termos do, § 1º do art. 43 do EOAB, também chamada de prescrição intercorrente.

---

(200) *Op. cit.*, p. 77.
(201) Regulamento Geral, art. 138, § 3º.

Desta forma, tanto a prescrição comum de 5 (cinco) anos quanto a intercorrente de 3 (anos) por paralisação devem ser conhecidas de ofício, a qualquer tempo e em qualquer instância da OAB, independentemente de arguição da parte. Ocorrida a prescrição, perde a OAB a pretensão punitiva das infrações disciplinares. Portanto, o caso do advogado Carlos narrado acima a pretensão punitiva está prescrita, tendo em vista o decurso de mais de três anos de paralisação para aguardar julgamento.

Acerca das controvérsias do tema o Pleno do Conselho Federal com o seguinte verbete:

> "Prescrição. I – O termo inicial para contagem do prazo prescricional, na hipótese de processo disciplinar decorrente de representação, a que se refere o *caput* do art. 43 do EAOAB, é a data da constatação oficial do fato pela OAB, considerada a data do protocolo da representação ou a data das declarações do interessado tomadas por termo perante órgão da OAB, a partir de quando começa a fluir o prazo de cinco (5) anos, o qual será interrompido nas hipóteses dos incisos I e II do, § 2º do art. 43 do EAOAB, voltando a correr por inteiro a partir do fato interruptivo. II – Quando a instauração do processo disciplinar se der *ex officio*, o termo *a quo* coincidirá com a data em que o órgão competente da OAB tomar conhecimento do fato, seja por documento constante dos autos, seja pela sua notoriedade. III – A prescrição intercorrente de que trata o, § 1º do art. 43 do EAOAB, verificada pela paralisação do processo por mais de três (3) anos sem qualquer despacho ou julgamento, é interrompida e recomeça a fluir pelo mesmo prazo, a cada despacho de movimentação do processo.

Por oportuno, considerando-se que o *caput* do art. 43 dispõe que o prazo quinquenal seja contado a partir da constatação oficial do fato, ou seja, a partir do momento em que a OAB toma conhecimento deste, ou seja, do protocolo. Nesse sentido, Paulo Lôbo[202] pontifica que "assim é para que o infrator não seja premiado com termo *a quo* a partir da existência do fato, mas de total desconhecimento da autoridade sancionadora, além de que, nas infrações permanentes, a cessação de seus efeitos depende de sua vontade, em desfavor da sociedade".

Por outro lado, há uma questão interessante a ser abordada: é a que envolve a discussão da aplicação da decadência no processo disciplinar na OAB, pois a aplicação nua e crua do art. 43, *caput*, do EOAB, muitas vezes pode gerar injustiça em razão de fatos ocorridos muitos anos antes do conhecimento oficial do fato pela OAB.

Nem o EOAB, nem o Código de Ética preveem expressamente sobre a decadência. Já o Regulamento Geral faz uma única menção no art. 71, § 6º, porém, não elucidativo.

---

(202) *Op. cit.*, p. 242.

Segundo a mais atual orientação do Conselho Federal, o advogado não pode ficar eternamente submetido ao poder disciplinar da OAB, quando a parte que foi vítima de suposta conduta imprópria deixa de exercer seu direito de representação no prazo de 5 (cinco) anos, protocolando reclamação contra o advogado após 5 (cinco) anos do conhecimento dos fatos imputados ao advogado, nesse caso a decadência deve e foi conhecida *ex officio*[203].

Vale ressaltar que nos fundamentos do julgamento da Consulta n. 2010.27.02480-01 que ensejou a edição da Súmula n. 1, a relatora na ementa de seu voto sugeriu a alteração legislativa para a previsão do prazo decadencial, *verbis*:

(..)

II – Propostas de alteração da Lei n. 8.906/1994 (EAOAB). Inclusão de dispositivo prevendo prazo de cinco (5) anos, contados da constatação do fato pela parte interessada, para decadência do direito de representação perante a OAB visando à instauração de processo para apuração de faltas previstas no Estatuto ou no Código de Ética. (...)

Todavia, **afirmamos que não há lacuna.**

O EOAB nos apresenta uma forma correta para a aplicação o instituto da decadência. A solução está no art. 68 do EOAB que manda aplicar subsidiariamente ao processo disciplinar as regras da legislação processual penal comum e, nesse caso, é o art. 38 do CPP. Todavia, o entendimento do Conselho Federal é de que o prazo decadencial é de 5 anos[204] e não os 6 meses constantes

---

(203) RECURSO N. 49.0000.2016.005946-9/SCA-PTU. Recte: A.S. (Adv: Alexandre da Silva OAB/SP 231853). Recdo: Valdemar Luiz de Mendonça. Interessado: Conselho Seccional da OAB/São Paulo. Relator: Conselheiro Federal Juliano José Breda (PR). EMENTA N. 073/2017/SCA-PTU. Acórdão: Vistos, relatados e discutidos os autos do processo em referência, acordam os membros da Primeira Turma da Segunda Câmara do Conselho Federal da Ordem dos Advogados do Brasil, observado o quorum exigido no art. 92 do Regulamento Geral, por maioria, em dar provimento ao recurso, nos termos do voto do Relator. Brasília, 13 de março de 2017. Carlos Roberto Siqueira Castro, Presidente. Alfredo Rangel Ribeiro, Relator ad hoc. (DOU, S.1, 07.04.2017, p. 125)
(204) RECURSO N. 49.0000.2016.011039-2/SCA-STU. Recte: S.L.S.M. (Adv.: Silvana Lino Soares Mariano OAB/SP 155026). Recdos.: A.B. e V.B. (Advs.: Douglas de Souza Manente OAB/SP 284411 e Jonas de Souza Peixoto OAB/SP 62723). Interessado: Conselho Seccional da OAB/São Paulo. Relator: Conselheiro Federal Clodoaldo Andrade Junior (SE). EMENTA N. 134/2017/SCA-STU. Recurso ao Conselho Federal. Prazo decadencial. Consulta n. 2010.27.0248001/OEP. Inclusão de prazo decadencial à Lei n. 8.906/94. Prescrição da pretensão punitiva. Inocorrência. Prejuízo causado à parte e locupletamento. Infrações disciplinares configuradas. Acordo realizado entre as partes. Descumprimento. Recurso não provido. 1) O Plenário deste Conselho Federal, no julgamento da Consulta n. 2010.27.0248001, que ensejou a edição da Súmula 01/2011-COP, decidiu pela inclusão de dispositivo no Estatuto da Advocacia e da OAB, prevendo o prazo de cinco (5) anos, contados da data da constatação do fato pela parte interessada, para decadência do direito de representação perante a OAB, demonstrando, assim, que a intenção da classe de advogados é que haja referido instituto jurídico em nossas normas internas, o que também já encontra ressonância em nossas normas internas, como recente precedente da Segunda Câmara (Recurso n. 49.0000.2015.010134-1/SCA). No caso dos autos, contudo, não se aplica a decadência, visto que a parte exerceu o direito de representação após dois anos da

no referido art. 38 do CPP, o que, *data máxima vênia*, não concordamos com o Conselho Federal.

Se o marco inicial para a contagem do prazo decadencial deve ser a data em que o representante toma conhecimento dos fatos[205] e, tal interpretação jurisprudencial da OAB está de acordo com o art. 38 do CPP, por que não se aplicar a regra legal prevista nesse artigo no tocante ao prazo de 6 meses?

Ora, se o art. 44, I do EOAB estabelece que dentre tantas finalidades da OAB, ela deve pugnar pela boa aplicação das leis e se o próprio EOAB em seu art. 68 determina a aplicação subsidiária da legislação processual penal comum e essa é o CPP que prevê em seu art. 38[206] que o ofendido, ou seu representante legal, decairá no direito de queixa ou de representação, se não o exercer dentro do prazo de seis meses, contado do dia em que vier a saber quem é o autor do crime, por que não se aplicar a interpretação orientada pelo próprio EOAB?

Por outro lado, é cediço que a decadência decorre de lei ou contrato, assim, não é possível se criar prazo decadencial de 5 anos por jurisprudência administrativa, ainda mais se há legislação subsidiária aplicável ao assunto. Razão pela qual, inquestionável deve ser a aplicação do art. 38 do CPP que deve ser combinado com o art. 68 e 44, I, do EOAB.

3.1. *Da interrupção da prescrição. Art. 43, § 2º do EOAB*

- pela instauração do processo disciplinar;

---

ciência dos fatos praticados pela advogada. Decadência afastada. acordam os membros da Segunda Turma da Segunda Câmara do Conselho Federal da Ordem dos Advogados do Brasil, observado o *quorum* exigido no art. 92 do Regulamento Geral, por unanimidade, em negar provimento ao recurso, nos termos do voto do Relator. Brasília, 26 de junho de 2017. Alexandre César Dantas Soccorro, Presidente. Glícia Thais Salmeron de Miranda, Relatora ad hoc. (DOU, S.1, 29.06.2017, p. 71)

(205) RECURSO N. 49.0000.2017.006567-2/SCA-STU. Recte.: M.H.G. (Adv: Bruno Stinghen da Silva OAB/PR 44189). Recdo: Conselho Seccional da OAB/Paraná. Interessado: J.C.H. (Adv.: Marcel Dimitrow Grácia Pereira OAB/PR 27001). Relator: Conselheiro Federal João Paulo Tavares Bastos Gama (SC). EMENTA N. 201/2017/SCA-STU. Recurso ao Conselho Federal. Decadência do direito de representação. Ocorrência. Provimento e extinção da punibilidade. Reconhecimento da decadência do direito de representar na OAB, tendo como marco inicial a data em que a parte representante toma conhecimento dos fatos. Acórdão: Vistos, relatados e discutidos os autos do processo em referência, acordam os membros da Segunda Turma da Segunda Câmara do Conselho Federal da Ordem dos Advogados do Brasil, observado o quorum exigido no art. 92 do Regulamento Geral, por unanimidade, em dar provimento ao recurso nos termos do voto do Relator. Brasília, 23 de outubro de 2017. Alexandre César Dantas Soccorro, Presidente. João Paulo Tavares Bastos Gama, Relator. (DOU, S.1, 26.10.2017, p. 183)

(206) CPP, art. 38. Salvo disposição em contrário, o ofendido, ou seu representante legal, decairá no direito de queixa ou de representação, se não o exercer dentro do prazo de seis meses, contado do dia em que vier a saber quem é o autor do crime, ou, no caso do art. 29, do dia em que se esgotar o prazo para o oferecimento da denúncia.

- pela notificação válida feita na pessoa do representado;
- pela decisão condenatória recorrível.

4. DO PROCEDIMENTO DO PROCESSO ÉTICO-DISCIPLINAR

Fluxograma do processo ético-disciplinar

1. Instauração de ofício ou representação;

2. a Representação deve ser formulada perante o presidente do Cons. Seccional, da Subseção ou do TED;

3. Requisitos da Representação: a) qualificação do Representante; b) narração dos fatos; c) documentos e rol de testemunhas até 5; d) assinatura, pois é vedado o anonimato.

4. Relator (assessor) em juízo de admissibilidade opina pela instauração ou arquivamento;

5. O presidente do Cons. Seccional ou do TED poderá acolher o parecer e declarar instaurado o PD ou mandar arquivar;

6. O Relator determina a notificação do Representado para a Defesa Prévia (15 dias);

7. Se não for encontrado, será revel e lhe será dado um Defensor Dativo;

8. Defesa Prévia com documentos e rol de testemunhas até o máximo de 5;

9. Não havendo provas a serem produzidas, a instrução será encerrada;

10. Havendo indicação e necessidade de produção de provas, será designada a audiência de instrução e um instrutor;

11. Após a instrução, o relator proferirá Parecer de Enquadramento Legal aos fatos imputados;

12. Após o parecer de enquadramento, abre-se prazo de 15 dias para as Razões Finais;

13. Será sorteado um novo Relator para proferir o voto;

14. Representado é notificado para a sessão de julgamento e poderá sustentar oralmente, por 15 minutos, após o voto do relator;

15. Decisão do TED

16. Da decisão do TED cabe: a) Recurso ao Conselho Seccional (15 dias) e Embargos Declaratórios;

17. Cabe RECURSO ao Conselho Seccional de todas as decisões proferidas pelo TED;

18. Interposto Recurso para o Cons. Seccional o Presidente do Conselho designará relator para analisar os pressupostos de admissibilidade;

19. O relator poderá: a) não conhecer do recurso ou b) elaborar voto e incluir na pauta para julgamento;

20. As partes são notificadas da sessão e poderá fazer sustentação oral;

21. Cabe Recurso ao Conselho Federal de:

- Decisão não unânime (por maioria);
- Decisão unânime que contrariar o EOAB, CED, Reg. Geral, Provimentos e decisões do Conselho Federal ou de outro Conselho Seccional.

22. Compete à Segunda Câmara:

I – decidir os recursos sobre ética e deveres do advogado, infrações e sanções disciplinares (Reg. Geral, art. 89);

23. O presidente da Câmara designará um relator;

24. O relator indica ao Presidente da Câmara o indeferimento liminar ou profere o voto;

25. O processo é incluído em pauta, intima-se o interessado;

26. O relator lê o relatório, o voto e a proposta de ementa;

27. Sustentação oral do representado interessado por 15 minutos e, no caso de embargos de declaração com efeitos infringentes o prazo será de 5 minutos;

28. Discussão da matéria; votação e proclamação do resultado;

29. Cabe recurso ao Órgão Especial que tem competência para deliberar, privativamente e em caráter irrecorrível, sobre:

I – recurso contra decisões das Câmaras, quando não tenham sido unânimes ou, sendo unânimes, contrariem a Constituição, as leis, o Estatuto, decisões do Conselho Federal (Reg. Geral, art. 85).

CAPÍTULO XV

ORDEM DOS ADVOGADOS DO BRASIL

1. ORIGEM DA ORDEM DOS ADVOGADOS DO BRASIL

1.1. Antecedentes históricos da OAB[207]

A ideia de organizar a classe de advogados teve origem no Império, sendo certo que, no dia 7 de agosto de 1843, foi fundado no Rio de Janeiro, o IAB – Instituto dos Advogados do Brasil – que tinha como finalidade congregar os profissionais da advocacia com vistas às criação da Ordem dos Advogados do Brasil e, com função inicial, servir o governo central através de assessoria jurídica e emissão de pareceres.

O primeiro presidente do IAB foi Francisco Jê Acaiaba de Montezuma, que exerceu o cargo até 1851.

Cumpre salientar que, de acordo com o PL n. 5.284/2020, o Instituto dos Advogados Brasileiros, a Federação Nacional dos Institutos de Advogados do Brasil e as instituições a eles filiadas têm qualidade para promover perante a OAB o que julgarem do interesse dos advogados em geral ou de qualquer dos seus membros.

1.2. A Ordem dos Advogados do Brasil

Sua criação somente ocorreu com o Decreto n. 19.408, de 18 de novembro de 1930, que dispunha em seu art. 17. *"Fica criada a Ordem dos Advogados Brasileiros, órgão de disciplina e seleção da classe dos advogados, que se regerá pelos estatutos que forem votados pelo Instituto da Ordem dos Advogados Brasileiros e aprovados pelo Governo"*.

O atual Estatuto da OAB é datado de 1994 – *Lei n. 8.906*, de 4.7.1994; além do estatuto, temos ainda o Regulamento Geral do Estatuto da Advocacia com 158 artigos e o Código de Ética e Disciplina com 80 artigos.

1.3. Natureza jurídica da OAB

A doutrina tem reconhecido a natureza *sui generis* da OAB. Neste sentido, doutrina o professor Haroldo Paranhos Cardella[208], *in verbis*:

---

(207) LÔBO, Paulo. *Op. cit.*, p. 251.
(208) CARDELA, Haroldo Paranhos. *Op. cit.*, p. 55.

"A OAB não mantém nenhuma espécie de vínculo funcional ou hierárquico com qualquer órgão da Administração Pública, em que pese seja ela própria prestadora de serviço público, por ser o exercício da advocacia indispensável à administração da justiça. É dotada de personalidade jurídica própria, não podendo ser confundida com nenhum tipo de autarquia, em virtude de sua independência em relação a órgãos da Administração Pública direta ou indireta, não estando suas contas submetidas à apreciação do Tribunal de Contas, mas sim aos próprios órgãos internos da OAB. É certo, então, que a natureza jurídica da OAB é a de uma instituição *sui generis*, ou seja, diferenciada".

Serviço público não significa necessariamente serviço estatal, este assim entendido como atividade típica exercida pela Administração Pública. Serviço Público é gênero do qual o serviço estatal é espécie[209].

Vale registrar que diferem os Conselhos Profissionais das Ordens Profissionais porque os primeiros têm como função exclusiva a fiscalização do exercício de profissão, ao passo que as Ordens vão além, isto é, detêm, também, poder de representação dos direitos e interesses dos inscritos. Nesse sentido, a Ordem dos Advogados do Brasil e a Ordem dos Músicos. Essas Ordens Profissionais não defendem os interesses e direitos dos seus empregados (apenas dos profissionais inscritos), pois são matéria de competência dos sindicatos (CF, art. 8º, inciso III).

Assevera o professor Paulo Lôbo[210] que o Estado Moderno não apenas se vale de entidades dele desmembrada (Administração descentralizada e indireta), sob sua tutela ou controle, como também reconhece competência para o exercício de funções públicas a entidades que não o integram, atribuindo-lhes poderes que seriam originalmente seus, como ocorre com o poder incontrastável da OAB de selecionar, fiscalizar e punir advogados. Assim, por constituir serviço público, a OAB goza de imunidade tributária total em relação a seus bens, rendas e serviços nos termos do § 5º do art. 45 do EOAB.

As finalidades da OAB são indissociáveis da atividade de advocacia, que se caracteriza pela absoluta independência, inclusive diante dos Poderes Públicos constituídos, razão pela qual não há hierarquia entre órgãos da Administração Pública e a OAB (EOAB, art. 44, § 1º). Se o advogado é necessário à administração da justiça, então não pode estar subordinado a qualquer poder, inclusive o Judiciário. A OAB ou a advocacia dependente, vinculada ou subordinada, resulta na negação de suas próprias finalidades.

Em suma, a OAB não é nem autarquia nem entidade genuinamente privada, mas serviço público independente, categoria *sui generis*, submetida fundamentalmente ao direito público, na realização de atividades adminis-

---

(209) LÔBO, Paulo. *Op. cit.*, p. 256.
(210) *Ibidem*, p. 261.

trativa e sancionadoras, e ao direito privado, no desenvolvimento de suas finalidades institucionais e de defesa da profissão[211].

1.4. Forma e finalidade da OAB

O estatuto estabelece em seu art. 44, I e II, que a OAB possui forma federativa[212] e dupla finalidade: institucional e representativa da classe profissional.

Sua finalidade **institucional** é a defesa da CF – vide art. 103, VII (*legitimidade para ajuizar Ação Direta de Inconstitucionalidade*), da ordem jurídica do Estado Democrático de Direito (*o compromisso dos advogados é com o Estado Democrático de Direito e não com o autoritarismo*), dos Direitos Humanos (tais como, *os direitos e garantias individuais e fundamentais*) e a Justiça Social (*cuja finalidade é suprimir ou reduzir as desigualdades sociais ou regionais e promover uma sociedade justa e solidária*), pugnado pela boa aplicação das leis, pela rápida administração da justiça e pelo aperfeiçoamento da cultura (a exigência do Exame da OAB constitui um poderoso instrumento para induzir à elevação da qualidade) e das instituições jurídicas.

Já sua finalidade **representativa** de classe (corporativista) é promover, com total exclusividade, a representação, a defesa, a seleção (exame de Ordem) e a disciplina (eventual sanção pela prática de infração disciplinar) dos advogados, em toda a República Federativa do Brasil[213].

Note-se que, no tocante à finalidade representativa, compete ao sindicato de advogados e, na sua falta, à federação ou confederação de advogados, a representação destes nas convenções coletivas, nos acordos coletivos e nos dissídios coletivos nos termos do art. 11 do Regulamento Geral. O EOAB ressalva que contribuição anual à OAB isenta os inscritos, nos seus quadros, do pagamento obrigatório da contribuição sindical (EOAB, art. 47).

O patrimônio do Conselho Federal, do Conselho Seccional, da Caixa de Assistência dos Advogados e da Subseção é constituído de bens móveis e imóveis e outros bens e valores que tenham adquirido ou venham a adquirir (RG, art. 47).

A alienação ou oneração de bens imóveis depende de aprovação do Conselho Federal ou do Conselho Seccional, por meio da autorização da maioria das delegações, no Conselho Federal, e da maioria dos membros efetivos, no Conselho Seccional, conforme dispõe o Regulamento Geral da OAB no art. 48. Assim, compete à Diretoria do órgão decidir pela aquisição de qualquer bem e, também, dispor sobre os bens móveis.

---

(211) *Ibidem*, p. 263.
(212) FEDERALISMO. Reunião de vários Estados em um só corpo político, de modo que a cada um deles caiba a autonomia em tudo que não diga respeito aos interesses comuns. Dicionário Jurídico da Academia Brasileira de Letras Jurídicas.
(213) CARDELLA, Haroldo Paranhos. *Op. cit.*, p. 55.

1.5. Órgãos da OAB

Dispõe o art. 45 do EOAB que os órgãos da OAB são:

a) CONSELHO FEDERAL. Situado em Brasília, é o órgão supremo da OAB, dotado de personalidade jurídica própria;

b) CONSELHOS SECCIONAIS. Situados nas sedes das Capitais dos Estados, são igualmente dotados de personalidade jurídica própria;

c) SUBSEÇÕES. Partes autônomas do Conselho Seccional. Para sua criação, que é feita pelo Conselho Seccional, é necessária a existência de mais de quinze advogados domiciliados profissionalmente na localidade considerada;

e) CAIXA DE ASSISTÊNCIA DOS ADVOGADOS. São criadas pelos Conselhos Seccionais quando estes contarem com mais de 1.500 advogados inscritos dentro do respectivo Estado.

2. CONSELHO FEDERAL

Tem sede na capital da República e é composto por um presidente, conselheiros federais e ex-presidentes (Reg. Geral, art. 62). *É comum se perguntar em Exame de Ordem a respeito dos ex-presidentes que têm direito de voz nas sessões do Conselho* e daqueles que exerceram mandato antes de 5 de julho de 1994, com direito de voto. (Reg. Geral, art. 62, § 1º e EOAB, art. 51, § 2º). *O Presidente do Instituto dos Advogados Brasileiros* e os agraciados com a *"Medalha Rui Barbosa"* podem participar das sessões do Conselho Pleno, *com direito a voz* (Reg. Geral, art. 63).

E também, a novidade de que o Instituto dos Advogados Brasileiros e a Federação Nacional dos Institutos dos Advogados do Brasil são membros honorários, somente com direito a voz nas sessões do Conselho Federal, conforme o art. 51, § 3º, do EOAB.

É importante se atentar para as competências do Conselho Federal, previstas no EOAB, art. 54. Dentre elas, legitimidade para propor Ação Direta de Inconstitucionalidade nos termos do art. 103, VII da CF/88; Mandado de Segurança Coletivo nos termos da CF, art. 5º, LXX; Ação Civil Pública nos termos da Lei n. 7.347/1985 art. 5º; Mandado de Injunção nos termos da CF, art. 5º, LXXI, nos termos, também, do art. 105, V, do Regulamento Geral, bem como, intervir total ou parcialmente nos Conselhos Seccionais.

A Lei n. 14.365/2022 acrescentou mais duas competências para o Conselho Federal, no art. 54, XIX e XX do EOAB:

- fiscalizar, acompanhar e definir parâmetros e diretrizes da relação jurídica mantida entre advogados e sociedades de advogados ou entre escritório de advogados sócios e advogado associado, inclusive no que se refere ao cumprimento dos requisitos norteadores da associação sem vínculo empregatício;

- promover, por intermédio da Câmara de Mediação e Arbitragem, a solução sobre as questões atinentes à relação entre advogados sócios ou associados, e homologar, caso necessário, quitações de honorários entre advogados e sociedades de advogados, observado o disposto no inciso XXXV do *caput* do art. 5º da Constituição Federal.

O art. 55 do EOAB prevê a composição da diretoria do Conselho Federal, qual seja, um Presidente, um Vice-Presidente, um Secretário-Geral, um Secretário-Geral Adjunto e um Tesoureiro.

Segundo o art. 64 do Regulamento Geral, o Conselho Federal atua mediante os seguintes órgãos:

I – Conselho Pleno;

II – Órgão Especial do Conselho Pleno;

III – Primeira, Segunda e Terceira Câmaras;

IV – Diretoria;

V – Presidente.

Vale destacar que o voto em qualquer órgão colegiado do Conselho Federal é tomado por delegação, em ordem alfabética, seguido dos ex-presidentes presentes, com direito a voto. Os membros da Diretoria votam como integrantes de suas delegações. Já os Conselheiros Federais opinam, mas não participam da votação de matéria de interesse específico da unidade que representa.

Frise-se que na eleição dos membros da Diretoria do Conselho Federal, somente votam os Conselheiros Federais, individualmente, conforme art. 68, § 3º.

O Conselho Pleno é integrado pelos Conselheiros Federais de cada delegação e pelos ex-presidentes, sendo presidido pelo Presidente do Conselho Federal e secretariado pelo Secretário-Geral[214].

Compete ao Conselho Pleno deliberar, em caráter nacional, sobre propostas e indicações relacionadas às finalidades institucionais da OAB (art. 44, I, do Estatuto) e sobre as demais atribuições previstas no art. 54 do Estatuto, respeitadas as competências privativas dos demais órgãos deliberativos do Conselho Federal, fixadas neste Regulamento Geral, e ainda[215]:

I – eleger o sucessor dos membros da Diretoria do Conselho Federal, em caso de vacância;

II – regular, mediante resolução, matérias de sua competência que não exijam edição de Provimento;

III – instituir, mediante Provimento, comissões permanentes para assessorar o Conselho Federal e a Diretoria.

---

(214) RG, art. 74.
(215) RG, art. 75.

O voto da delegação (ou seja, os três Conselheiros Federais que representam o Estado pelo qual foram eleitos) é o de sua maioria e havendo divergência entre seus membros. O Presidente do Conselho Federal não integra a delegação de sua unidade federativa de origem e não vota, salvo em caso de empate. Já os ex-Presidentes empossados antes de 5 de julho de 1994 têm direito de voto equivalente ao de uma delegação, em todas as matérias, exceto na eleição dos membros da Diretoria do Conselho Federal, conforme reza o art. 77 do Regulamento Geral.

Cumpre asseverar que para editar e alterar o Regulamento Geral, o Código de Ética e Disciplina e os Provimentos e para intervir nos Conselhos Seccionais é indispensável o quórum de 2/3 (dois terços) das delegações. Já para as demais matérias prevalece o quórum de instalação e de votação estabelecido no Regulamento Geral[216]. Assim, para instalação e deliberação dos órgãos colegiados do Conselho Federal da OAB exige-se a presença de metade das delegações, sendo a decisão tomada pela maioria dos votos presentes, salvo nas hipóteses de quórum qualificado[217].

Destaque-se, também, o Conselho Pleno possui um Órgão Especial conforme reza o art. 84 do Regulamento Geral. Assim, compete ao Órgão Especial deliberar, privativamente e em caráter irrecorrível, sobre[218]:

I – recurso contra decisões das Câmaras, quando não tenham sido unânimes ou, sendo unânimes, contrariem a Constituição, as leis, o Estatuto, decisões do Conselho Federal, este Regulamento Geral, o Código de Ética e Disciplina ou os Provimentos;

II – recurso contra decisões unânimes das Turmas, quando estas contrariarem a Constituição, as leis, o Estatuto, decisões do Conselho Federal, este Regulamento Geral, o Código de Ética e Disciplina ou os Provimentos;

III – recurso contra decisões do Presidente ou da Diretoria do Conselho Federal e do Presidente do Órgão Especial;

IV – consultas escritas, formuladas em tese, relativas às matérias de competência das Câmaras especializadas ou à interpretação do Estatuto, deste Regulamento Geral, do Código de Ética e Disciplina e dos Provimentos, devendo todos os Conselhos Seccionais ser cientificados do conteúdo das respostas;

V – conflitos ou divergências entre órgãos da OAB;

VI – determinação ao Conselho Seccional competente para instaurar processo, quando, em autos ou peças submetidos ao conhecimento do Conselho Federal, encontrar fato que constitua infração disciplinar.

---

(216) RG, art. 78.
(217) RG, art. 92.
(218) RG, art. 85.

Referido Órgão Especial tem posição de destaque, pois suas decisões constituem orientação dominante da OAB sobre a matéria, quando consolidada em súmula publicada na imprensa oficial, p. ex., a Súmula n. 3 do referido Órgão Especial que deixa claro ter cabimento o Recurso de Agravo no âmbito dos processos administrativos da OAB, bem como, a Súmula n. 5 que aduz que os casos de incompatibilidade do art. 28 do EOAB, ensejam a perda do cargo de Conselheiro ou Diretor em todos os órgãos da OAB conforme dispõe o art. 66, I, do EOAB.

Há ainda as Câmaras do Conselho Federal, sendo a Primeira Câmara presidida pelo Secretário-Geral; a Segunda, pelo Secretário-Geral Adjunto; a Terceira, pelo Tesoureiro[219].

É importante atentar-se para as competências próprias de cada Câmara, posto que a trata-se de competência em razão da matéria, como se vê dos arts. 88, 89 e 90 do Regulamento Geral, *verbis:*

Art. 88. Compete à Primeira Câmara:

I – decidir os recursos sobre:

a) atividade de advocacia e direitos e prerrogativas dos advogados e estagiários;

b) inscrição nos quadros da OAB;

c) incompatibilidades e impedimentos.

II – expedir resoluções regulamentando o Exame de Ordem, para garantir sua eficiência e padronização nacional, ouvida a Comissão Nacional de Exame de Ordem;

III – julgar as representações sobre as matérias de sua competência;

IV – propor, instruir e julgar os incidentes de uniformização de decisões de sua competência;

V – determinar ao Conselho Seccional competente a instauração de processo quando, em autos ou peças submetidas ao seu julgamento, tomar conhecimento de fato que constitua infração disciplinar;

VI – julgar os recursos interpostos contra decisões de seu Presidente.

Art. 89. Compete à Segunda Câmara:

I – decidir os recursos sobre ética e deveres do advogado, infrações e sanções disciplinares;

II – promover em âmbito nacional a ética do advogado, juntamente com os Tribunais de Ética e Disciplina, editando resoluções regulamentares ao Código de Ética e Disciplina;

III – julgar as representações sobre as matérias de sua competência;

---

[219] RG, art. 77.

IV – propor, instruir e julgar os incidentes de uniformização de decisões de sua competência;

V – determinar ao Conselho Seccional competente a instauração de processo quando, em autos ou peças submetidas ao seu julgamento, tomar conhecimento de fato que constitua infração disciplinar;

VI – julgar os recursos interpostos contra decisões de seu Presidente;

VII – eleger, dentre seus integrantes, os membros da Corregedoria do Processo Disciplinar, em número máximo de três, com atribuição, em caráter nacional, de orientar e fiscalizar a tramitação dos processos disciplinares de competência da OAB, podendo, para tanto, requerer informações e realizar diligências, elaborando relatório anual dos processos em trâmite no Conselho Federal e nos Conselhos Seccionais e Subseções.

Art. 90. Compete à Terceira Câmara:

I – decidir os recursos relativos à estrutura, aos órgãos e ao processo eleitoral da OAB;

II – decidir os recursos sobre sociedades de advogados, advogados associados e advogados empregados;

III – apreciar os relatórios anuais e deliberar sobre o balanço e as contas da Diretoria do Conselho Federal e dos Conselhos Seccionais;

IV – suprir as omissões ou regulamentar as normas aplicáveis às Caixas de Assistência dos Advogados, inclusive mediante resoluções;

V – modificar ou cancelar, de ofício ou a pedido de qualquer pessoa, dispositivo do Regimento Interno do Conselho Seccional que contrarie o Estatuto ou este Regulamento Geral;

VI – julgar as representações sobre as matérias de sua competência;

VII – propor, instruir e julgar os incidentes de uniformização de decisões de sua competência;

VIII – determinar ao Conselho Seccional competente a instauração de processo quando, em autos ou peças submetidas ao seu julgamento, tomar conhecimento de fato que constitua infração disciplinar;

IX – julgar os recursos interpostos contra decisões de seu Presidente.

Por fim, ainda no que tange às competências, à Diretoria do Conselho Federal compete coletivamente, alienar ou onerar bens móveis, dentre outras previstas no art. 99 do Regulamento Geral. Por sua vez, cada um dos membros da Diretoria do Conselho Federal tem suas atribuições e competências específicas, sendo as competências do Presidente previstas no art. 100; do Vice-Presidente no art. 101; do Secretário-Geral no art. 102; do Secretário-Geral Adjunto no art. 103; do Tesoureiro no art. 104[220].

---

(220) Art. 100. Compete ao Presidente:
I – representar a OAB em geral e os advogados brasileiros, no país e no exterior, em juízo ou fora dele;
II – representar o Conselho Federal, em juízo ou fora dele;
III – convocar e presidir o Conselho Federal e executar suas decisões;

3. CONSELHO SECCIONAL

Sua competência territorial limita-se a cada Estado membro, bem como ao Distrito Federal e é composto por conselheiros eleitos, incluindo os membros da Diretoria, proporcionalmente ao número de advogados com inscrição concedida, observados os seguintes critérios:

I – *abaixo de 3.000* (três mil) inscritos, *até 30* (trinta) membros;

II – *a partir de 3.000* (três mil) inscritos, mais um membro por grupo completo de 3.000 (três mil) inscritos, *até o total de 80 membros*. (Reg. Geral, art. 106).

Cumpre observar que os ex-presidentes do Conselho Seccional são *membros honorários vitalícios e têm direito a voz nas sessões,* direito este pertinente, também, ao Presidente do IAB local, bem como, ao Presidente do Conselho

---

IV – adquirir, onerar e alienar bens imóveis, quando autorizado, e administrar o patrimônio do Conselho Federal, juntamente com o Tesoureiro;
V – aplicar penas disciplinares, no caso de infração cometida no âmbito do Conselho Federal;
VI – assinar, com o Tesoureiro, cheques e ordens de pagamento;
VII – executar e fazer executar o Estatuto e a legislação complementar.
Art. 101. Compete ao Vice-Presidente:
I – presidir o órgão Especial e executar suas decisões;
II – executar as atribuições que lhe forem cometidas pela Diretoria ou delegadas, por portaria, pelo Presidente.
Art. 102. Compete ao Secretário-Geral:
I – presidir a Primeira Câmara e executar suas decisões;
II – dirigir todos os trabalhos de Secretaria do Conselho Federal;
III – secretariar as sessões do Conselho Pleno;
IV – manter sob sua guarda e inspeção todos os documentos do Conselho Federal;
V – controlar a presença e declarar a perda de mandato dos Conselheiros Federais;
VI – executar a administração do pessoal do Conselho Federal;
VII – emitir certidões e declarações do Conselho Federal.
Art. 103. Compete ao Secretário-Geral Adjunto:
I – presidir a Segunda Câmara e executar suas decisões;
II – organizar e manter o cadastro nacional dos advogados e estagiários, requisitando os dados e informações necessários aos Conselhos Seccionais e promovendo as medidas necessárias;
III – executar as atribuições que lhe forem cometidas pela Diretoria ou delegadas pelo Secretário-Geral;
IV – secretariar o Órgão Especial.
Art. 104. Compete ao Tesoureiro:
I – presidir a Terceira Câmara e executar suas decisões;
II – manter sob sua guarda os bens e valores e o almoxarifado do Conselho;
III – administrar a Tesouraria, controlar e pagar todas as despesas autorizadas e assinar cheques e ordens de pagamento com o Presidente;
IV – elaborar a proposta de orçamento anual, o relatório, os balanços e as contas mensais e anuais da Diretoria;
V – propor à Diretoria a tabela de custas do Conselho Federal;
VI – fiscalizar e cobrar as transferências devidas pelos Conselhos Seccionais ao Conselho Federal, propondo à Diretoria a intervenção nas Tesourarias dos inadimplentes;
VII – manter inventário dos bens móveis e imóveis do Conselho Federal, atualizado anualmente;
VIII – receber e dar quitação dos valores recebidos pelo Conselho Federal.

Federal, aos Conselheiros Federais da respectiva delegação, ao Presidente da Caixa de Assistência e aos Presidentes das Subseções (EOAB, art. 56, §§ 1º a 3º).

As principais competências do Conselho Seccional encontram-se no art. 58 do EOAB combinado com o art. 105 do Regulamento Geral, eis as mais comuns:

a) criar as subseções e a Caixa de Assistência dos Advogados;

b) julgar, em grau de recurso, as questões decididas por seu Presidente, por sua diretoria, pelo Tribunal de Ética e Disciplina, pelas diretorias das Subseções e da Caixa de Assistência dos Advogados;

c) fixar a tabela de honorários advocatícios, válida para todo o território estadual;

d) realizar o Exame de Ordem;

e) ajuizar, após deliberação:

– ação direta de inconstitucionalidade de leis ou atos normativos estaduais e municipais, em face da Constituição Estadual ou da Lei Orgânica do Distrito Federal;

– ação civil pública, para defesa de interesses difusos de caráter geral e coletivos e individuais homogêneos;

– mandado de segurança coletivo, em defesa de seus inscritos, independentemente de autorização pessoal dos interessados;

– mandado de injunção, em face da Constituição Estadual ou da Lei Orgânica do Distrito Federal.

Todos os órgãos vinculados ao Conselho Seccional – p. ex. o TED – reúnem-se, ordinariamente, nos meses de fevereiro a dezembro, em suas sedes, e para a sessão de posse no mês de janeiro do primeiro ano do mandato[221].

Em matérias específicas e importantes como aprovação ou alteração do Regimento Interno do Conselho, de criação e intervenção em Caixa de Assistência dos Advogados e Subseções e para aplicação da pena de exclusão de inscrito é necessário quórum de presença de dois terços dos conselheiros. Para as demais matérias exige-se quórum de instalação e deliberação de metade dos membros de cada órgão deliberativo[222].

As deliberações no Conselho Seccional são tomadas pela maioria dos votos dos presentes, incluindo os ex-Presidentes com direito a voto.

O Conselho pode dividir-se em órgãos deliberativos e instituir comissões especializadas, para melhor desempenho de suas atividades, sendo obriga-

---

(221) RG, art. 107.
(222) RG, art. 108.

tórias as comissões de Direitos Humanos, Comissão de Orçamento e Contas, bem como, a Comissão de Estágio e Exame de Ordem[223].

Vale ressaltar que tais órgãos do Conselho podem receber a colaboração gratuita de advogados não conselheiros, inclusive para instrução processual (como p. ex., relatores do TED), considerando-se função relevante em benefício da advocacia.

4. DA SUBSEÇÃO

A criação de Subseção depende, além da observância dos requisitos estabelecidos no Regimento Interno do Conselho Seccional, de estudo preliminar de viabilidade realizado por comissão especial designada pelo Presidente do Conselho Seccional, incluindo o número de advogados efetivamente residentes na base territorial, a existência de comarca judiciária, o levantamento e a perspectiva do mercado de trabalho, o custo de instalação e de manutenção (Reg. Geral, art. 117). E quando contar com mais de 100 (cem) advogados, poderá ser integrada por um Conselho (EOAB, art. 60, § 3º).

Note-se que embora não seja dotada de personalidade jurídica própria, a Subseção possui autonomia perante o Conselho Seccional, sendo que seu principal objetivo é o de promover a descentralização das atividades do Conselho, sendo certo afirmar que, além das competências previstas no art. 61 do EOAB, as Subseções têm, também, legitimidade para propor as ações coletivas do art. 105, V, do Regulamento Geral.

5. CAIXA DE ASSISTÊNCIA

São criadas pelo Conselho Seccional quando este contar com mais de 1500 inscritos (EOAB, art. 45, § 4º), adquirindo personalidade jurídica própria com a aprovação e o registro de seu Estatuto pelo respectivo Conselho (EOAB, art. 62, § 1º).

Destina-se a prestar assistência de natureza médica, odontológica e com farmácias, livrarias, convênios, inclusive, podendo promover a seguridade social complementar (EOAB, art. 62, § 2º). A Caixa de Assistência dos Advogados de São Paulo, por exemplo, pode fornecer aos inscritos que comprovarem a necessidade benefícios pecuniários em forma de auxílios como creche, educação, funeral, hospitalar, maternidade, medicamento, odontológico, natalidade e, ainda, auxílio extraordinário, família mensal e auxílio mensal[224].

Para sua manutenção, cabe à Caixa de Assistência dos Advogados nos termos do que dispõe o, § 5º do art. 62 do EOAB, a metade da receita das anuidades recebidas pelo Conselho Seccional, considerando o valor resultante

---

(223) RG, art. 109.
(224) Disponível em: <https://www.caasp.org.br/beneficios-pecuniarios.asp>.

após as deduções regulamentares obrigatórias previstas no art. 56 do Regulamento Geral.

A assistência aos inscritos na OAB é definida no estatuto da Caixa e está condicionada à[225]:

I – regularidade do pagamento, pelo inscrito, da anuidade à OAB;

II – carência de um ano, após o deferimento da inscrição;

III – disponibilidade de recursos da Caixa.

6. ELEIÇÕES E MANDATO

Diferentemente do que ocorre nas eleições comuns a respeito da faculdade conferida ao idoso de poder optar por votar ou não nos termos da CF, art. 14, § 1º, II, *o voto é obrigatório para todos os advogados inscritos, inclusive os maiores de setenta anos, sob pena de multa* equivalente a vinte por cento de uma anuidade, salvo ausência justificada por escrito, a ser apreciada pela Diretoria do Conselho Seccional (Reg. Geral, art. 134).

A votação é realizada através de urna eletrônica, salvo comprovada impossibilidade, deve ser feita no número atribuído a cada chapa, por ordem de inscrição.

Os mandatos, em todos os órgãos da OAB, são de três anos nos termos do EOAB, art. 65, § 1º. O requerimento de inscrição deve ser dirigido ao Presidente da Comissão Eleitoral, sendo subscrito pelo candidato a Presidente, contendo nome completo, número de inscrição na OAB e endereço profissional com indicação do cargo a que concorre, acompanhado das autorizações escritas dos integrantes da chapa.

O candidato deve comprovar situação regular perante a OAB, não ocupar cargo exonerável *ad nutum*, não ter sido condenado por infração disciplinar, salvo reabilitação, e exercer efetivamente a profissão há mais de 3 (três) anos, nas eleições para os cargos de Conselheiro Seccional e das Subseções, quando houver, e há mais de 5 (cinco) anos, nas eleições para os demais cargos, conforme reza do art. 63, § 2º, do EOAB.

Prestigia-se, assim, a jovem advocacia, possibilitando aos jovens advogados que exerçam a profissão há mais de 3 (três) anos e menos de 5 (anos) anos, a concorrerem aos cargos eletivos em Subseções e como Conselheiros Seccionais. Todavia, para os demais cargos, como presidência de Conselho Seccional ou sua diretoria, Conselheiro Federal, Presidente ou Diretoria de Conselho Federal, deverá contar com mais de 5 (cinco) anos de exercício efetivo da advocacia.

---

(225) RG, art. 123.

O Provimento n. 202/2020, alterou a redação do art. 7º do Provimento n. 146/2011 referente às regras nos pleitos eleitorais na OAB, especialmente quanto ao registro das chapas, dispondo que "Para registro de chapa, que deverá atender ao percentual de 50% (cinquenta por cento) para candidaturas de cada gênero, e, ao mínimo, de 30% (trinta por cento) de advogados negros e de advogadas negras, assim considerados os(as) inscritos(as) na Ordem dos Advogados do Brasil que se classificam (autodeclaração) como negros(as), ou seja, pretos(as) ou pardos(as), ou definição análoga (critérios subsidiários de heteroidentificação), entre titulares e entre suplentes, o(a) interessado(a) deverá protocolar requerimento na Comissão Eleitoral, nos termos do art. 131 do Regulamento Geral e seus parágrafos."

Em outras palavras, de acordo com a regra acima referida, o art. 131, caput, do Regulamento Geral passa a contar com a seguinte determinação: 50% referente a paridade de gênero e 30% referente a cotas raciais que deverão ser observadas já nos pleitos de 2021, segue abaixo a redação do referido artigo, *verbis*:

> Art. 131. São admitidas a registro apenas chapas completas, que deverão atender ao percentual de 50% para candidaturas de cada gênero e, ao mínimo, de 30% (trinta por cento) de advogados negros e de advogadas negras, assim considerados os(as) inscritos(as) na Ordem dos Advogados do Brasil que se classificam (autodeclaração) como negros(as), ou seja, pretos(as) ou pardos(as), ou definição análoga (critérios subsidiários de heteroidentificação), entre titulares e entre suplentes, com indicação dos(as) candidatos(as) aos cargos de diretoria do Conselho Federal, do Conselho Seccional, da Caixa de Assistência dos(as) Advogados(as) e das Subseções, dos(as) conselheiros(as) federais, dos(as) conselheiros(as) seccionais e dos(as) conselheiros(as) subseccionais, sendo vedadas candidaturas isoladas ou que integrem mais de uma chapa.

Cumpre observar que o dever de urbanidade há de ser observado nos atos e manifestações relacionados aos pleitos eleitorais no âmbito da Ordem dos Advogados do Brasil, o que significa dizer que ofensas durante as campanhas eleitorais poderão dar ensejo a processo disciplinar[226].

Somente poderá integrar a chapa o candidato que, cumulativamente[227]:

a) seja advogado regularmente inscrito na respectiva Seccional da OAB, com inscrição principal ou suplementar;

b) esteja em dia com as anuidades;

c) não ocupe cargos ou funções incompatíveis com a advocacia, referidos no art. 28 do Estatuto, em caráter permanente ou temporário, ressalvado o disposto no art. 83 da mesma Lei;

---

(226) CED, art. 27, § 1º.
(227) RG, art. 131, § 5º.

d) não ocupe cargos ou funções dos quais possa ser exonerável ad nutum, mesmo que compatíveis com a advocacia;

e) não tenha sido condenado em definitivo por qualquer infração disciplinar, salvo se reabilitado pela OAB, ou não tenha representação disciplinar em curso, já julgada procedente por órgão do Conselho Federal;

f) exerça efetivamente a profissão, há mais de cinco anos, excluído o período de estagiário, sendo facultado à Comissão Eleitoral exigir a devida comprovação;

g) não esteja em débito com a prestação de contas ao Conselho Federal, na condição de dirigente do Conselho Seccional ou da Caixa de Assistência dos Advogados, responsável pelas referidas contas, ou não tenha tido prestação de contas rejeitada, após apreciação do Conselho Federal, com trânsito em julgado, nos 8 (oito) anos seguintes;

h) com contas rejeitadas segundo o disposto na alínea "a" do inciso II do art. 7º do Provimento n. 101/2003, ressarcir o dano apurado pelo Conselho Federal, sem prejuízo do cumprimento do prazo de 8 (oito) anos previsto na alínea "g";

i) não integre listas, com processo em tramitação, para provimento de cargos nos tribunais judiciais ou administrativos.

As eleições ocorrem na *2ª quinzena do mês de novembro no ano do último mandato* (Seccionais e Subseção) e a posse ocorre em *1º de janeiro do ano seguinte*. Já a eleição para a Diretoria do Conselho Federal *ocorre em 31 de janeiro do ano seguinte das eleições*, às *19:00 horas* e a posse ocorre em 1º de fevereiro.

Cumpre observar que a eleição da diretoria do Conselho Federal, nos termos do art. 137-A do Regulamento Geral não ocorre por Voto Direto dos Advogados e se dá resumidamente da seguinte forma:

- A votação ocorre em 31 de janeiro, às 19:00 horas. *É presidida pelo Conselheiro mais antigo.* (RG, art. 137-A, § 2º).

- A chapa mais votada (maioria simples) é a eleita, devendo haver metade mais 1 dos conselheiros. (RG, art. 137-A, § 9º).

- Todos os membros da chapa à Diretoria do Conselho Federal devem ser conselheiros federais, *exceto o Presidente (EOAB, art. 67, parágrafo único).* O candidato a Presidente deve contar com, no mínimo, o *apoio de seis Conselhos Seccionais*, conforme art. 137, I, do RG.

- O registro das chapas deve *ocorrer até um mês antes da eleição do conselho*, ou seja, até 31 de dezembro. (RG, art. 137)

- *Até 6 meses antes* pode haver candidatura do *presidente* do CFOAB, conforme o art. 67, I do EOAB. Referido prazo para candidatura do

Presidente é maior para este poder fazer campanha nos 27 Conselhos Seccionais, pois precisa do apoio de 6 Conselhos Seccionais, conforme reza o RG, art. 137, § 1º, I.

6.1. Do exercício de cargos e funções na OAB e na representação da classe

A conduta do advogado no exercício de cargos e funções na OAB e na representação da classe, deve ser adequada, apropriada, coerente com as disposições do Código de Ética, revelando, assim, lealdade aos interesses, direitos e prerrogativas da classe. Portanto, enquanto exercer tais cargos ou funções na OAB ou representar a classe junto a instituições públicas ou privadas, órgãos ou comissões não poderá o advogado firmar contrato oneroso de prestação de serviços ou fornecimento de produtos com elas e, nem adquirir bens postos à venda por quaisquer órgãos da OAB[228].

O art. 33 veda ao advogado que exercer cargos ou funções em órgãos na OAB, em qualquer condição, atuar em processos que tramitem perante a entidade e nem oferecer pareceres destinados a instruir tais processos, salvo se atuar em causa própria. O fundamento da vedação da atuação de Diretores, membros vitalícios e Conselheiros da OAB, dirigentes de Caixas de Assistência e Membros de Tribunais de Ética, em outras palavras, daqueles que exercem cargos ou funções na OAB, perante qualquer órgão da OAB, em questões abrangidas por sua competência, para defesa ou emissão de parecer em favor de partes interessadas, é por definir a prática como utilização de influência indevida e facilidade de acesso e informações. A presunção de influência indevida se aplica onde as respectivas funções demandam decisões revestidas de poder de autoridade, as quais, de algum modo, influenciam as orientações dos órgãos da OAB. Todavia, tal vedação, não se aplica aos dirigentes de Seccionais quando atuem como legitimados a recorrer nos processos em trâmite perante os órgãos da OAB.

Por fim, o CED estabelece regras morais ao advogado pretendente ao quinto constitucional ou ao provimento de vagas no CNJ, no CNMP e em outros colegiados, devendo assumir o compromisso de respeitar os direitos e prerrogativas dos advogados, não praticar nepotismo e nem agir em desacordo com a moralidade administrativa e com os princípios do Código de Ética dos Advogados, conforme reza o art. 34.

---

(228) CED, arts. 31 e 32.

Referências

ARAÚJO, Vaneska; GABURRI, Fernando; HIRONAKA, Giselda M. F. Novaes *et al. Direito Civil:* responsabilidade civil. São Paulo: RT, 2008. v. 5.

ARAÚJO JUNIOR, Marco Antonio. *Ética Profissional.* 5. ed. rev. e atual. São Paulo: RT, 2009.

AROUCA, Ricardo. *A função social do advogado.* RF 274/382.

AZEVEDO, Flavio Olimpio de. *Comentários ao Estatuto da Advocacia.* 2. ed. Rio de Janeiro: Elsevier, 2010.

BIELA JR. *Ética na OAB: questões resolvidas.* São Paulo: Saraiva, 2013.

_____. *Minimanual do Novo Código de Ética e Disciplina dos Advogados.* 2. ed. Salvador: JusPodivm, 2017.

_____. *Passe na OAB e comece a advogar:* responsabilidade civil. 2. ed. Araçariguama: Rumo Legal, 2017.

_____. A importância da fiscalização, inclusive virtual, da publicidade na advocacia pela OAB. *Revista UniSul de Fato e de Direito,* v. 9, n. 18, 2019. DOI: Disponível em: <http://dx.doi.org/10.19177/ufd.v9e182018151-159>.

BIELA JR.; FERNANDES, Glaucia Guisso. O papel do advogado na negociação na sociedade contemporânea. *Revista UniSul de Fato e de Direito,* v. 9, n. 17, 2018. DOI: Disponível em: <http://dx.doi.org/10.19177/ufd.v9e172018183-192>.

BITTAR, Eduardo Carlos Bianca. *Curso de ética jurídica.* 4. ed. São Paulo: Saraiva, 2007.

_____. *Curso de ética jurídica.* 10. ed. São Paulo: Saraiva, 2013.

CARDELLA, Haroldo Paranhos. *Ética profissional da advocacia.* São Paulo: Saraiva, 2006.

CAVALIERI FILHO, Sergio. *Programa de responsabilidade civil*. 11. ed. São Paulo: Atlas, 2014.

CAPEZ, Fernando (Coord.).; COLNAGO, Rodrigo; SOUZA, Josyanne Nazareth. Ética profissional da advocacia. In: *Coleção Estudos Direcionados*. São Paulo: Saraiva, 2006.

COELHO, Marcus Vinicius Furtado. *Comentários ao Novo Código de Ética dos Advogados*. Saraiva: São Paulo, 2016.

COMPARATO, Fabio Konder. *Função social do advogado*. RT 582:266-271.

FIGUEIREDO, Laurady. *Ética profissional*. São Paulo: Barros, Fischer & Associados, 2005.

GONÇALVES, Carlos Roberto. *Direito civil brasileiro:* responsabilidade civil. 9. ed. São Paulo: Saraiva, 2014. v. IV.

LÔBO, Paulo. *Comentários ao Estatuto da Advocacia e da OAB*. 4. ed. São Paulo: Saraiva, 2007.

_____. *Comentários ao Estatuto da Advocacia e da OAB*. 7. ed. São Paulo: Saraiva, 2013.

MAMEDE, Gladston. *A Advocacia e a Ordem dos Advogados do Brasil*. 3. ed. São Paulo: Atlas, 2008.

MARIN, Marco Aurélio. *Como se preparar para o exame de ordem – ética profissional*. 3. ed. São Paulo: Método, 2007.

MEDINA, Paulo Roberto de Gouvêa. *Comentários ao Código de Ética e Disciplina da OAB*. Rio de Janeiro: Forense, 2016.

NALINI, José Renato. *Ética geral e profissional*. 5. ed. São Paulo: RT, 2006.

NUCCI, Guilherme. *Interpretação extensiva, interpretação analógica e analogia no processo penal*. Disponível em: <http://www.guilhermenucci.com.br/dicas/interpretacao-extensiva-interpretacao-analogica-e-analogia-no-processo-penal>. Acesso em: 29 mar. 2020.

OLIVEIRA, Élson Gonçalves de. *A profissão de advogado*. Campinas: Servanda, 2012.

PAGAN, Marcos. *Ética profissional*. São Paulo: CPC, 2004.

PUPO, Sergio. *O papel do advogado na sociedade contemporânea:* a gestão do conflito. São Paulo: Sérgio Perse, 2014.

STOCO, Rui. *Tratado de Responsabilidade civil*. 8. ed. São Paulo: RT, 2011.

TEIXEIRA, Sálvio de Figueiredo. *Os mandamentos do advogado.* Disponível em: <http://bdjur.stj.gov.br>. Acesso em: 8 ago. 2008.

TRIGUEIROS NETO, Arthur da Motta. *Ética Profissional.* Niterói: Impetus, 2012. v. 10.

VALE JUNIOR, Lincoln Biela de Souza. *Passe na OAB e comece a advogar: responsabilidade civil.* São Paulo: LTr, 2013.

ZULIANI, Enio Santarelli. Responsabilidade civil do advogado. *Revista Síntese de Direito Civil e Processual Civil,* n. 21, p. 127, jan./fev. 2003.